# 我国住房价值效应对家庭消费的异质性影响研究

徐 兰 ◎ 著

吉林大学出版社

·长春·

## 图书在版编目（CIP）数据

我国住房价值效应对家庭消费的异质性影响研究 / 徐兰著. -- 长春 : 吉林大学出版社, 2025. 4. -- ISBN 978-7-5768-4962-2

Ⅰ. F299.233.5；F126.1

中国国家版本馆CIP数据核字第2025L4K417号

书　　名：我国住房价值效应对家庭消费的异质性影响研究
　　　　　WO GUO ZHUFANG JIAZHI XIAOYING DUI JIATING
　　　　　XIAOFEI DE YIZHIXING YINGXIANG YANJIU

作　　者：徐　兰
策划编辑：李潇潇
责任编辑：李潇潇
责任校对：王亭懿
装帧设计：寒　露
出版发行：吉林大学出版社
社　　址：长春市人民大街4059号
邮政编码：130021
发行电话：0431-89580036/58
网　　址：http://press.jlu.edu.cn
电子邮箱：jldxcbs@sina.com
印　　刷：定州启航印刷有限公司
开　　本：710mm×1000mm　　16开
印　　张：16
字　　数：242千字
版　　次：2025年4月第1版
印　　次：2025年6月第1次
书　　号：ISBN 978-7-5768-4962-2
定　　价：98.00元

版权所有　　翻印必究

# 前　言

住房价值变动对家庭消费行为的影响机制呈现多维性，其传导路径可概括为短期挤出效应与长期价值效应的动态叠加。从短期来看，当存在购房动机时，购置住房所需的高额首付及持续的按揭偿债压力，迫使家庭部门进行跨期资源配置决策，形成长期性预防性储蓄。这一储蓄行为在购房周期的前期积累与后期偿债阶段，均对当期非住房类消费支出产生强烈的挤出效应，抑制家庭即期消费水平。

从长期视角审视，住房价值波动对消费的净效应更趋复杂，主要体现为价值效应与预防性储蓄动机变化的交互作用。在房价上行周期，住房资产增值通过资本利得（出售）或现金流收益（出租）直接提升家庭可支配收入与净值预期，触发显著的价值效应，刺激家庭消费扩张。而在房价下行周期，虽然价值效应减弱可能抑制消费，但房价预期回落同步降低了未来购置住房所需的预防性储蓄动机，促使部分原本被"锁定"的储蓄资源释放，转而增加非住房消费支出，形成一定程度的消费"挤入"效应。另外，作为中国家庭财富结构的核心资产，其还通过价值效应影响家庭消费。当持有住房资产时，相较于未持有住房资产的家庭，有效增强家庭在面临个体异质性风险（如健康、失业冲击）或系统性金融风险时的信贷可得性，这极大程度缓解了家庭流动性约束，降低了家庭陷入财务脆弱性状态的概率，赋予住房资产缓冲储备功能，起到稳定家庭消费"压舱石"作用。因此，住房价值对家庭消费的影响是价值效应与挤出效应共同作用的结果。

本书遵循理论构建—实证检验—政策推导的研究范式展开分析：首先，

通过理论构建系统阐释住房价值效应、挤出效应对家庭消费的作用路径，定量评估其对我国居民生存型、发展型与享受型消费的差异化影响程度。在此基础上，深入解析异质性特征，包括地理区位（东／中／西部／东北）及家庭微观属性（户主类型、风险偏好、不同房产数量等）对传导效果的调节作用。其次，选取广东省作为典型区域进行实证检验，通过微观家庭数据与宏观房价数据的匹配分析，精准识别省域层面住房价值变动对家庭部门消费行为的作用强度、时序特征及空间分异规律，据此提炼区域化政策启示。再者，基于全样本与典型区域的实证分析结果，针对性设计有利于住房价值驱动家庭消费扩张的政策建设体系：一方面，疏通住房资产转化为消费动能的渠道（如完善租赁市场、创新住房金融产品）；另一方面，构建消费促进的长效机制（如优化收入分配、强化社会保障），最终实现家庭消费总量稳步增长与结构持续升级的双重目标。

本书研究获以下科研基金立项资助：2024年度广东省哲学社会科学规划一般项目"广东省住房价值变化对家庭消费的影响机制与政策研究"（项目编号：GD24CYJ38）；2024年度东莞职业技术学院科研创新基金项目"房价预期、财富幻觉对家庭消费的影响机理研究"（项目编号：KYCX202409）。特此对资助机构致以学术谢忱。

实证研究部分承蒙西南财经大学中国家庭金融调查与研究中心授权使用其高质量追踪调查数据库，该微观数据资源为全书计量分析提供了核心支撑。同时，本书理论框架的构建得益于学界关于住房财富效应与家庭消费行为的丰硕研究成果，在此向相关领域先驱学者深表敬意。

鉴于研究问题的复杂性及笔者学术能力局限，书中难免存在理论推演或实证设计的疏漏，恳请学界同仁不吝指正以促进后续深化研究。

徐　兰

2025年02月于东莞松山湖

# 目 录

1 导 论 / 001

  1.1 研究背景 / 001

  1.2 选题意义 / 003

  1.3 研究方法和思路 / 006

  1.4 主要创新点及不足 / 008

2 文献综述 / 010

  2.1 基本概念界定 / 010

  2.2 经典消费理论 / 013

  2.3 购房行为与家庭消费 / 024

  2.4 文献述评 / 038

3 我国房地产市场发展历程与家庭消费现状分析 / 040

  3.1 我国房地产市场发展历程 / 040

  3.2 家庭资产配置与消费现状 / 060

  3.3 本章小结 / 067

4 购房动机对家庭消费的影响分析 / 070

  4.1 研究设计 / 070

  4.2 实证结果分析 / 083

  4.3 内生性处理 / 093

  4.4 传导机制分析 / 111

4.5 异质性影响分析 / 115

4.6 本章小结 / 120

## 5 住房价值效应对家庭消费的影响分析 / 122

5.1 研究背景 / 122

5.2 研究设计 / 131

5.3 基准实证结果 / 137

5.4 内生性检验 / 155

5.5 稳健性检验 / 172

5.6 传导机制检验 / 183

5.7 异质性分析 / 191

5.8 本章小结 / 201

## 6 广东省住房价值变化对家庭消费的典型影响 / 204

6.1 理论模型及数据说明 / 204

6.2 实证分析 / 208

6.3 稳健性检验 / 213

6.4 传导机制检验 / 217

6.5 异质性分析 / 218

6.6 本章小结 / 221

## 7 研究结论与政策建议 / 223

7.1 研究结论 / 223

7.2 政策建议 / 224

**参考文献** / 226

# 1 导 论

## 1.1 研究背景

2022年10月16日，习近平总书记在《高举中国特色社会主义伟大旗帜 为全面建设社会主义现代化国家而团结奋斗——在中国共产党第二十次全国代表大会上的报告》中明确指出，坚持以推动高质量发展为主题，把实施扩大内需战略同深化供给侧结构性改革有机结合起来，增强国内大循环内生动力和可靠性，提升国际循环质量和水平，加快建设现代化经济体系等。①在构建以国内大循环为主体、国内国际双循环相互促进的新发展格局下，把握扩大内需这一战略基点，激发居民消费潜力，是推动经济高质量发展的重要抓手。消费一般包括政府消费和居民消费。根据历年国家统计年鉴数据显示：从我国居民消费总量的角度来看，自2000年以来，居民消费在国内生产总值（GDP）中所占的比重经历了显著且复杂的变化。2000年居民消费占GDP的比例高达46.56%，显示出当时居民消费在国民经济中的重要地位。2000年至2008年这一期间，该比例逐渐下滑，至2008年降至35.21%。这一变化可能受到多种因素的影响，包括经济增长方式的转变、收入分配结构

---

① 中华人民共和国中央人民政府.习近平：高举中国特色社会主义伟大旗帜 为全面建设社会主义现代化国家而团结奋斗——在中国共产党第二十次全国代表大会上的报告 [EB/OL].(2022-10-25)[2025-03-18].https://www.gov.cn/xinwen/2022-10/25/content_5721685.htm.

的调整以及居民储蓄倾向的增强等。2019年，居民消费占GDP的比例经历了一定程度的震荡上升，回升至38.88%。尽管期间受到全球经济形势、国内政策调整以及消费者信心变化等多重因素的影响，但总体上呈现回升的趋势。2020年至2023年进入新的发展阶段后，居民消费在GDP中的比重继续保持稳定增长。到2023年，这一占比保持在39.2%的水平，显示出我国居民消费能力的持续提升和消费市场的不断扩大。这一变化过程不仅反映了我国经济的转型升级，也体现了居民生活水平的提高和消费结构的优化。

从我国家庭部门消费贷款结构来看，住房贷款始终占据主体地位。根据中央人民银行历年发布的《中国金融稳定报告》数据显示：2008年至2022年，个人住房贷款余额从2.98万亿元增至38.17万亿元，个人住房贷款在居民家庭消费贷款中的占比在2008年至2019年期间保持在53%～87%，且多数情况下接近或超过70%。这反映了个人住房贷款在居民家庭消费贷款中的重要地位。截至2024年第三季度，个人住房贷款余额为37.56万亿元。个人住房贷款余额的迅猛增长及其在居民家庭消费贷款结构中占据的高比例，凸显了房地产市场在我国经济体系中举足轻重的地位。这一现象不仅彰显了房地产作为居民资产配置核心环节的影响力，也带来了家庭负债水平的整体攀升。为了满足购房需求，许多家庭不得不承担高额的贷款负担，这一趋势进而抑制了他们在教育、旅游、娱乐等非住房消费领域的增长潜力，限制了家庭消费结构的多元化发展。因此，个人住房贷款的高额累积及其带来的连锁反应，成为影响家庭经济状况与消费习惯的关键因素。

当家庭在消费决策中抱有购房动机时，他们往往会进行预防性储蓄，以确保能够满足购房所需。这种购房动机的存在，往往会压缩家庭在其他方面的消费空间，即产生所谓的"挤出效应"。然而，一个值得深入探讨的问题是，对于那些已经购置房产的家庭而言，其家庭消费水平是否会伴随资产价格上升而呈现扩张的住房价值效应呢？

本研究旨在从家庭购房动机对家庭消费的具体影响切入，深入剖析住房价值效应对家庭消费行为的传导过程。基于这一研究视角，进一步致力于归纳和总结那些有利于住房价值效应得以充分兑现的金融制度设计与消费通道建设策略。通过优化金融环境、拓宽消费渠道等方式，进一步推动家庭消费结构的优化与升级,并为政策制定者、金融机构以及广大消费者提供有益的参考和启示,共同构建一个更加健康、可持续的家庭消费生态。

## 1.2 选题意义

### 1.2.1 理论意义

根据生命周期理论与持久收入理论,理性消费者将根据预期终身财富决定生命各个阶段的消费水平,财富主要来源于劳动收入报酬以及资产价值,含金融资产和住房资产。本书从微观层面探讨住房价值对家庭消费的影响,关注购房动机对家庭消费的影响,并关注住房价值效应对家庭消费的具体影响,分析和判断其具体传导机制,以及提前偿还家庭住房贷款是否有利于家庭消费增长,从而构建起住房价值效应研究闭环。

(1)本书探讨了购房动机对家庭消费的挤出效应。在家庭形成购房决策后,主要通过有购房动机时的预防性储蓄挤出家庭消费;而购房后通过偿还住房贷款挤出家庭消费。这两者对家庭消费的传导机制各不相同,前者通过影响边际消费倾向来传导,而后者主要通过流动性约束来传导,它们对不同类型的家庭消费的影响各不相同。由于我国现阶段大部分家庭通过银行贷款形式取得房产,购置住房前(形成住房债务之前)的动机对家庭消费的影响机理各不相同。

(2)由于住房本身兼具消费和投资功能属性,无论激发无房家庭对于房产的消费需求,还是激发有房家庭对于房产的投资需求,其在较长生命周期内支付住房债务,这极有可能形成对家庭消费的挤出,即"房奴效应"。与此同时,住房已经成为中国家庭财富的主要组成部分,伴随房价的上升过程,不少家庭名义财富水平上升,这在一定程度上有利于提振家庭消费。根据西南财经大学中国家庭金融调查(China household finance survey, CHFS)于2015年、2017年、2019年构建的面板数据,可判定住房价值效应的存在性,即通过负债拥有住房对家庭消费存在显著正向影响。

从理论分析层面来看，基于生命周期理论、持久收入理论以及信贷约束理论，房价变化对居民消费的影响机制可分为直接价值效应、抵押担保效应以及预防性储蓄效应，一般重点关注前两者。直接价值效应包括兑现的住房价值和未兑现的住房价值。其中兑现的住房价值是指由于房价上升，租房收入增加或者交易房产获得高额可支配收入；未兑现的住房价值是指房价上升所带来的预期信心增长，产生家庭总价值上升的财富幻觉，从而促进家庭消费。抵押担保效应是指住房作为一种估价稳定的抵押资产，在相对完善的金融市场环境下，房价上升使抵押品对应的标的物价值上升，可以有效缓解家庭信贷约束，从而使家庭消费增加。对于有房家庭而言，当房价上升缓慢时，可能由于需要支付在可支配收入中占比较高的住房贷款，而形成对消费的挤占效果；对于租房家庭而言，伴随着房价上升幅度还未超出预计购房所需支付的成本，则会尽可能增加储蓄，使家庭更多资源用于实现购房这一目标。而当房价上升较快时，有房家庭会提高对房产的投资，进一步加大储蓄力度，减少消费；租房家庭会由于房价增长速度超越收入增长速度而放弃购房需求，形成"绝望地消费"。由此可见，家庭消费变动主要由住房价值所带来的净效应决定。

本书探讨了提前偿还住房债务对家庭消费的影响。近年来伴随着房价调整，越来越多的家庭开始提前偿还住房贷款或者卖出房产，本书探讨了提前偿还住房贷款是否有利于减弱住房债务对家庭消费的挤出程度。从还贷前端来看，不同家庭的财富结构不同，信贷约束也有所不同，提前偿还住房债务在短期内将进一步加剧对家庭消费的挤出，对以劳动收入为主的家庭影响明显。从还贷后端来看，住房债务对异质性家庭的边际消费倾向和消费结构的影响程度各有不同，提前偿还贷款是否有利于家庭消费提振？在生命周期模型的框架下，理性消费者为支付住房首付款而偏离原有最优消费路径，但在提前偿还贷款之后，由于很少再有大额消费支出而进行预防性储蓄的动机，相应的住房贷款压力将分散到未来较长的时期，那家庭消费支出相较于购房之前是否会有所增加？本书围绕以上问题分析了提前还贷决策对家庭各类消费的具体影响。

（3）以广东省为例，本书探究了住房价值变化对家庭消费的影响。实证结果显示，广东省住房价值变化主要促进了家庭的生存型消费，对享受型消费呈现明显抑制效应。从家庭特征来看，农村户籍家庭、已婚家庭和持有三套房家庭的住房价值效应最为显著，主要通过缓解信贷约束来促进广东省家庭消费增长。除此以外，广东省住房价值效应还通过提高信用卡的使用频率和额度等渠道来实现。对房价预期的调节效应进行实证检验，结果显示对房价上涨持乐观预期并不能促进家庭消费增长。反而广东地区的房价增速预期在一定程度增强了家庭投资房产的需求，从而抑制了家庭消费水平的提升。

对这一主题的研究使住房价值变化对家庭消费的影响分析形成一个研究闭环：首先，分析购房动机对家庭消费的影响；其次，分析购房后所形成的家庭价值效应和偿还贷款对家庭消费的影响，如提前偿还住房贷款对家庭消费的影响；最后，分析省份层面的住房价值效应的异质性特征，并基于生命周期理论、持久收入理论以及我国特有的房地产市场特征，提出有利于兑现住房价值和推动家庭消费扩张的政策建议。

### 1.2.2 现实意义

本书将购房动机、住房价值效应、提前还贷等纳入整体分析框架，围绕购房前后家庭消费决策的变化过程，来分析持有房产对家庭消费的具体影响。研究结论有助于为推动家庭住房资产配置和促进消费结构优化提供有效参考。购房实际上属于居民负债型消费行为，适度负债有利于增强工作动力，释放消费需求，提升整体经济活力；而过度负债会挤占家庭消费，强化信贷约束，制约未来消费增长。特别是经济发达地区，持续的房价上升会无形中增加企业的用地成本，进而使大量投资转入房地产行业，造成区域经济的系统性风险。从社会层面看，居民家庭在进行住房投资时，应综合考虑自身应对财务约束和科学理财的能力，提升家庭在生命周期内的整体效用水平。

金融部门可以基于异质性家庭特征促进信贷产品个性化供给，完善金融市场支持体系，并逐步优化金融信贷监管体系，适当降低以劳动收入为财富来源的家庭的信贷压力和信贷风险，推进中高水平家庭债务风险防控，在社会层面使"促消费"和"防风险"达到稳态平衡。

政府部门可以在家庭资产安排和消费方面提供金融咨询服务，使更多家庭能逐步实现消费的提档升级。政府部门还可以进一步关注有利于兑现住房价值的金融制度设计，有序释放住房价值的巨大潜能，促进我国家庭消费稳步增长，并为扩大内需提供指引和方向，即根据家庭异质性特征，制定具有针对性、差异化和适度的与住房资产净值挂钩的消费策略，以推进消费转型升级，增进民生福祉。

## 1.3 研究方法和思路

### 1.3.1 主要研究方法

本书运用理论归纳和实证研究相结合的方法，在定性描述和理论分析的同时，建立严谨的计量模型，借助计量分析技术，使实证结果更加科学可靠。

#### 1.3.1.1 理论分析法

本书采用从归纳到演绎再到归纳的方法，从具体到抽象再到具体的思路，对国内外已有的研究成果进行消化和吸收，在此基础上，科学总结住房价值效应的传导机制，以及在传导过程中可能受到的其他关键变量的影响。本书剥离出在现阶段住房价值效应下，住房债务对异质性家庭的影响路径，并将其抽象成一般理论假说，为后续的实证研究提供可供检验的命题。

#### 1.3.1.2 实证分析法

本书梳理了北京大学中国家庭追踪调查（CFPS）以及西南财经大学中国家庭金融调查（CHFS）两组重要数据，主要依托Stata 18计量软件，采用了双向固定效应模型、断点回归模型、双重差分模型等进行实证分析。

### 1.3.2 研究思路

本书的研究思路图如图1.1所示。

# 1 导论

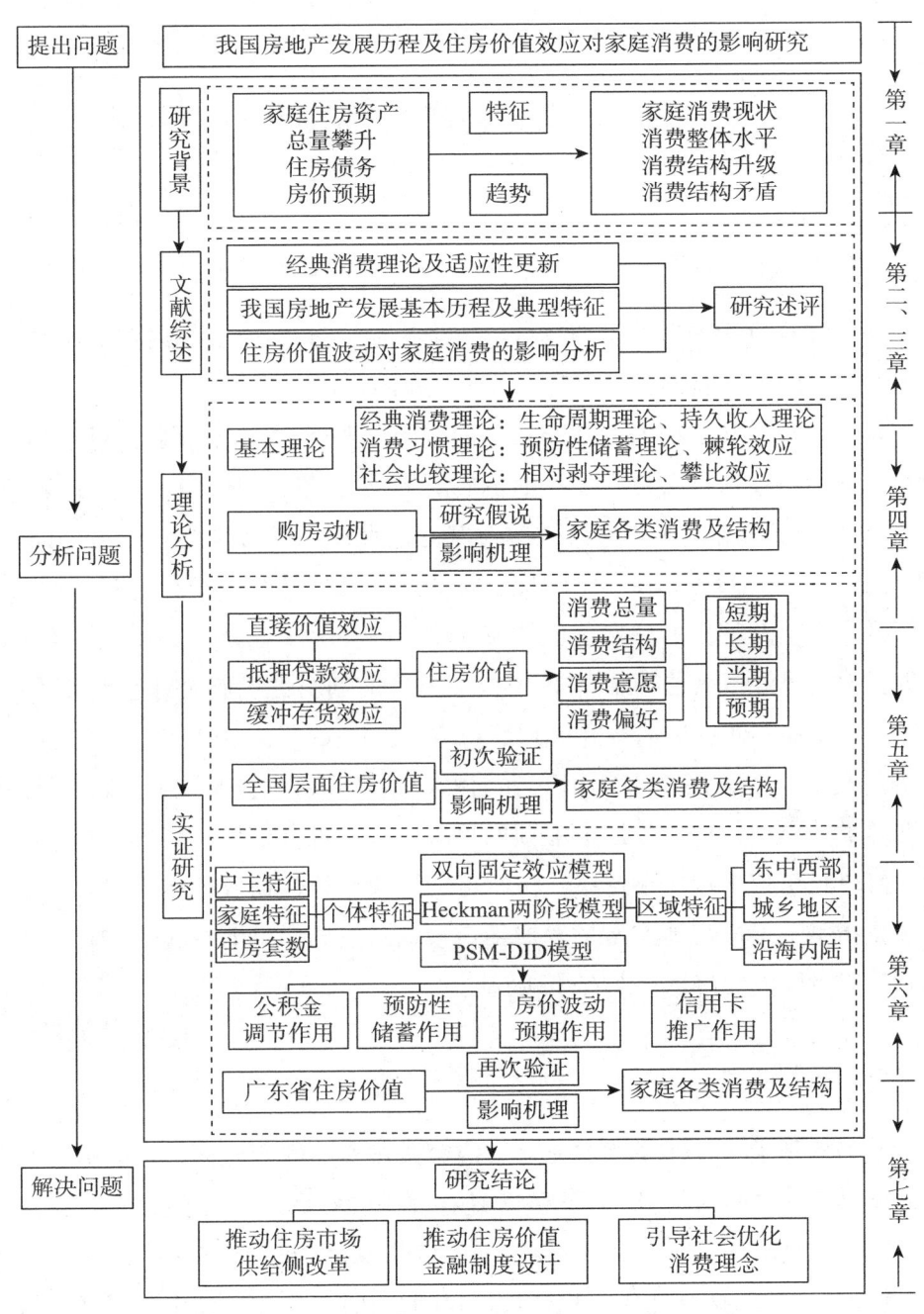

图 1.1 研究思路

## 1.4　主要创新点及不足

### 1.4.1　主要创新点

本书结合生命周期理论与持久收入理论，通过理论建模和实证研究分析住房价值效应对家庭消费的影响。可能存在的边际贡献如下。

首先，构建起住房消费和非住房消费的一般理论模型，剥离表层"此消彼长"的绝对关系，而是将住房消费后所形成的资产价值效应与家庭消费纳入统一框架中，阐述住房价值效应对家庭消费的一般影响路径。短期而言，存在购房动机的家庭会在一定程度上抑制家庭消费扩张；持有房产的家庭能够享受房价上升带来的住房价值效应，主要体现为生存型消费类别。这意味着要推动消费增长需要从住房价值效应兑现的创新性机制设计等维度入手，只有这样才能有效促进消费升级和消费结构优化。

其次，从社会层面丰富了家庭消费决策的研究。实际上购房也是家庭消费的类别之一，房价长期上涨预期将激发家庭投资动机，导致家庭过度负债。而一旦房价出现向下调整，极有可能导致系统性债务危机。由此，在政府逐步指引下形成房地产市场发展稳定预期，引导住房消费属性回归，才真正有利于我国消费市场长期有序地发展。

### 1.4.2　研究不足

本书梳理了一个体系相对完整、内容紧贴实际的研究框架，但由于受到数据可得性等方面的限制，不可避免地存在一些不足，主要包括以下两点。

第一，研究内容尚可进一步拓展。大量家庭通过持有住房，在一定程度上获得了财富的稳定保值和增值，但与此同时需要在较长生命周期内偿还贷款。当房价持续上升时，兑现住房价值或许是缓解家庭流动性约束、提振家庭消费的有效途径。但当房价陷入下降周期时，则家庭悲观预期可能导致价值效应大幅下降，甚至可能出现系统性金融风险，包括断供、断贷等，从而抑制家庭消费的增长。住房价值的波动还会导致家庭消费剥夺现象。事实上，家庭消费与社会保障制度、教育体系和医疗系统的完善程度紧密相联，这是解决中国大量家庭部门不愿意消费的根本出发点。

第二，住房投资属性具有投资额巨大、还款周期长以及利率水平高等特征，其变现周期比较长，变现成本较高，不具有金融资产本身所具备的高度灵活性。住房投资市场与其他投资品市场对宏观经济的异质性影响是值得长期关注的方向。因此，后续将开展关于住房价值兑现的高效渠道建设和制度创新的研究，满足家庭兑现住房价值的灵活性需求。

# 2 文献综述

## 2.1 基本概念界定

### 2.1.1 住房价值效应

家庭财富主要来源于劳动收入、房产财富和金融财富。住房价值效应是指住房资产价格上升,使资产持有者财富增加,进而对家庭或个体的消费、储蓄和投资行为产生的一系列影响(Haberler,1929)。住房价值效应分为直接价值效应和抵押担保效应。直接价值效应又分为兑现和未兑现两部分。兑现部分是指在房价上升周期内,出租或出售房产获得的增值性收益。未兑现部分是指房价上升时内心觉得自身财富在增加所形成的财富幻觉效应。这两种直接价值效应缓解了居民的信贷约束等,降低了家庭对于未来不确定性的预防性储蓄动机,增强了家庭保持相对稳定消费水平的信心,从而促进家庭消费增加。抵押担保效应指要完全兑现房价上升带来的财富,务必通过住房抵押市场和金融借贷市场等进行资产变现。当资产价值上升时,在抵押或借贷过程中家庭将获得更大的抵押信贷额度,从而有利于缓解家庭部门的信贷约束,提升应对未来不确定性的缓冲存货。这两种住房价值效应共同影响着家庭的消费水平和消费结构。

## 2.1.2 家庭消费

消费是社会再生产的最终环节，一般分为生产消费和生活消费，主要是通过社会产品来满足社会生产和家庭各项需要的过程。生产消费是指在生产过程中使用和消耗的物品和服务；生活消费是指在物质资料产生之后用于满足个人生活需要的物品和服务。根据居民消费的目的，生活消费可以分为生存资料消费、发展资料消费和享受资料消费。生存资料消费是维持生存所必需的物质生活和劳务消费；发展资料消费是用于满足德智体等方面发展的消费；享受资料消费是人们进一步丰富物质生活和精神生活的消费。家庭消费是以家庭为单位进行的消费，由家庭成员的消费共同构成。可从以下几个维度理解家庭消费的内涵。

家庭消费总量是指家庭各项消费型支出的总额，按照国家统计局对城乡居民消费类别进行划分，具体包括食品烟酒、衣着、居住、生活用品及服务、医疗保健、交通通信、教育文化娱乐和其他消费八大类。在研究过程中一般会对这八大类进一步归纳，即将食品烟酒、衣着、居住三类列为生存型消费，将生活用品及服务、医疗保健、交通通信列为发展型消费，而将教育文化娱乐和其他消费列为享受型消费（尹志超 等，2021），据此分析其他外生冲击对不同消费类型的影响。有的学者根据CHFS等的调研明细，将消费细分为食品衣着、居住（与调查户居住相关的支出，包括房租、水、电、燃料等支出）、耐用品、住房装修与维修、教育文化和娱乐、医疗保健等类型（李江一，2018）。上述各类消费品还可以进一步细分，以医疗保健为例，生病就医时的支出可视为生存型消费；而用于保健、护理、疗养等方面的支出，则可以视为发展型消费。当然，由于数据可得性限制，较难进一步梳理。本书将食品烟酒消费、衣着消费、交通通信消费和生活用品及服务消费视为生存型消费，将居住消费和医疗保健消费视为发展型消费，将教育文化娱乐消费和其他消费视为享受型消费。

随着家庭逐步发展，消费将呈现逐步升级的趋势，即由"低级"向"高级"演变。生存型消费占家庭总消费支出的比重随着家庭收入的提升可能保持稳定，也可能下降；而发展型消费和享受型消费可能出现稳中上升的状态。恩格尔系数表示食品支出占家庭消费支出总额的比重，常用来反映居民生活水平。其逐渐变低，意味着家庭消费结构由生存型逐步升级为发展型和享受型。本书重点关注了住房这一具有特殊属性的产品消费在家庭消费总支出中的比重。

### 2.1.3 生命周期

在研究家庭消费行为时，生命周期是时常被用到的概念，一般根据各个年龄阶段的收入水平和消费特征对生命周期各个阶段进行划分。Modigliani与Brumberg（1954）提出生命周期假说，将家庭生命周期按照年龄分为青年阶段、中年阶段和老年阶段。消费并不取决于现期收入，而主要取决于一生的整体收入。理性消费者根据自己一生的收入和财产对其消费与储蓄行为进行长期计划，以便在一生中以最好的方式配置其效用。假定人的一生分为三个阶段：青年、中年和老年。其中，年轻人家庭收入偏低，消费会超过收入，而预期未来收入会增加，所以年轻时会将收入的一大部分用于消费，如购买房屋和汽车等耐用品。进入中年，其收入大幅度提升，但支出增幅也较快，一方面赡养老人和抚育孩子等日常支出较大，另一方面要偿还年轻时的负债，并将部分收入储蓄起来用于养老。进入老年，其基本没有收入，但健康养老消费较高，此阶段的消费主要靠过去的财产积累，而不是收入。按照这一理论假说，理性消费者期望自己的一生能够平稳安定地度过，使一生各个阶段的收入和消费基本保持平衡。进一步放大到整个社会的人口年龄结构，如果年轻人和老年人比重提高，消费倾向将会提高；如果中年人的比重增加，消费倾向则会下降。

家庭作为社会的重要组成部分，大部分经济决策由家庭成员共同决策执行。处于不同生命周期阶段的家庭经济行为具有显著差异，因此不少研究将家庭消费行为研究与生命周期理论相结合。根据家庭发展各阶段主要特征，起点在于家庭组建形成，终点在于全部家庭成员去世。薛晓玲（2022）根据相关文献将家庭生命周期分为六个阶段：第一阶段是家庭组建初期；第二阶段是生育子女使家庭人口规模扩大期；第三阶段是稳定期，维持正常子女教育和收入提升；第四阶段是收缩期，即子女逐渐长大成人，开始谋生并组建自有家庭，家庭人口规模开始下降；第五阶段是空巢期，即子女完全独立支撑自身家庭运营，与原生家庭关系逐渐微弱；第六阶段是消亡期，即家庭成员相继离世，家庭正式解体。现有研究一般按照户主年龄将家庭划分为青年家庭、中年家庭和老年家庭，并从收入水平、主要消费需求以及预防性储蓄动机等方面研究其对家庭消费的影响。

### 2.1.4 挤出效应

家庭在预备购房和偿还住房债务时产生的各种预防性储蓄会对家庭消费形成一定程度的挤出，这种现象被称为"挤出效应"。房价处于持续剧烈波动周期内会加大家庭未来所面临的各种不确定性，使家庭预防性储蓄动机增强。因为住房兼具消费和投资两大功能，所以当房价持续上升时，未购房的家庭存在对住房的刚性消费需求，已购房的家庭可能逐步出现投资需求。对于有购房意愿的居民而言，无论何种需求都会增加其为购买住房的预防性储蓄动机。购房行为发生后，家庭需在较长生命周期内支付住房债务，对于以劳动收入为主的家庭而言挤出效应更加明显。由此可见，房价上涨的过程中，家庭资产配置对消费的挤出效应主要通过提高家庭的储蓄率和降低家庭可支配收入等途径实现。

## 2.2 经典消费理论

### 2.2.1 绝对收入假说

经典消费理论主要认为消费与家庭收入紧密相关，无论是实际货币收入，还是名义价值效应。价值效应最早由 Haberler（1929）在研究非充分就业均衡时提出：随着物价下跌，个人持有的财富实际购买力会提升，由此个人会认为自身相较于以前更加富有，并通过支出多余的货币以满足相应需求,这又导致物价上升,从而使社会总需求趋于充分就业时的水平。这一早期研究较为纯粹,既没有针对消费者消费动机进行具体探讨,也没有对消费品进行详细分类,却奠定了消费者关于"财富幻觉"的研究起点。

Keynes(1936)提出绝对收入假说,认为消费支出与实际可支配收入之间保持稳定的函数关系,收入增减也会使消费发生增减,但每一收入增量中,用于消费的比重越来越小,用于储蓄的比重越来越大,即边际消费倾向递减。影响人们消费支出的因素可分为主观因素和客观因素,其中主观因素比较稳定,不易改变,一般被看成已知的。而在客观因素中,收入与净收入之间差距、财产的货币价值、利息率、财政政策、个人对未来收入的预期都被认为短期内变化不大且相对稳定,唯有工资(即收入)是影响消费支出的主要因素,即消费支出是收入的线性函数。这一理论假说忽视了社会因素对消费、储蓄的影响,排斥了个人收入的跨期预算,较少关注储蓄心理预期和生命周期功能。Pigou(1943)在分析稳态就业的过程中提出庇古效应。其将人们持有的财产分为名义财产和实际财产,前者以货币数量表示,后者用货币购买力表示。随着物价水平的下降,虽然名义财产水平不变,但实际货币余额增加,使消费者感到比以往更富有,实际财产增加,消费者信心提高,消费增加。这是关于价值效应较为经典的理论之一。

### 2.2.2 相对收入假说

Duesenberry(1949)提出相对收入假说:在稳定的收入增长时期,总储蓄率并不仅仅取决于收入,还受到利率、收入预期、收入分配、收入增长率和人口年龄分布等多重因素的影响。相对收入假说实际上包含两方面内容。

一方面,消费者会遵循自身收入高峰期的消费水平,并在其收入提升时消费呈现向上攀升的状态。一般而言,在短期经济周期中,储蓄率取决于现期收入与高峰收入的比率,家庭边际消费也取决于这一比率,这也是短期内消费会发生波动的原因。家庭在消费过程中会随收入的提高增加消费,但不会随收入的降低而减少消费,这就是"许升不许降"的"棘轮效应",当收入发生变化时,人们宁愿改变储蓄以维持消费稳定,消费的惯性使当期消费不取决于当期收入，而取决于过去所达到的最高收入和最高消费水平。正是由于棘轮效应的存在，收入减少对消费减少的作用并不大，而收入增加对消费的增加作用较大，因此消费具有稳定经济的功能。

另一方面，消费者的消费行为会受到周围人群消费水准的影响，特别是高收入集团对低收入集团的示范效应，即家庭消费决策主要参考其他同等收入水平或略高收入水平的家庭，存在一定的模仿和攀比，即"示范效应"。

在这两种效应的共同作用下，短期消费函数会随着社会平均收入水平的提高而整体向上移动。这实际上表明家庭消费除受收入影响，还受到消费习惯以及社会关注等因素的多维影响。

相对收入假说并没有太多的实证支持，直到出现两个独立发展的研究主题才衍生了大量的实证研究。首先是 Kahneman 和 Tversky（1979）为比较效应提供了理论依据，消费并不取决于绝对财富状态，参考点的变化可能影响消费决策，一个可能的参考点是来自比较组的其他人的收入。其次是"幸福经济学"的兴起，它开始吸引学者将自我报告的幸福感指标纳入个人效用的指标体系中（Clark et al.，1994）。

Easterlin（1974）提出了伊斯特林悖论，也被称为幸福-收入之谜。通常在一个国家内，富人报告的平均幸福和快乐水平高于穷人，但如果进行全球范围内的跨国比较，穷国的幸福水平几乎与富国一样高。相对收入假说为其提供了一定的解释：个体消费除了与自身收入水平正相关（棘轮效应），还与社会财富增长过程中的差距水平负相关（示范效应），个体消费所获得的效应将在这两者的共同影响下形成，即在经济增长的过程中财富不平等的加剧可能导致个体感受到的幸福指数下降。Alvarez-Cuadrado 与 Van（2011）提出代际重叠经济模型，认为家庭更关注相对消费，并指出个人的消费是由其一生收入与参考群体一生收入的比较驱动的，类似于相对收入假说的永久收入版本。李涛等（2011）以居民幸福感为民生指标，考察了家庭自有住房状况对幸福感的影响。Brown 等（2015）使用来自英国家庭的面板数据来验证相对收入假说，并取得了一定的成效。

相对收入假说增加了影响消费的内在心理因素，即家庭决策过程既会受到自身最高收入水平所带来的消费体验的影响，又会受到较高收入群体的示范影响，符合消费过程中的一般客观事实。通过大量的实证研究，相对收入假说能较好地解释家庭消费过程中透支未来收入以平滑现期消费支出的决策。但稍显不足的是，相对收入假说一般观测的是家庭的短期消费效应，而未将家庭在相对较长周期内不同阶段消费的异质性特点纳入观测范围。

### 2.2.3　生命周期-持久收入假说

Friedman（1957）提出生命周期-持久收入假说（LC-PIH），这一理论认为，消费者的消费支出不是由当期收入决定的，而是由他的持久收入决定的。这也就是说，理性消费者为了实现效应最大化，不是根据目前暂时性收入，而是根据长期能保持的收入水平做出消费决策。

Ando与Modigliani（1963）提出基于储蓄的生命周期假说，按照边际效用递减规律，要使消费者在一生中获得的总效用极大化，消费者应选择一个与过去平均消费水平接近的消费率，在他的一生中，按这种比例均匀地消费其总收入。他们进一步指出一个人的储蓄率与人均收入完全无关，而与个人生命周期行为有关。相同年龄的消费者尽管收入悬殊，却具有完全相同的储蓄率。储蓄的生命周期只有两个阶段：挣钱阶段和退休阶段，在既定收入下，决定个人储蓄率高低的主要因素是退休时间的长短。按照这一理论假说，在挣钱时期，收入和财富随家庭年龄的增大而增加；在退休时期，收入和财富随家庭年龄的增大呈递减趋势，消费也随家庭年龄增大而降低。放大到一个国家，储蓄不取决于此国的人均收入，而取决于国民经济的增长率、人口的年龄及结构。根据这一经典分析框架，增加的劳动收入大部分用于消费，而增加的资产性收入大部分用于储蓄，这意味着家庭在消费过程中对于不同来源的收入具有不同的敏感程度，并不是绝对收入假说所认为的所有收入对消费行为的影响都是一致的。并且，劳动收入大都作为可支配收入（用于消费），而资产性收入主要通过所持有的财富积累获得（用于储蓄）。这一阶段性成果为分析财富和消费的关系开辟了动态视角。

Hall（1978）将理性预期引入消费函数中，并增加不确定性的度量，在融合生命周期假说和持久收入假说的基础上，提出"理性预期-生命周期"模型。他认为理性消费者只会根据其预期持久收入平滑一生的消费水平，而不受当期收入水平的影响，只有那些随机政策或突发事件会对消费产生影响，因此消费的边际效用就变得不可预测了。也就是说，当期消费决策中已包含对未来收入进行预测的信息，而以往消费与收入变化的滞后信息并不会影响当期消费水平。这一理论的开创性意义在于将当期收入因素排除在消费函数之外。

Hall 与 Mishkin（1982）对数据进一步检验后发现 80% 左右的家庭服从生命周期-持久收入假说，其余家庭的消费对暂时性收入的反应要远远比对持久收入变动的反应更强烈，这更加印证了消费不可预测的特征。事实上，由于信贷市场存在信息不对称、不完全等问题，消费者预期未来收入提高时，无法通过金融机构将自己未来收入进行抵押变现，而只能对手中现有的收入进行消费，约 1/5 的家庭受到信贷约束而无法实现自由借贷。这一研究具有开拓性的理论创新意义：分析理性预期对消费支出的关键性影响，将研究消费的视角由传统的当期收入影响当期支出，转向根据一生持久收入平摊消费。Zeldes（1989a）提出信贷约束理论，认为生命周期假说和持久收入假说提出的自由借贷可以平滑消费的假设与现实不符，居民在民间借贷过程中会受到各种限制，尤其当金融市场发展不完善以及信息不对称时，信贷约束的现象将更加明显。当无法自由借贷，消费者将被迫选择减少消费，增加储蓄。

### 2.2.4 预防性储蓄理论

预防性储蓄理论是关于消费储蓄决策行为的研究，最早由 Leland（1968）提出，一般指未来收入是随机的而不是确定的所导致的额外储蓄。Leland 构建了两期模型，且第一期的收入和第二期的收入概率分布是已知的，消费者在第一期决定消费或储蓄后，才能真实判断第二期收入对消费的真实影响。仅凭风险规避不足以推动积极的预防性储蓄需求，而预期将来消费所带来的边际效用将起主导作用。不确定性状态下的效用将大于确定性状态下的效用,即未来消费的边际效用会伴随风险增强而增大,使消费者为了满足未来需求而减少当期的消费,并进行预防性储蓄。不少学者将其等同于风险规避的概念。

由于信贷市场并不能使消费者进行无成本借贷,因此消费者将更加谨慎地进行每一笔消费,预防性储蓄的目的在于保障未来生命周期里能够实现消费的跨期平滑,即未来能与目前保持一致的消费水平。相较于生命周期理论,预防性储蓄理论更加强调消费者的谨慎心理和对风险的厌恶程度(Sandmo,1970)。随后不确定性状态下的消费储蓄决策受到广大学者的关注。Zeldes(1989a)根据预防性储蓄理论假设消费者进行跨期决策时可以在当前消费和未来消费之间做出最优选择,使一生效用最大化,而后期收入是消费不确定性的来源,即收入的随机波动会对消费决策产生影响,而储蓄具有对抗风险的作用。Kimball(1990)运用谨慎系数来表达每个人对风险的厌恶程度,即预防性储蓄动机的强度。与此同时,Caballero(1990)使用相对风险规避效用函数构建的跨期最优模型显示,个体消费边际效用符合随机游走的趋势特征。Dynan(1993)指出消费储蓄最优决策仅是对收入中未预期到的变化所做出的最优决策,家庭消费变动代表了真正的不确定性带来的风险。

Zeldes(1989a)、Deaton(1991)以及Carroll等(1992)开创性地提出了缓冲存货模型,将消费者的谨慎和缺少耐心纳入分析框架,并指出消费者持有资产的主要目的是使自身的消费免受收入波动的影响。其基本逻辑是消费者面临重大的收入不确定性时,就会逐渐变得不耐烦(可以理解为消费者不愿意等待太久)和谨慎(可以理解为恐惧),而如果收入确定,那就可以用未来收入进行抵押贷款,为当前消费提供资金。而缓冲库存行为的产生是因为"不耐烦"让消费者想花掉他们的资产,而"谨慎"让他们不愿意把资产花得太多。这种相对矛盾的情况导致了目标财富存量的出现。当财富低于目标时,谨慎情绪将居于不耐烦情绪之上,消费者将试图储蓄;而当财富高于目标时,不耐烦情绪会比恐惧情绪更强烈,消费者将采取储蓄措施。当消费者对就业预期感到悲观时,对未来收入的不确定性会进一步增强,此时目标缓冲库存会增加储蓄,为实现新目标而积累财富。这一模型逐步成为预防性储蓄理论的经典模型之一。

Palumbo（1999）通过家庭消费决策的动态结构模型验证了老年家庭在决定当期消费水平时会考虑未来医疗费用不确定性带来的影响，这也直接说明预防性储蓄的潜在重要作用。社会保障体系的完善可以降低消费者面临的各种支出不确定性，从而降低家庭的预防性储蓄动机，并逐步缓解其财富积累行为。伴随着我国医疗、教育、就业及住房市场改革，消费者面临的各种支出不确定性有所提升，预防性储蓄动机也随之增强（罗楚亮，2004；易行健 等，2008）。

关于家庭财富与消费效应流传最为广泛的便是生命周期-持久收入假说，大部分理性消费者会将自己一生的可能持续性收入平稳分布在生命周期的各个阶段，从而保障家庭在一生当中拥有相对平稳的消费水平。无论哪一种假说，都离不开两个严格的前提——消费者是否绝对理性以及整体收入是否可以预估。除这两个前提，消费实际上还受到多重因素影响，比如家庭消费理念、购物习惯以及各种可能出现的随机需求，不同家庭呈现显著异质性。实际上，家庭在消费过程中还会受到其整体财富水平及消费惯性影响。随着行为经济学的不断演变，已有学者开始关注社会环境和消费者心理对消费行为的影响。

### 2.2.5 流动性约束理论

消费者需要进行预防性储蓄有两个关键原因。第一个原因是消费者对当前可支配收入过度敏感；第二个原因是未来预期收入难以转化为现期可支配收入，即存在流动性约束，有时也被称为信贷约束或者流动性限制等（Stiglitz et al.，1981）。消费者面临暂时性的收入下降时，由于不能或者只能进行小规模借贷以平滑当期消费，只能依据当前的收入进行消费。正是由于流动性约束的存在，因此当前收入对消费的重要性远比持久收入对消费的重要性更大（申朴 等，2003）。

Deaton（1991）的研究表明，不确定性条件下流动性约束型主体的消费行为波动与收入相关。由于消费者的不耐烦和谨慎情绪，其为避免受到收入不确定性所带来的不良影响，产生了预防性储蓄需求，形成大量货币资产存量。在极端情况下，劳动收入符合随机游走特征，对于缺乏耐心的流动性受限的消费者来说，消费自己的劳动收入是最优的决策。此时，预防性储蓄与流动性约束相互作用：现实或潜在的流动性约束会导致消费者对收入变化过度敏感，从而产生预防性储蓄，并进一步对当期消费产生抑制作用。Campbell 和 Mankiw（1990）构建了关于消费过度敏感性的模型，并基于美国宏观数据进行回归分析，发现美国居民的敏感性系数为 0.4~0.5。按照流动性约束理论，如果消费者能够免费获得借贷，那消费路径将遵循传统生命周期假说。然而，根据 Garcia 等（1997）和 Shea（1995）的研究，不受约束消费者的支出会受到收入负变动的影响，即存在不对称偏好（受约束消费者会有预防性动机，抑制消费）。当预期收入下降时，消费者并不会向下调整其消费水平，而且寄希望于负冲击不会发生。只有当收入真实下调时，他们才会调整自己的消费水平。如果这种消费偏好成为一种习惯，家庭只会缓慢调整其消费水平，从而表现出滞后变量与当期消费之间的关系（Deaton，1992）。

Kehoe 和 Levine（2001）构建了流动性约束和债务约束两种消费者模型，在随机状态下，债务约束模型表现出简单的随机稳态，而流动性约束模型呈现出更持久的冲击性等特征。万广华等（2001）在实证研究过程中，以消费增长率对收入增长率的回归作为流动性约束的代理变量，指出中国居民消费在 20 世纪 80 年代早期发生了结构性转变。流动性约束与不确定性之间的相互作用会进一步对居民消费产生抑制效应。

Hurst 和 Lusardi（2004）的相关研究指出，初始财富水平较低的个体，难以通过信贷市场获取资金支持，其抵押品的低价值进一步提高了其可能面临的流动性约束水平。有研究从外部环境来研究消费者行为偏离确定性水平的原因：消费信贷是否有利于借款人？一般认为当贷款利率过高时，家庭过度借贷，不利于家庭效用提升。Karlan 和 Zinman（2010）认为造成流动性约束的关键原因在于家庭的资产累计程度和信贷市场存在的信息不对称，但实际上随机分配的边际贷款为借款人带来了显著净收益。也有研究瞄准了住房这一非流动性资产，较难变现等原因使其成为现阶段研究流动性约束的重要突破口。

由此可见，由于家庭未来收入具有不确定性，家庭成员比较谨慎，对收入变化十分敏感，与此同时，受制于流动性约束，无法及时借贷来平滑当期消费。为了避免收入波动带来的消费效用下降，家庭会采用预防性储蓄以获得资产缓冲存量，从而对当期消费产生负向影响。

### 2.2.6 消费习惯理论

20世纪70年代以来，消费习惯理论在相对收入理论基础上逐渐衍生，具体是指家庭在消费过程中会受到习惯存量的影响。Ryder和Heal（1973）在消费函数当中增加了习惯性因素：一般而言，消费习惯存量越大，所带来的边际效用相对越小，可以从常规消费带来的边际效用递减的心理感受进行解释。Thaler与Shefrin（1988）将行为经济学融入生命周期假说，将自我控制、心理账户以及对家庭消费的安排设计作为行为生命周期假设的关键因素。行为生命周期理论的关键假设是，即使在没有信贷配给的情况下，家庭也将其财富的组成部分视为不可变现的。具体而言，假设财富分为三个心理账户：当期收入、流动资产和未来收入。消费的诱惑被认为对当前收入影响最大，对未来收入影响最小。由于消费者并不是完全理性的，因此一般无法根据效用最大化求得生命周期中的消费最优解，只能实现次优解。

Naik和Moore（1996）在研究食物消费过程中考察是否存在个体习惯的跨期关联。一般研究都会控制异质性来研究当期消费和过去消费之间的关联度。如果控制异质性，消费习惯的作用可能被忽略。跨期替代弹性和风险规避参数的乘积小于1，这一研究结果直接否认了跨期消费行为可分离的假设。在研究过程中，他们将财富水平和习惯形成两个因素引入分析框架，并建立如下消费函数。

$$c_{it} = \alpha_0 + \beta_{i1} w_{it} + \beta_{i2} c_{it-1} + \varepsilon_{it} \qquad (2.1)$$

为考察消费习惯的影响，将上一期消费 $c_{it-1}$ 作为习惯的代理变量，$w_{it}$ 是指消费者的财富积累水平。

Alessie与Lusardi（1997）进一步验证了消费习惯对当期消费的影响，

并将不确定性 $\phi_{it}$ 引入研究框架，并纳入预防性储蓄动机当中，构成的消费函数形式如下。

$$c_{it} = \alpha_0 + \beta_{i1}w_{it} + \beta_{i2}c_{it-1} + \beta_{i3}\phi_{it} + \varepsilon_{it} \quad (2.2)$$

研究表明，消费不仅取决于持久收入和收入不确定性带来的风险，还取决于过去的消费习惯。尽管引入了不确定性以及绝对风险规避函数（CARA），但没有考虑不确定性对不同消费者的异质性影响，因此其研究结论不够完善。Dynan（2000）引入相对风险规避函数（CRRA），用 $\varphi_{it}$ 表示习惯偏好变动带来的边际效用变化，构建了包含习惯特征在内的如下消费函数。

$$\Delta\ln(c_{it}) = \alpha_0 + \beta_{i1}\Delta\ln(c_{it-1}) + \beta_{i2}\Delta\ln(\varphi_{it}) + \varepsilon_{it} \quad (2.3)$$

其研究结论显示，以食品消费为例，消费习惯变动并不会以年度为频率固定发生，并且其对消费行为影响比较有限。Fuhrer（2000）进一步探讨了一个由消费者习惯形成的货币政策模型，其中消费者效用部分取决于当期消费与过去消费的关系。由于习惯形成模型捕捉了实际支出对各种冲击的反应，因此一般认为习惯形成对消费影响不大。但将消费习惯纳入货币政策模型，却发现这种修改显著改变了支出和通货膨胀对货币政策行动的反应。Guariglia 和 Rossi（2002）考虑习惯形成，进一步基于混合非预期效用偏好，并使用这个广义模型来推导欧拉方程，推导出劳动收入波动和过去消费变化在决定当前消费过程中发挥着重要作用。George 等（2003）认为市场参与者的决策过程实际上会受到"估计偏误"的影响，人们习惯低估自己的行为和外部因素对未来效用的影响，并可能在一定程度上夸大未来偏好与当前偏好的相似程度。构建这一模型有助于解释既定的行为异常，如成瘾性消费行为和过度追求高物质生活水平等常见的次优行为模式。

消费习惯理论经过发展和创新，已经形成较完善的体系。其中比较通用的关于消费习惯的理论包括"棘轮效应"和"示范效应"。前者是指消费习惯存在不对称性：当收入上升时消费较易向上调整，但当收入下降时消费向下调整过程相对缓慢（Carroll et al.，2011）。后者是指消费过程容易受到周边群体的影响,并且随着经济转型而不断增强(黄娅娜 等,2014)。消费习惯对跨期最优配置具有一定的影响(Zeldes,1989a),且消费者在消费过程中存在惯性逻辑思维(Campbell et al.,1989)。金融市场的完善程度(包含实际利率水平等)、劳动收入带来的不确定性、流动性约束以及消费习惯的惯性等,共同构成了不同家庭消费的异质性特征,为后续研究住房债务对家庭消费的影响提供了坚实的理论基础。

### 2.2.7　社会比较理论

社会比较理论与消费习惯理论的"示范效应"的内在逻辑具有一致性,主要源于社会心理学相关领域的研究。Suls 等(2002)指出社会比较包括自己与他人进行比较,以评估或增强自身认可程度。而影响个人使用社会比较意见的重要变量是他人的专业知识、与个人的相似性以及之前个人行为的一致性,即个体会在一定程度上参考群体中其他消费者的消费行为,来捕捉满足自身行为需求的相关决策信息,进一步调整自身消费模式,从而获得社会认可和确认自身在社会阶层中的相对位置(Argo et al.,2006)。Karlsson 等(2004)利用瑞典大都市地区的数据进行研究,结果表明在家庭非必需商品或奢侈商品与服务的消费过程中,家庭经济状况对消费有显著的直接影响作用,而愿望水平和社会比较则有间接影响作用。个人对消费的满意度随着消费的增加而增加,随着愿望水平的提高而降低,即个体的主观幸福并不完全取决于其自身财富水平和期望水平,而在一定程度上取决于其在群体中的相对地位。基于美国 1937 年以来的收入不平等和流动性演变数据,性别收入差距的缩小和女性在职业生涯中向上流动趋势是长期收入增长的驱动力(Kopczuk et al.,2010)。

Buunk 和 Gibbons(2007)回顾了过去 50 年关于社会比较理论的相关研究,包括经典的社会比较理论、恐惧-从属关系理论、向下比较理论等。后续关于社会比较理论的研究开始围绕向上的社会比较展开。Adjaye 等(2012)在研究相对剥夺与人口健康时指出,相对剥夺的本质是个体在确认社会地位的过程中缺少所必需的商品或其他隐性社会资源。向上的社会比较容易产生消费相对剥夺感和攀比心理。这种攀比效应体现在家庭部门在生命周期内对于耐用品和非耐用品的选择偏好，即年轻家庭倾向于选择耐用品消费，并且耐用品与借贷约束相互作用，年轻家庭采用借贷消费，用于满足向上比较，从而获得相应的社会认可和进行自我评估（Fernández et al., 2007）。Gentina 等（2018）基于跨文化视角，指出具有高度自尊的日本母亲在服装消费过程中会进行强烈的社会比较，从而出现与青春期女儿共同购物、联合购买以及进行服装交换等行为；而法国母亲在融入社会比较过程中，会产生改变服装风格、品牌和购物商店等行为。

社会比较理论作为消费理论的一个分支，对影响家庭消费的个体决策行为进行了细致研究。Setterfield 和 Kim（2017）指出，导致家庭支出与家庭收入背离的一个关键原因在于家庭倾向于模仿和参考周边群体的消费行为，以便达到更高阶层所对应的消费标准。借贷和模仿改变了财富分配和增长之间的关系，催生了"消费驱动、利润驱动"的增长机制（Kapeller et al., 2015）。住房这一耐用品的消费过程实际上也伴随着消费群体的"示范效应"和攀比心理，并基于贷款实现住房消费。住房既是消费品，也是家庭财富的来源。正是由于住房消费过程中同时存在攀比效应和住房负债消费带来的偿债效应，因此家庭住房消费对经济总需求有多重影响路径。

## 2.3 购房行为与家庭消费

### 2.3.1 购房行为对家庭消费的挤出效应

现阶段的家庭购房大都采用负债购房方式，在购房后会形成较长生命周期的固定债务。家庭债务的研究最早可追溯到 Fisher（1933）的"债务-通货紧缩"理论，即家庭等私人部门过度负债，可能导致经济主体不得不为偿还债务而减少当期消费，相较于增加财务杠杆推动的经济增长，过度负债购置资产对消费的挤出将使整体经济需求陷入疲软。尤其当出现资产价格下跌或者"被动去杠杆"等外部随机冲击时,高债务成本与通货紧缩共同影响市场需求,极易导致经济下滑甚至出现经济危机(李江一,2018)。这一理论较好地解释了 1923—1926 年美国佛罗里达州房地产泡沫与 1929 年经济大萧条、1986—1991 年日本房地产泡沫、1991—1996 年东南亚房地产泡沫、1997 年亚洲金融危机、2001—2006 年美国房地产泡沫与 2008 年美国次贷危机。1986—1991 年日本房地产泡沫是由于企业部门过度的信贷扩张(Miller et al.,2010),而 2008 年美国次贷危机源于 2007 年房地产次级抵押贷款危机,本质上也是源于居民部门债务和金融市场衍生品的快速增长,在加息过程中利率上升导致居民部门无法偿还债务,并最终导致大范围的金融危机(Eggertsson et al.,2012;Mian et al.,2011;Mian et al.,2013)。由此可见,无论是企业部门还是私人部门,过度负债都可能对整体经济产生不可逆的负向影响,甚至导致金融危机爆发。

负债购房具有双重特性:一方面,房产是家庭耐用品,购房前由于有购房动机进行预防性储蓄而挤出家庭消费,购房后需要在较长生命周期内按揭支付贷款,所形成的"房奴效应"也将在一定程度上挤出家庭消费,这两种"挤出"共同称作"挤出效应"。另一方面,房产是重要的投资品,具有"缓冲存货"功能,其保值增值功能使家庭能相对更好地应对未来的不确定性。因此,挤出效应主要包括购房前"为购房而储蓄"和购房后"为偿付贷款而储蓄"两种途径对家庭消费形成挤占(颜色 等,2013)。Moriizumi(2003)基于有限因变量方程组的估算方法,使用日本年轻租房者的相关消费数据得出,购房之前的储蓄行为将使消费支出减少 30%~40%,而在购房完成之后,家庭消费支出会有所提升。房价的快速上涨进一步激发了居民"为买房而储蓄"的动机,由于支付首付款和住房债务,家庭将尽可能地缩减消费,房奴效应将抑制住房价值效应发挥作用(李江一,2018)。

Ogawa 和 Wan(2007)通过研究日本金融泡沫期间和之后家庭债务对消费的影响发现,由于交易成本巨大,消费者一般较为谨慎地做出购房决策,并且一旦通过借贷方式拥有了第一套住房,这个家庭就不会经常性地调整债务持有量。即使在控制价值效应后,与土地和住房购买相关的债务与有形资产市值的比率在泡沫破裂后对消费有显著的负向影响。此外，债务资产比率对半耐用品和非耐用品的支出有负向影响。陈彦斌和邱哲圣（2011）使用引入内生性住房需求和生命周期特征的 Bewley 模型，刻画了房价、储蓄和财产积累之间的相互作用机制，认为首付款将消耗家庭 5 至 10 年的储蓄。在购房之后，尽管有来自购房按揭偿还贷款的压力，但消费和储蓄将逐步反弹至一个相对稳定的正常水平。邓健和张玉新（2011）认为，尽管房价的持续上涨对消费带来了挤出效应，但信贷市场的完善将在一定程度上降低信贷约束和促进跨期消费替代，从而缓解住房债务对消费的挤出程度。Eggertsson 和 Krugman（2012）构建债务驱动衰减模型时发现，家庭可能会因为偿还住房贷款而缩减耐用品的消费支出。Dynan 等（2012）指出美国房价暴跌使许多家庭在信贷繁荣时期大量借贷，杠杆率很高，相对于资产价值来说，债务水平非常高。通过验证发现，高杠杆房主在 2007 到 2009 年的支出下降幅度远比其他房主更大，尽管他们的资产净值变化较小，这表明杠杆作用对消费的影响超过了价值效应本身的影响。通过控制价值效应和其他因素的实证结果显示，过度杠杆导致了消费疲软，一些家庭可能需要很多年才能将杠杆率降低到危机发生前的标准。即在控制收入、净财富等多重因素的前提下，住房抵押负债率（住房抵押负债与家庭住房现值的比值）越高或者住房债务负担（年还款额与家庭收入的比重）越大，其家庭消费的增速越慢。特别在房价越高的地区，这一负债对家庭消费的抑制效应越显著。这与我国情况基本一致，在房价增速较慢的中部地区，非住房消费以及家庭整体效用（也有用居民幸福感来衡量）增速更快，而在沿海地区等房价波动较大区域，负债购房对非住房消费的负向影响更显著（陈峰 等，2013）。

赵家凤和朱韦康（2017）基于生命周期－持久收入假说，发现购房前的租房支出、储蓄购房首付款和购房后的住房债务都会对家庭消费形成挤出效应。李江一（2018）在研究中也指出，购房动机主要通过影响边际消费倾向挤出家庭消费，而偿还住房债务主要通过增强家庭信贷约束挤出消费，两者的作用机理不同。住房债务还会增加家庭消费总量。住房债务在一定程度上体现了住房资产的价值，债务水平越高，购房动机越有可能来自投资需求，而非消费需求，其未兑现的价值效应占比越高。赵振翔和王亚柯（2019）研究 2011 年、2013 年和 2015 年中国家庭金融数据时发现，购房前耐用品消费下降程度确实最高，食品衣着下降程度最低；而购房后，各项消费均有不同程度的上升，其中耐用品和装修维修消费大幅上升，食品衣着略有所上升，教育文化支出下降。Fan 和 Yavas（2020）指出负债购房降低了未来家庭所面临的不确定性，但有抵押贷款的家庭比没有抵押贷款的家庭消耗更高的收入份额。

Yao 等（2015）基于挪威的注册数据分析了住房和抵押贷款债务如何影响家庭的边际消费倾向。在控制财富变量的基础上，杠杆率越高的家庭对财富变化的反应越显著。相对而言，购房家庭具有高杠杆率的同时，也有着高边际消费倾向。即便家庭有较高的住房价值，但由于存在高负债，也可能采用勉强糊口的方式来安排家庭消费。Aladangady（2017）根据美国消费者支出调查也得出了类似的结论：相对宽松的借贷约束能够提高偿还住房贷款背景下的边际消费倾向。不少家庭在进行住房等耐用品消费过程中，需要进行预防性储蓄以满足消费需求，以及为偿还债务进行消费决策调整，从而对家庭消费结构、边际消费倾向产生多重影响。这些研究较清晰地描述了住房作为耐用品消费对非住房消费的挤出效应，主要考量的是住房作为耐用品的消费属性，而未综合考虑住房作为投资品可能带来的住房价值效应。

### 2.3.2 购房行为对家庭消费的价值效应

价值效应是指当家庭负债购房后，随着房价上升，房产可能给家庭带来财富增值，从而影响家庭消费。学者主要围绕住房价值效应的存在性、住房价值效应的异质性以及房产财富对家庭消费的传导途径三方面展开研究。

#### 2.3.2.1 住房价值效应的存在性

对住房价值效应的初始研究主要聚焦在价值效应是否存在、是正向的还是负向的、持续多长时间以及对消费结构有哪些影响。Ludwig 和 Sloek（2002）认为，房价上涨主要通过"兑付的价值效应"和"未兑付的价值效应"影响家庭消费。这两类财富增加时，住房所有者的持久收入增加，根据生命周期-持久收入假说，当收入增加时消费也会相应增加。Cocco（2005）建立了包含住房投资的生命周期模型，且列出一个获得有风险的劳动收入的典型投资者的最优投资组合选择和消费计划。Case等（2005）使用1975—1999年14个发达国家的年度面板数据和1982—1999年美国各州季度面板数据检验了家庭房产财富上升对消费支出的影响，前者数据表明房产具有显著的价值效应，房产财富增加10%会引起消费增加1.1%；后者数据表明房产财富增值10%会使家庭消费增加大概0.4%。Kohler与Dvornak（2007）利用澳大利亚的面板数据显示，住房和股市财富对消费都有显著影响，股市财富增长1美元会使长期年消费增加6～9美分，住房价值的同样增长会使年消费增加约3美分。由于澳大利亚家庭的住房资产是股市资产的3倍多，住房价值增加1%对消费的影响至少与股市财富增加1%对消费的影响一样大，即房产的价值效应存在。

Buiter（2010）从房屋的基本价值变化出发，认为当房价下跌时，那些长期持有住房的人（对他们来讲，他们所拥有的房屋基本价值超过了消费未来住房的当前贴现价值）的财富会被重新分配给那些持有短期住房的人。如果房价的变化代表了基本价值的变化，那么房价不会对消费产生纯粹的价值效应。如果房价变化反映了房价的投机泡沫的变化，那么房价变化带来的消费变化就存在纯粹的价值效应。Case等（2011）进一步扩展研究数据的时间范围，利用1978—2009年美国各州季度面板数据进行实证分析，仍然证明了存在显著为正的住房价值效应。Zhou与Carroll（2012）的研究则考虑了住房价值效应发生的滞后性，通过构建美国2000—2005年进行家庭财富的州级消费面板数据，认为美国存在住房价值效应，但具有一定的滞后性，即两年前家庭房产财富提高1美元会带动当期消费0.05美元。滞后两期的住房价值对消费具有显著正向影响，但滞后的金融财富对支出几乎没有影响。这验证了不同来源的收入和财富会对家庭消费产生截然不同的影响。

Aladangady（2017）利用边际消费倾向深入研究了住房价值效应，提出房屋价值每增加1美元，房主会增加0.047美元消费，但对租房者的影响可以忽略不计。Angrisani 等（2018）利用美国健康和退休研究（HRS）的数据估计，在金融危机期间（2006—2010 年），美国家庭未预期到的房产财富每减少 1 美元，消费将下降 0.06 美元。Khalifa 等（2011）利用美国 2001 年、2003 年和 2005 年收入动态追踪调查数据，基于个体固定效应的静态面板门槛模型的实证研究显示出两个重要的门槛收入水平：74 046 美元和 501 000 美元。当家庭处于不同收入水平时，住房价值效应各不相同：当家庭收入高于 501 000 美元时，住房价值效应不显著；当收入介于 74 046 美元至 501 000 美元时，住房价值效应带来的边际消费倾向为 0.028 2；当收入低于 74 046 美元时，住房价值效应带来的边际消费倾向为 0.010 6，这在一定程度上说明家庭收入水平越高，其住房价值效应越不显著。这一研究从收入群体的消费敏感度角度揭示了国家在推进消费策略演变过程中的目标群体。

Liao 等（2013）开创性地将家庭风险厌恶程度引入住房价值效应的分析框架当中，住房价值效应和家庭风险厌恶程度之间存在显著负相关关系。低风险厌恶家庭的住房价值效应显著存在，而高风险厌恶家庭的住房价值效应可能并不存在。陈健等（2012）认为由于我国特有的信贷约束，房价上升对消费影响并不显著。颜色和朱国钟（2013）基于生命周期动态模型，指出房价上涨带来的"房奴效应"降低了家庭消费。万晓莉等（2017）认为由于住房变现困难，房产财富与家庭消费之间没有必然联系。

2.3.2.2 住房价值效应的异质性

（1）短期住房价值效应与长期住房价值效应。Carroll 等（2006）在消费增长惰性的模型基础上区分了短期住房价值效应和长期住房价值效应，并提出了住房价值效应的滞后特征，如当期住房价值效应为房产财富增值 1 美元会引起下个季度家庭消费增加 0.02 美元，而长期边际消费倾向为 0.09 美元。Chen（2006）基于向量误差修正模型（VECM），使用瑞典 1980 年第一季度至 2004 年第四季度数据的研究表明，从长期来看，住房价值和总消费之间存在显著的正向相关关系，长期的住房净值-消费弹性为 0.11，短期的住房净值-消费弹性则小于长期的住房净值-消费弹性，一般而言短期住房净值增加 1%，总消费在短期增加 0.064%。Carroll 等（2006）和 Chen（2006）的研究均证明家庭住房资产同时存在短期住房价值效应和长期住房价值效应，并且长期住房价值效应大于短期住房价值效应。也有部分学者认为长期住房价值效应不一定存在。

Sonje 等（2014）考察了 30 个发达和新兴经济体的长期住房价值效应、短期住房价值效应。他们将 30 个经济体分为银行主导型的发达国家、市场主导型的发达国家和银行主导型的发展中国家。通过实证分析，银行主导型的发达国家和发展中国家拥有长期住房价值效应，而市场主导型的发达国家只拥有较强的短期住房价值效应。研究表明，在短期内个人消费在面对住房价值效应冲击时呈现正效应，但持续时间很短，住房资产只存在短期住房价值效应，而不存在长期住房价值效应。

陈峰等（2013）在考察长期住房价值效应与短期住房价值效应的基础上进一步分析了不同类别家庭之间的异质性。他们主要采用广义矩估计（GMM）方法对我国 1999—2010 年 31 个省（自治区、直辖市）中高收入家庭进行实证分析，提出中偏高收入家庭的长期住房价值效应显著为正，而高收入和中等收入家庭的住房价值效应则不存在。对家庭进行分区域的异质性分析，只有中部家庭存在长期住房价值效应，可能的原因是中部地区房价政策相对稳定，家庭对房产以消费性质为主，投资性质占比较低，居民消费没有被过度的房屋负债所挤占。

（2）房产财富对家庭不同消费品的影响。Chen（2006）利用瑞典 1980—2004 年的统计数据进行分析，指出家庭住房价值的永久性增加会显著提升总消费品和非耐用品的消费支出，但对总消费品的提升强度明显大于非耐用品。Campbell（2006）分析美国的数据，发现流动性资产和汽车是收入较低人群的主要投资对象，房产是收入中等人群主要的投资对象，而收入较高人群的主要投资对象为权益资产。Bostic 等（2009）认为，耐用品的消费支出更易受到非预期的财富变化的影响，而且耐用品的消费支出具有改变家庭投资组合的功能。Walden（2013）基于美国 1929—2009 的数据指出，住房价值效应会增加汽车、家用设备等耐用品的支出。张大永和曹红（2012）使用 2011 年 CHFS 的调查数据发现，对于自有房家庭而言，住房价值上升会同时促进耐用品和非耐用品消费，尤其对耐用品的促进效应更强烈。

李涛和陈斌开（2014）、李剑和臧旭恒（2015）考察了家庭住房价值变动或房价变动对国家统计局公布的8大类消费支出的影响。张传勇和王丰龙（2017）经数据分析发现，住房价值显著增加了家庭的旅游消费支出，家庭获得住房产权时间与旅游消费呈现"U"形关系。家庭旅游消费并没有影响家庭必需品和耐用品消费，但在一定程度上挤占了培训教育等新兴消费。李江一（2018）指出购房前的储蓄动机主要通过降低边际消费倾向挤出了食品衣着、教育文化娱乐等支出，共计挤出了7.4%的家庭消费；购房后的偿还贷款动机主要通过增加信贷约束15.8%的家庭消费，具体包括耐用品、住房装修与维修等消费。

Atchike等（2020）利用英国宏观数据和住户微观调查数据进行研究，提出在1995—2016年，英国房产价值与住宅能源消费之间存在显著的正向关系，即住宅能源消费存在正价值效应。Pan和Wu（2021）进一步分析了房价变化如何通过财富渠道影响消费。他们通过固定效应和工具变量方法对7 955户家庭进行调查，发现住房价值增长带来的消费增加主要集中于娱乐商品，而不是必需品，并且价值效应主要集中于二套房，而不是首套房。Coibion等（2024）通过对欧洲家庭的调查，研究了家庭感知到的宏观经济不确定性的外源性变化是如何影响他们的消费支出决定的。

（3）住房价值效应的家庭异质性特征。早期关于价值效应的研究主要使用宏观数据进行计量分析，对消费与财富、收入的关系做出判断。随着微观数据的不断完善，越来越多的微观研究着眼于更细致的结构性分析，如住房价值效应的家庭异质性特征分析。

首先与家庭年龄结构相关。Lehnert（2004）通过估计不同年龄段的家庭对房价波动的消费弹性，检验了住房信贷市场效应。年轻家庭面临预期更高的收入增长，相较于年长家庭更有可能通过抵押其拥有的住房，获得更多的钱用于消费。通过分组比对，最年轻的家庭相较于其相邻两组家庭拥有更高的消费弹性。与此同时，第二年老的家庭，即接近退休年龄的家庭的消费弹性最大。这可能是因为该家庭受到生命周期理念的影响，通过缩小住房面积，提取住房资本收益用于消费。Campbell 与 Cocco（2007）的研究数据显示老年家庭的住房拥有者面对房价上升具有最大的消费弹性。当控制利率、家庭收入和其他统计变量时，房价上升 1% 会引起老年家庭消费增加 1.7%。而年轻家庭在面对房价上升时不会显著改变自身消费情况。Hori 与 Niizeki（2019）分析 1985—2012 年日本家庭的微观数据时发现：老年家庭比年轻家庭的住房价值效应更大，究其原因就是老年家庭比年轻家庭拥有更多住房价值，当房价上升时，老年家庭获得更大的住房资本收益，因此大幅度提升自身消费。并且住房价值对非耐用品消费的边际消费倾向为 0.08%～0.13%，对总消费的边际消费倾向为 0.59%～0.82%。Caceres（2019）分析 1999—2017 年收入与动态面板数据时发现，与年龄较大的人群相比，处于工作年龄段的人群往往拥有更大的住房净财富边际消费倾向。而老年家庭拥有更小的边际消费倾向，一种解释是老年人预期未来收入下降，另一种解释是老年人预期未来养老支出更大。

其次与家庭收入水平相关。Peltonen 等（2012）的研究分析了不同收入水平国家的住房价值效应差异。通过分析 14 个新兴国家的国际宏观面板数据，他们发现收入水平较低的国家对住房价值效应更加敏感，这一研究成果验证了低收入家庭拥有更高住房价值效应。Mian 和 Sufi（2014）根据邮政编码对美国进行地域划分，构造了一个涵盖 2002—2006 年的季度面板数据，验证了房价上涨时，低收入地区的家庭会大幅增加消费支出，而高收入地区的家庭在借贷和消费行为上都没有显著变化。这是因为低收入家庭受到更显著的信贷约束，当房价上升时，低收入家庭迫切希望能够放松信贷约束，通过借贷兑现住房价值并增加消费。而高收入家庭不存在这一诉求。Caceres（2019）通过分组回归发现住房边际消费倾向在收入范围的两端更大，即家庭收入最低 10% 和最高 10% 的家庭的住房边际消费倾向最高，而居中的 80% 家庭的住房边际消费倾向普遍偏小。这主要是因为高收入家庭本身信贷约束较低，而低收入家庭面对房价上升时则会偏好放松约束，提取部分增值利益用于消费。

最后与家庭拥有房产数量相关。Gan（2010）通过匹配香港 12 793 个人的住房价值和信用卡消费情况，认为拥有两套及以上住房的家庭拥有更强的住房价值效应，因为这些家庭可以兑现所有非自住房的房产增值收益。由此判断拥有多套房的个体在面对相同的住房资产升值时，会比只拥有一套房的个体增加更多的消费支出。张浩等（2017）通过构造2010年和2012年两期的CFPS面板数据，在分析家庭房屋资产价值效应的基础上进一步考察了家庭拥有房产数量的异质性影响，所获得的结论与Gan一致，多套房家庭比只拥有一套房的家庭在面对房价上升时更容易通过出售或抵押的方式获得多余房产投资用以提升家庭消费。

石永珍和王子成（2017）同样使用2010年和2012年的CFPS数据发现，我国住房净值抵押贷款制度对符合条件群体的审核较严格，只拥有一套房的家庭几乎不可能兑现住房资产增值收益用于消费。尹志超等（2021）分析2013—2019年CHFS数据时发现，住房价值有利于缓解家庭信贷约束，提高家庭消费水平，改善家庭消费结构，并且对不同类型的消费具有不同的促进作用。

#### 2.3.2.3 房产财富对家庭消费的传导途径

（1）直接价值效应。直接价值效应主要是指已兑现的价值效应，具体指房价上涨带来的住房资产升值使房产的相关收入上升，如房屋租金收入和房屋转让收入等，从而使房产所有者消费上升。未兑现的价值效应则放松了消费者绝对理性假说，当房价上涨时，消费者感觉自身财富上升，提升家庭对未来的预期信心，进而增加消费。Cameron等（2006）认为，英国20世纪80年代后期的住房价格上升和金融自由化刺激了当时的消费增长。Sinai与Souleles（2005）的研究认为，房价上涨带来的家庭自住房价值增值主要用来对冲预期的房租上涨，即住房成本上涨，其对消费的影响并不确定，呈现出地区异质性。拥有多套住房的家庭在房价上升的过程中表现出对消费更强烈的敏感度，说明直接价值效应存在。Gan（2010）通过对比拥有一套房和多套房家庭对于房价上升的消费敏感度证实了直接价值效应在香港居民总体价值效应中的作用。

Hori与Niizeki（2019）分析了1983—2012年近50万日本家庭的微观数据，通过基准回归加入代表年轻家庭的虚拟变量与住房价值的交乘项，发现年轻家庭的边际消费倾向小于老年家庭，并据此验证了直接价值效应存在于不同年龄段家庭。黄静和屠梅曾（2009）、尹志超和甘犁（2010）认为住房价值增加能够促进家庭消费，具有正向影响。高玲玲等（2018）认为住房价值主要通过放松生命周期预算约束的直接价值效应和放松当期信贷约束的抵押担保效应对消费产生影响。他们采用分组回归的方式排除了抵押担保效应这一途径的存在性，认为我国住房价值效应主要通过直接价值效应实现。王翌秋和管宁宁（2019）认为考虑住房价值效应时务必要综合考虑购房方式，在综合考虑了购房方式和待偿还房款额变量之后，贷款购房方式可缓解家庭预算约束，并且房奴效应不足以抵消住房价值效应。薛晓玲和臧旭恒（2020）认为房产作为中国居民资产配置中的重要组成部分，其价格变动必将对居民消费产生重要影响。直接价值效应主要通过影响可支配收入来实现，预防性储蓄效应则主要通过影响家庭储蓄率水平发生效用。

（2）抵押担保效应。Aoki等（2004）最早提出了"抵押效应"的思想，他们基于对英国市场的考察，发现在抵押贷款市场放松管制之后，消费者以房产抵押贷款为消费融资会变得更加容易且融资成本更低，而更便捷的房产融资渠道意味着可以有效缓解信贷约束，使更多贷款用于消费。Catte等（2004）对10个经济合作与发展组织（OECD）国家房产财富边际消费倾向进行了估计，面对住房价格波动，消费效应最显著的是那些拥有庞大、高效和反应灵敏的抵押贷款市场的国家。这说明对于金融市场比较发达的经济体而言，房产价值的提升很可能会减少受借贷约束家庭的外部融资成本，提高信贷水平并增加家庭消费。研究显示，为了有效配置资源而采用的结构性政策设置（包括高效、响应迅速的抵押贷款市场等）有助于提高宏观经济对各种冲击的抵御能力。

Muellbauer等（2006）指出信贷供应条件的放松通常伴随着房价的上涨，但如果不能控制信贷自由化对消费的直接影响，可能会高估住房价值或抵押品对消费的影响。Bostic等（2009）将美国消费者金融调查与消费者支出调查组合成一个新数据集，发现是否受信贷约束并不是价值效应产生差别的原因。并且还存在反向价值效应，即住房价值效应相较于2005年下降10%，意味着实际GDP增长下降1%。Benito与Mumtaz（2006）、Cooper（2013）认为住房价值对有借贷需求的家庭的消费产生影响，而对无借贷需求的家庭（包含本身是高净值家庭）的消费支出基本没有影响。

  Case等（2012）认为发达的住房抵押市场和金融市场有助于消费者通过住房抵押融资而获得消费资金，从而有助于房价上涨所带来的正价值效应的发挥。相对较发达的金融市场可以提升住房资产的流动性，并降低转换住房时的各项成本，疏通房价对消费发挥作用的信贷渠道。Zhu等（2017）的研究同样证实了"抵押效应"的存在，在家庭房产价值和消费共同增长的过程中发挥作用，房产净值每增加1美元会使家庭消费增加4美分，但是对进行了抵押房产借贷的家庭进行研究发现，1美元的住房净值借款，会有8美分用于消费。Cloyne等（2019）利用英国抵押贷款管理数据直接考察了房价变化对家庭借贷的影响，实证研究表明，在金融市场比较发达或者自由化程度较高的地区，家庭住房价值增长10%会使家庭借贷增加2%～3%。异质性研究表明，贷款价值比（贷款额度与住房价值）越高的家庭会在房价上升时申请更多的贷款，其中贷款价值比达到0.85的家庭在房价上升时借贷弹性可高达0.6。这证明了房价上涨可刺激家庭进行借贷，并将借贷资金用于消费。万晓莉等（2017）将价值效应分为直接价值效应和间接价值效应，其中间接价值效应是指房价上升引起住房价值增加，可以放松借贷约束的抵押效应。周利等（2020）认为价值效应主要通过家庭债务基于信贷约束效应和抵押效应进行传导。尹志超等（2021）分析2013—2019年CHFS数据时发现，住房价值对城镇家庭消费具有显著促进作用，并显著改善了家庭消费结构，住房资产具有价值效应，进一步研究发现，住房作为具有抵押性质的家庭固定资产，其净值的增加意味着家庭拥有的抵押品价值上升，在一定程度上减少了道德风险和逆向选择，家庭在信贷市场上将释放有利的信号，住房价格上升允许家庭用其作为抵押品获得贷款，从而使受到信贷约束的家庭获得资金以平滑自己的消费。异质性分析表明，住房价值对不同类型的消费具有不同的促进作用，不同地区和拥有不同数量的住房也会对住房价值产生不同影响。

  （3）预防性储蓄效应。如前文所述，Leland（1968）最早基于严谨的经济学分析范式提出了"预防性储蓄"概念，认为收入的不确定性会使家庭留出一部分多余的储蓄以应对未来可能的收入冲击。Sandmo（1970）利用两时期模型得出了未来收入不确定性的增加将使消费者减少消费而增加储蓄。Sibley（1975）将此研究推向了随机工资多时期的动态模型，得出了凸边际效用函数是预防性储蓄的必要条件的结论。Deaton（1991）和Carroll等（1992）结合预防性储蓄与信贷约束假说，提出了"缓冲存货"模型。消费者一旦预期到未来可能面临信贷约束，当期消费就会下降。Gross与Souleles（2002）使用一组信用卡数据揭示了人们面对信贷约束时的反应：一方面债务将显著上升，另一方面受制于信贷约束的边际消费倾向将达到最大值，但相对平滑，符合预防性储蓄模型。债务对利率的长期弹性为 −1.3，其中近一半是各信用卡之间金额的平衡转移。Campbel 与 Cocco（2007）较早将"预防性储蓄动机"引入住房价值效应理论，认为房产财富的上升可能会减少家庭的预防性储蓄需求，从而增加消费。Gan（2010）的研究认为，虽然面对房产增值，抵押再融资将显著提高家庭的消费敏感性，但对于大多数没有进行再融资的家庭来说，消费敏感性在一定程度上是由预防性储蓄的减少所带来的。预防性储蓄效应之所以存在，是由住房本身的消费和投资属性决定的（杨赞 等，2014）。

薛晓玲和臧旭恒（2020）认为预防性储蓄效应主要通过影响家庭储蓄率来实现。当房价增速加快，住房投资动机增强，家庭将进一步加强储蓄，以满足购房需求，此时消费将进一步被挤出。相对于收入的相对房价水平增速越快，实际上意味着消费者的购买能力越弱，从而削弱消费者购房意愿，并进一步减弱住房对其他消费的挤出程度。盛夏等（2021）指出不断上涨的房价放大了其投资品属性，甚至催生出"投机炒房"行为，拉大了家庭之间的财富差距。无房者，由于需要消费房产，一方面可能通过增加预防性储蓄以支付购房首付费用，另一方面由于房价上升幅度远远超出预期，可能陷入"绝望地消费"（Engelhardt，1996；杜莉 等，2013）。

#### 2.3.2.4 住房价值效应最新研究方向

现有研究从房产财富增加会促进家庭金融市场参与度来研究两者的关系

（陈永伟 等，2015）。住房价值效应对不同群体的消费不平等的影响逐渐成为重点研究方向。陈杰和吴义东（2019）指出房价上涨与预期住房利好会给房主带来"财富幻觉"，从而影响不同群体间的消费不平等趋势。董照樱子（2019）与闫娜娜（2021）从家庭异质性维度解析了家庭特征在市场环境和住房情绪调节作用下的住房价值效应。黄静和崔光灿（2020）认为资源的代际传递会直接影响青年群体住房价值的获取和消费不平等的动态演进。张雅淋和吴义东等（2022）认为住房价值增加会显著缓解青年群体的消费相对剥夺程度。还有研究关注住房价值对家庭教育支出以及青年人就业意愿的影响（徐升艳 等，2021；胡元瑞 等，2021；余家林 等，2022）。

岳希明和英成金（2022）根据中国家庭收入调查来分析城镇居民和农村居民家庭人均住房规模的增速水平与住房价值不平等程度。周建军等（2022）认为房价上涨导致的财富不平等会影响该区域的生育意愿。廖毓等（2022）认为房价上升产生的住房价值效应促进了现阶段居民养老模式的多样性发展。曾胜和杨旸（2022）认为房价上升会显著增强普通家庭的捐赠信心，有利于社会平等的实现。Wan 等（2021）基于 CHFS 数据，指出住房是造成财富不平等的最大因素，占总财富不平等的 70% 左右。

Jiang 等（2022）探讨了住房价值效应与劳动供给之间的关系，认为区域性的住房价值并没有影响房主的劳动力供给，但自我报告的那种住房价值显著降低了房主工作时间，这主要是由相对住房价值的变动造成的。Chetty 等（2017）从抵押贷款额度探讨了住房价值效应对劳动力供给的影响。房主在工作期间越来越多地使用灵活的抵押贷款来平稳消费，未来偿还的抵押贷款会逐步增加，从而延迟退出劳动力市场的时间。这一研究在政府养老金相对较低的国家尤为重要。Favilukis 等（2017）指出尽管异质性家庭在防范风险的过程中只有限的选择，但伴随信贷约束的放松和住房交易成本的下降可供选择数量会上升。

Barrell 等（2015）在将金融危机纳入价值效应时发现，住房价值效应仅在英国存在，而在意大利不存在，并且随着时间的推移，住房价值效应在英国越来越重要。Guren 等（2021）指出从长期来看，住房价值效应不显著，而繁荣时期的宽松贷款政策和萧条时期飙升的贷款价值（LTV）使住房价值效应上升。Garbinti等（2021）认为21世纪以来英国和法国房价大幅度上涨使以房产财富为主的中产阶级收益颇多，有助于缓和财富不平等扩大趋势，也会导致处于财富分布末端的家庭很难拥有房产，加剧贫穷阶层和中产阶层之间的财富不平等。

## 2.4　文献述评

研究外部市场环境的理论主要有流动性约束理论和抵押贷款理论等，其影响途径是当出现流动性约束时家庭是否能顺利平滑地调整现期和未来消费，进而保障家庭效用水平基本保持一致。与家庭收入水平相关的理论有绝对收入假说、相对收入假说和生命周期-持久收入假说等，关注的是家庭收入变化对家庭边际消费倾向的影响，特别是家庭收入高峰时期消费水平对整个家庭生命周期内长期消费水平的影响。围绕消费决策习惯的理论主要有预防性储蓄理论、消费习惯理论、社会比较理论等，主要从消费心理分析家庭消费决策，分析影响家庭消费的重要内在因素。

房产兼具消费和投资属性，承担巨额债务的购房形式占据了家庭消费的主体地位，由于受到流动性约束和金融借贷市场不完善等制约，会挤出非住房消费。另外，房产具有投资保值功能，使不少家庭将其视为对抗未来收入和财富不确定性的重要缓冲，当房价持续上升时，家庭可以获得较理想的租金收入和出让房产带来的可支配收入。即使单套房家庭也可能由于房价上升形成一定的"房产财富幻觉"，以及将房产进行抵押时可以获得更高的抵押贷款等。

整体而言，家庭购房行为会提高家庭财务脆弱性，从而弱化家庭跨期消费平滑能力，强化消费预算约束，导致家庭落入"高边际消费倾向、低消费支出水平"的低层次消费路径上。当存在购房动机还未购房时，家庭会提高预防性储蓄水平，降低边际消费倾向而影响家庭消费。当家庭购房后，首先每月固定支出的房贷可能会形成对非住房消费的挤出，并且家庭为支付房贷需要进行预防性储蓄以覆盖贷款月供额度。而当持续偿还房贷一段时间后，其住房债务就逐步成为家庭固定开支的一部分，家庭消费在"棘轮效应"和"示范效应"的共同作用下，可能呈现缓慢上升并逐步恢复到购房前甚至略高于购房前的水平。

家庭消费还受到价值效应的影响，即房价上升带来的财产性收入变动，落入"生命周期-持久收入"的分析框架中。当预期短期内相对收入水平提升，家庭边际消费倾向不会受到影响。但如果这种增长被视为长期效果（无论是劳动收入，还是财产性收入，一般认为，劳动收入增长会促进消费，而财产性收入增长会促进储蓄），则家庭边际消费倾向可能显著提升。伴随着外部市场信贷制度的进一步完善，以及内部预防性储蓄动机的增强等，应对未来不确定性带来的消费水平下降的缓冲将形成，保障家庭消费水平的相对平稳。与此同时，房价上升对不同收入阶层的消费影响各不相同。一般而言，房价上升主要通过预防性储蓄和流动性约束两大渠道促进中等和中等偏上收入阶层的短期消费增加，但对高收入阶层并无显著价值效应。

因此，本书结合流动性约束理论、预防性储蓄理论、消费习惯理论以及生命周期-持久收入假说等，构建围绕负债购房与家庭消费的理论模型，并比较分析家庭负债购房的各个部分：存在购房动机、已享有住房与提前偿还住房债务对家庭消费的影响以及住房价值中未兑现部分对家庭消费的影响，其中着重研究价值效应和异质性预期所形成的财富幻觉对家庭消费的影响。本书还将围绕家庭异质性特征，包含户主人口统计学特征（如家庭所处生命周期阶段、家庭幼儿抚养比、老年人口占比等）、家庭经济特征（是否受到流动性约束、家庭房产数量等）以及家庭所处地区特征等，进行综合分析。

# 3 我国房地产市场发展历程与家庭消费现状分析

## 3.1 我国房地产市场发展历程

我国经济在复杂多变的国内外环境中保持总体平稳、稳中有进的发展态势。要实现高质量发展的宏伟目标，就需要理顺行业内产业政策导向与市场发展之间的协同关系。房地产行业作为经济的重要组成部分，极为依赖市场信贷资金投放，在房价快速上涨与经济增速放缓的背景下，金融信贷、经济增长与住房价格之间的均衡与相互协调是经济平稳发展的重要前提。梳理我国房地产市场发展历程，可以了解我国房地产市场在制度建设过程中有关土地供应、银行信贷、交易流程等诸多方面的创新和探索，以及我国在房地产市场宏观调控层面的主要手段和效果，还可以从政策供给端预判家庭住房消费过程中将受到何种财税制度和购房政策的影响。

我国房地产市场建设与改革始于1949年，改革主线在于将政府提供公共住房转变为市场提供商品房的一系列制度设计和创新。根据我国房地产市场建设的时间线路和典型事件，本书将我国房地产市场改革划分为五个阶段，如表3.1所示。

表 3.1　1949 年至今我国房地产市场改革历程

| 时　间 | 阶　段 | 主要特征 |
| --- | --- | --- |
| 1949—1977 年 | 萌芽阶段 | 1949 年中华人民共和国成立后，百废俱兴，政府部门已经意识到进行房地产市场改革的必要性：在政府承担巨额财政负担的前提下，仍然难以满足广大居民住房改善需求，此阶段为公共住房供给与家庭住房需求矛盾的积蓄期 |
| 1978—1991 年 | 探索阶段 | 1978 年进入改革开放和社会主义现代化建设新时期，奠定了全国各行业的改革基调。1992 年邓小平南方谈话，确立社会主义市场经济体制，而此时政府及国有企业开始积极探索适应中国国情的住房发展模式。此阶段仍然以政府有偿提供公共住房为主，包括政府建房进行售卖等，但由于民营企业无法进入住房市场，商品性住房占比较低。与此同时，还进行了多种形式探索和推广商品性住房，以满足社会需要。但由于机制限制，这些探索都以失败告终 |
| 1992—2003 年 | 初创阶段 | 1992 年确立房地产市场化改革思路以后，1998 年全面停止福利分房，住房市场化改革正式启动，代表着房地产商品属性增强，多元主体被允许进入房地产市场。2003 年将房地产业视为国民经济支柱产业。在这一过程中，还有通行至今的土地拍卖模式、房屋抵押贷款模式、公积金制度等创新性举措，为住房市场商品化奠定了重要的制度基础。这一阶段，特别是 1998 年之后，住房供给性质彻底由政府提供公共住房向市场提供商品性住房转变，即房地产行业真正的起点 |
| 2004—2016 年 | 调控阶段 | 2003 年之后，房地产市场规模和单价增速迅猛，人均住房建筑面积显著提升。但在这一过程中也经历了 2008 年金融危机下短暂的市场低迷。整体而言，在这一阶段房价多次涨跌。国家从金融稳定和保障居民福利出发，采取包括土地政策、银行利率及存款准备金率和购房资格等多个措施进行宏观调控，旨在使房价保持在相对稳定的水平 |
| 2017 年至今 | 长效发展阶段 | 2016 年 12 月中央经济工作会议首次针对房地产市场提出了"房子是用来住的、不是用来炒的"这一定位。2018 年住房和城乡建设部提出"建立和完善房地产市场平稳健康发展长效机制"，这一理念已发展至今，这一阶段仍包含各项调控措施的综合使用，包括针对消费者的购买资格、贷款额度等。政府政策导向已经非常明确 |

资料来源：政府多部委官网。

### 3.1.1 房地产市场萌芽阶段（1949—1977年）

1949年中华人民共和国成立后，国家采取一系列围绕农业和工业的改革举措，逐步建立了以公有制经济为基础的社会主义市场经济体制。农村以在集体土地上自建房、集体分房及租房为主；城市以公租房、单位房为主。

1949—1955年，政府着手市场秩序建设，首先建立公房管理机构，制定有关政策措施。

1958—1978年，居民的衣食住行由国家和地方预先计划和分配，居民住房制度是以国家统包、无偿分配、低租金、无限期使用为特点的福利性制度，即我国最初的公共住房分配模式。所住房屋建设由国家政府拨款，剩余靠单位自筹集资解决，土地以无偿划拨的形式进行分配，房屋兴建、分配、维修、管理都由所属单位统一管理执行。单位分房一般根据员工的工龄、级别、职称、评优等条件进行排序分配，但名额和资源有限，家庭居住条件一般。

### 3.1.2 房地产市场探索阶段（1978—1991年）

由于福利分房制度所带来的巨大财政压力、住房供给不足和居民改善性住房需求等矛盾突出，1978年起，政府开展财政制度、住房制度建设与改革，逐步探索如何建立住房市场化机制。

1978年12月，中国共产党第十一届中央委员会第三次全体会议确定中国开始实行对内改革、对外开放的政策，简称"改革开放"。住房市场化的理念逐步受到关注，一系列处于计划序列的商品逐渐进入市场流通。房改问题的提出打开了住房市场化进程的大门，此期间虽然仍以福利分房为主导，但住房市场化的相关法律、法规和政策不断出台，标志着中国住房市场建设正式启动。

1980年1月1日，深圳与香港双方签订了《建设与出售深圳华侨新村楼宇协议书》[①]，名义上采取"补偿贸易"形式进行合作，实际上创新性地开发出"深圳出地、香港出资、利润共享"的房地产运作模式。1980年1月8

---

① 深圳市档案馆. 深圳故事——内地商品房的"原点"：东湖丽苑 [EB/OL]. （2023-01-10）[2025-03-18]. http://www.szdag.gov.cn/dawh/tqssn/content/post_931267.html.

日,中国第一家房地产公司——深圳经济特区房地产公司成立。1980年4月,邓小平同志在关于建筑业的地位和住宅政策问题的谈话中,对住房生产、流通、分配和消费在内的全过程进行了通盘设计,并首次提出"出售公房,调整租金,提倡个人建房买房"的设想,房子正式被定义为商品。虽然谈话中没有使用"住房市场化"的提法,但是涵盖了住房制度改革和今后我国住房政策的基本思路,从此,住房制度改革在全国各地展开。因此,1980年一般被业内认定为中国房地产市场的历史元年:"住房"到"房地产"叫法的转变,意味着房屋所有权和土地使用权的融合,也意味住房性质由按社会福利分配属性,逐步转向为按商品买卖属性。经北京市人民政府批准,北京市城市建设开发总公司于1980年9月成立,它承担了北京多个地区的综合开发建设任务,包括住宅、商业、文化、教育等设施的建设,为改善首都城市面貌和居民生活条件做出了重要贡献。1981年,深圳、广州开始商品房开发试点。1981年1月,经国务院批准,中国房屋建设开发公司正式成立,担负起推进房屋建设的社会化和商品化试点的使命。

1984年,由国家统计局、原国家标准局、原国家计委、财政部联合制定的《国民经济行业分类与代码》首次正式将房地产列为独立的行业,这从法律层面表明房地产获得了官方认可的"身份证",住房市场的上下游各个行业都被纳入房地产行业。

伴随国家指引政策,房地产企业纷纷成立:中国建设银行于1985年开办了住宅储蓄和住宅贷款业务,成为国内最早开办住房贷款业务的国有商业银行。1986年1月,国务院召开城镇住房制度改革问题座谈会,决定成立国务院住房制度改革领导小组。

1988年1月,第一次全国住房制度改革工作会议召开,同年2月国务院颁布《关于在全国城镇分期分批推行住房制度改革实施方案》,其核心是提出"实现住房市场化""提高房租,增加工资,鼓励职工买房"的构思和方案,主要分为住房市场改革目标、分年度计划安排以及住房制度改革具体政策三大内容。具体包括合理调整公房租金;从实际出发确定发放住房券(补贴)的系数;理顺住房资金渠道,建立住房基金;坚持多住房多交租和少住房可得益的原则；积极组织公有住房出售；配套改革金融体制，调整信贷结构；对住房建设、经营在税收政策上给予优惠；加强房产市场管理。其深刻的社会意义在于将原本由国家独立承担的城镇居民住房建设任务推向市场进行改革，并鼓励由政府、银行、单位和员工共同承担购房成本，提升住房改革的经济效益和社会效益。

1988年4月，中华人民共和国第七届全国人民代表大会第一次会议通过了《中华人民共和国宪法修正案》，将宪法第十条第四款"任何组织或者个人不得侵占、买卖、出租或者以其他形式非法转让土地"修改为"任何组织或者个人不得侵占、买卖或者以其他形式非法转让土地。土地的使用权可以依照法律的规定转让"，使土地由资源转变为资产，作为商品可以在市场上自由买卖。土地所有权与使用权的分离，是住房市场化的重要基础，这从法律层面上标志着中国房地产行业正式进入商业化阶段。

1989年12月，第七届全国人民代表大会常务委员会第十一次会议颁布了《中华人民共和国城市规划法》（现已失效），这是我国在城市规划、城市建设和城市管理方面的第一部法律，也是涉及城市建设和发展全局的基本法律。同年，广州成为全国第一个全面实施住房制度改革的省会城市。1989年7月27日深圳市政府颁布了《深圳经济特区居屋发展纲要》，这是市房产管理部门考察、借鉴了中国香港及新加坡住房发展经验而制定的，该纲要提出住房供求"双轨三类"制。"双轨"即市房管局组织建房（主要负责土地审批和房屋建设）和房地产开发公司投资建房（主要负责住房资金筹措），"三类"即福利商品房、微利商品房和市场商品房。1989年8月，经广东省政府批准，广州市政府公布了《广州市住房制度改革实施方案》（现已失效）。

1990年，中国第一家房产经纪公司成立。1991年，中国的住房公积金制度在上海试点成功。

1991年10月，我国召开了第二次全国住房制度改革工作会议。1991年12月，国务院发布《关于全面推进城镇住房制度改革的意见》，明确了城镇住房制度改革的总目标、分阶段目标和基本原则，对改革中涉及的提租与补贴、售房、新房新制度、住房基金、住房金融、住房投资和建设体制等系列问题做出了具体规定。同年，国务院先后批复了24个省市的房改总体方案。

在这一阶段，政府部门找到了公房供给向商品房供给转变的前提，即构建起按市场规则运行的房地产市场，创新土地供给模式，确定金融支撑体系，以及引导居民购置房产意向。在这一阶段，深圳地区在房地产市场运行过程中所取得的巨大成功，使政府加大了对住房市场进行改革的决心，也使广大家庭能通过市场化手段有效改善住房居住环境，提升生活质量。与此同时，银行等中间金融机构也为房地产市场有序发展提供了重要的资金支持。这一阶段的土地制度、金融制度以及公积金制度在初步探索和试验过程中，为未来房地产市场的迅速发展，奠定了重要的制度基础。除基本制度以外，房地产市场的良性运行机制、金融链条风险管控等，也在持续建设和完善之中。

### 3.1.3 房地产市场初创阶段（1992—2003年）

市场经济制度逐步建立，民营企业进入房地产市场，极大地调动了房地产建设的积极性，相关金融制度和土地流转市场逐步建立并推广试运行，银行贷款按揭市场日趋完善，土地使用权转让制度形成。这个时期与房地产相关的制度都在不断建设和完善中。以1992年正式确立发展市场经济为起点，1998年福利分房政策正式结束为分界线，2003年将房地产视为国民经济支柱产业为终点，可将房地产市场初创阶段分为两个阶段：第一个阶段是1992—1997年加大力度集中探索住房制度改革阶段，制度是保障房地产市场有序运行的关键；第二个阶段是1998—2003年房地产市场初步建成并稳步发展阶段。这一阶段我国住房管理相关办法如表3.2所示。

表3.2 1992—2003年国家住房管理相关办法

| 时　间 | 重要政策 | 意　义 |
|---|---|---|
| 1994年7月 | 国务院发布《国务院关于深化城镇住房制度改革的决定》（现已失效） | 它确定了城镇住房制度改革的根本目标：建立与社会主义市场经济体制相适应的新的城镇住房制度，建立公积金制度，对于保障居民购房意义显著 |

续 表

| 时　间 | 重要政策 | 意　义 |
|---|---|---|
| 1998年4月 | 中国人民银行发布《关于加大住房信贷投入，支持住房建设与消费的通知》（现已失效） | 由银行提供住房开发与建设中的贷款资金以及承担个人住房贷款发放。在住房市场化改革的供给端和需求端融入资金支持 |
| 1998年5月 | 中国人民银行发布《个人住房贷款管理办法》（现已失效） | 支持城镇居民购买自用普通住房，规范个人住房贷款管理，维护借贷双方的合法权益 |
| 1998年7月 | 国务院发布《国务院关于进一步深化城镇住房制度改革加快住房建设的通知》，要求停止住房实物分配制度，逐步实行住房分配货币化，提出促使住宅业成为新的经济增长点 | 取消由政府提供的福利分房制度，动摇了政府公共住房供给的根本，将住房需求推向市场。保障城镇居民购房需求通过市场化途径得以实现。民营企业可逐步进入房地产行业 |
| 1999年2月 | 中国人民银行下发《关于开展个人消费信贷的指导意见》，首次提出"积极开展个人消费信贷"的概念，提前消费、贷款买房、按揭等模式进入市场（现已失效） | 为商业银行扩大消费信贷规模提供管理依据。推动想改善住房条件的家庭基于住房贷款购买住房。并提出发放信用卡促进消费的相关管理办法 |
| 2002年5月 | 原国土资源部（现为"自然资源部"）发布《招标拍卖挂牌出让国有土地使用权规定》（已被修改），要求商业、旅游、娱乐和商品住宅等各类经营性用地，必须以招标、拍卖或者挂牌方式出让 | 从法律层面明确住房市场化改革过程中迫切需要解决的土地使用权转让问题，是推动我国房地产行业蓬勃发展的关键基石 |
| 2003年8月 | 国务院发布《国务院关于促进房地产市场持续健康发展的通知》，正式将房地产定位为拉动国家经济增长的支柱产业之一 | 在解决土地使用权转让、银行出资以及发放个人贷款三个层面的核心问题后，住房市场化改革所需的制度文件已基本配齐 |

资料来源：政府多部委官网。

1992年，邓小平南方谈话，提出加快住房制度改革步伐。同年党的十四大提出建立社会主义市场经济体制，市场经济建设拉开序幕，公积金制度正式建立，银行全面介入房地产行业。

1994年7月，第八届全国人民代表大会常务委员会第八次会议通过的《中华人民共和国城市房地产管理法》（已被修改）中的第四十五条明确了商品房的预售制度，第四十七条第一款也规定了"依法取得的房屋所有权连同该房屋占用范围内的土地使用权,可以设定抵押权"。与此同时,各地方政府相继出台了各种政策促进市场发展。1994年7月,国务院下发了《国务院关于深化城镇住房制度改革的决定》(现已失效),城镇住房制度改革基本可概括为"三改四建"。"三改"包括建房投资由集体统包改为国家、单位、个人三分制;房屋建设、分房、维修、管理由单位统包改为社会专业化团体运行;住房福利按劳分配方式改为以工资补贴方式为主。事实上,"三改"的核心是改变以前政府是住房供应主体的制度,以及将住房由实物分配改为货币分配。"四建"包括建立和完善保障性住房的供应体系;建立和完善经济适用房的供应体系;建立住房公积金制度;建立政策和商业性并存的住房信贷体系。它确定了城镇住房制度改革的根本目标:建立与社会主义市场经济体制相适应的新的城镇住房制度,并首次提出建立公积金制度,代表着未来城镇住房制度改革的基本设想和制度设计理念,这是我国房地产发展过程中具有里程碑意义的重要事件。

1998年5月,中国人民银行颁布了《个人住房贷款管理办法》(现已失效),允许进行预购商品房抵押贷款,标志着国内住房贷款业务全面启动,房地产市场正式开启财务杠杆之路。推动我国房地产市场发展的住房公积金制度、政策性贷款制度等逐渐建立。之后,各商业银行陆续开始开展个人住房贷款业务。

1998年我国福利化分房制度彻底结束,住房制度发生本质性变化。福利分房制度的取消助力房地产市场化进程的发展,居民住房消费能力得到释放,市场需求不断扩大。中国正式进入全面住宅商品化的时代。

1999年,中国人民银行下发《关于开展个人消费信贷的指导意见》,鼓励个人消费信贷,房地产市场重新回归正轨,开启了新一轮上涨周期。同年,中国人民银行加大住房信贷投入支持的通知出台,进一步增强消费者购买能力,房地产市场快速发展。

2000年至2001年年底,房地产衍生行业和中介机构等各上下游行业开始发展,支柱性产业的名头开始渐渐做实。2001年中国加入世界贸易组织(WTO),金融业改革和国外资本介入为房地产行业带来资金支持,同时外资流入带来了对写字楼和办公楼的需求,房地产市场的供给和需求进一步扩大。在此期间，我国房地产调控政策以促进房地产业发展为主，免征个人及银行住房公积金贷款的相关税收，下调贷款利率，进一步通过信贷手段促进房地产业发展。

2002年5月，原国土资源部发布《招标拍卖挂牌出让国有土地使用权规定》（已被修改），简称土地"招拍挂制度"，即我国国有土地使用权出让方式有3种：招标、拍卖、挂牌。对于经营性用地必须通过招标、拍卖或挂牌方式向社会公开出让国有土地，这对于促进土地资源市场化配置具有显著意义。由表3.3可以了解1998—2003年我国房地产企业中民营、股份制企业增速迅猛，由7 464家增长至26 344家，占比高达79.57%；国有企业数量逐年下降，占比为13.76%；集体企业稳中有降，仅占比为6.67%。这意味着政府提供住房逐渐向市场提供住房转变。

表3.3 1998—2003年房地产企业类型及数量

| 企业类型 | 数量/家 | | | | | |
| --- | --- | --- | --- | --- | --- | --- |
| | 1998年 | 1999年 | 2000年 | 2001年 | 2002年 | 2003年 |
| 国有企业 | 7 958 | 7 370 | 6 641 | 5 862 | 5 015 | 4 558 |
| 集体企业 | 4 538 | 4 127 | 3 492 | 2 991 | 2 488 | 2 205 |
| 民营、股份制企业 | 7 464 | 9 925 | 13 144 | 16 656 | 21 154 | 26 344 |

数据来源：《中国房地产发展报告》。

房地产开发投资增幅由1997年的-3.4%上涨至2003年的29.7%，而全国房屋销售价格指数涨幅越来越大。2002年8月，原建设部（现为"住房和城乡建设部"）、原国家发展计划委员会（现为"国家发展和改革委员会"）、财政部、原国土资源部、中国人民银行、国家税务总局等多个部委联合发布了《关于加强房地产市场宏观调控促进房地产市场健康发展的若干意见》，简称"217号文"。[1] 对于经过批准但尚未开工建设的项目用地，集中进行清

---

[1] 建设部 国家计委 财政部 国土资源部 中国人民银行 国家税务总局.关于加强房地产市场宏观调控促进房地产市场健康发展的若干意见[EB/OL].（2006-06-30）[2025-03-18].https://www.gov.cn/ztzl/2006-06/30/content_323729.htm.

理,并依法收回。2003 年 8 月,国务院发布了《国务院关于促进房地产市场持续健康发展的通知》,明确把房地产业列为国民经济的支柱产业,至此长达数年的房地产热潮开始涌现。

### 3.1.4 房地产市场调控阶段（2004—2016 年）

自 2004 年起,房地产的投资价值愈加明显,房价持续上升,政府加紧对房地产的各项调控过程,2004—2008 年房价始终处于上升阶段,2008 年金融危机之后出现短暂下跌后,2009—2011 年房价持续上扬;2011 年年末至 2015 年属于震荡调整阶段,2015 年之后房价出现暴涨行情。在这一阶段,当房价出现短暂下跌时,政府采取宽松货币政策;当房价出现短期上升时,政府则采取紧缩政策,整体属于频繁调控阶段,房价整体缓慢上升。

2004 年,房价持续上涨。政府开始调控,同时减少土地供应,各种限制政策频出,但是依然挡不住房价的快速上涨。原国土资源部、原监察部（现为"国家监察委员会"）联合下发文件,提高拿地门槛,即 2004 年 8 月 31 日起,土地招拍挂制度全面启动,所有经营性的土地一律公开竞价出让,各地不得再以历史遗留问题为由进行协议出让,同时发展商及时缴纳土地出让金,两年不开发政府可收回土地,简称"8·31 大限",这意味着针对我国房地产市场"釜底抽薪"式的调控正式开始。2004 年 10 月,中国人民银行在推动房地产发展进程中首次宣布上调存贷款利率。

2005 年至 2007 年年底,房价在多项政策调控下依旧持续上涨,国务院为了稳定房价先后颁布了"国八条"和"国六条"等提高首付比例的限制性政策。以"国六条"为代表的一系列政策,开启了以购房面积和持有时间为基准的差别化住房调控政策。具体是指在 2006 年 5 月以后,90 平方米以下的中小户型商品房可以享受更低首付比例、营业税和契税税率。2007 年中国人民银行共发布 8 项政策,6 次加息,这标志着实施多年的稳健宽松货币政策调整为从紧货币政策,从金融制度层面给过热的房地产市场降温。2007 年 9 月 27 日,中国人民银行、原中国银行业监督管理委员会共同发布《关于加强商业性房地产信贷管理的通知》,提出申请购买二套房及以上住房,贷款首付款比例不得低于40%，贷款利率不得低于中国人民银行公布的同期同档次基准利率的1.1倍。

2008年，美国次贷危机引发全球大范围金融危机，我国房地产出现"量价齐跌"局势，房地产业出现拐点。2008年9月起，中国人民银行两次下调商业贷款利率和住房公积金贷款利率，2009年政府提出"四万亿"投资计划，用于住房、基础设施、城市改造等多个领域。得益于货币政策的放松，房价在经历短暂下跌后于2009年开始快速增长。同时，国家逐渐加强房地产信贷控制，灵活调整房贷利率等促进和规范房地产市场发展。

2010年4月，政府针对房地产市场出台了宏观调控政策"新国十条"，提出增加普通商品住房建设，抑制投资性购房，加强市场监管，大规模推进保障性安居工程建设。同年5月，"限购"政策首次出现在北京房地产市场，北京家庭只能新购一套商品房。

2011年1月公布"新国八条"，中国人民银行连续6次上调法定存款准备金率，4次上调人民币存贷款基准利率。"新国八条"颁布，提高了首付比例，收紧了房地产政策，但是房价依旧上涨。在多重信贷政策联合颁布之后，房价于年末开始走低。

2012年，取消三套房贷款政策，全国大部分城市房价开始缓慢下跌，市场成交放缓，土地流拍，房价持续走低。2012年，中国人民银行两次下调金融机构人民币存贷款基准利率并调整利率浮动区间，这是2010年连续5次加息后的首次减息。同年，相关单位发布众多关于闲置土地处置、保障性安居工程建设、节约集约用地的政策文件。2013年，"新国五条"发布，30余个"热点"城市根据"新国五条"精神发布房地产调控地方实施细则。2013年开始，中国房地产市场开始分化，一线城市房价开始走高，增速显著；二线城市房价增速平稳；三、四线城市增速低于二线城市，成交量整体放缓。这也成为我国不同层次城市房地产市场价格分化的开始。

2014年9月，中国人民银行、原中国银行业监督管理委员会公布了《中国人民银行 中国银行业监督管理委员会关于进一步做好住房金融服务工作的通知》以调整房贷政策，第二套房地产认定标准由"认房又认贷"改为"认贷不认房"。中央再次出手调控，降低存款准备金率，降低存贷款利率，逐步松绑限售限购，房地产市场逐渐恢复，房价止跌。2015年，中国人民银行、住房和城乡建设部、原中国银行业监督管理委员会（现为"国家金融监督管理总局"）联合发文：二手房营业税免征期由5年缩短至2年；二套房商业贷款最低首付比例降至40%；公积金贷款首套房首付比例调整为20%。年末全国楼市均出现暴涨行情。

2016年2月，财政部、国家税务总局、住房和城乡建设部三部门联合发布《关于调整房地产交易环节契税 营业税优惠政策的通知》（现已失效）。首套房产144平方米以上房屋契税由3%降至1.5%；90平方米以下的二套房产契税由3%降至1%，90平方米以上的二套房产契税由3%降至2%；2年以上房屋交易全部免征营业税，不再征收2年以上非普通住宅的营业税。2016年，持续推进"去库存"政策，各地方政府放松购房政策，降低首付比例，继续实行宽松货币政策。

2016年10月，政府针对房地产行业再次出台政策，这一次开始了"限购限贷，限售限价"，这一政策出台，效果立竿见影，一、二线城市房地产价格迅速降温。2016年12月，为限制"炒房客"，政府在中央经济工作会议上首次提出了"长效机制"，坚持"房子是用来住的、不是用来炒的"这一定位，加强住房市场的监管整顿，规范开发、销售、中介等行为。

针对不断上涨的房价，政府频繁出台相关调控政策，进一步强化差异化住房信贷政策，严格控制对非首套房的信贷政策，抑制投资、投机性购房需求。中国人民银行多次上调存贷款基准利率来调控房地产市场，通过支持居民合理住房贷款需求，支持房地产开发企业合理的融资需要等政策在总体上促进房价水平合理回归。由此可见，当房地产发展到相对成熟的阶段，除了正向激励措施以外，还有大量的调控策略。我国楼市调控最显著的特点是政策提出频率高，政策组合拳效应明显。除了国务院出台整体调控意见以外，国家各部委包括国家发展和改革委员会、住房和城乡建设部、原国土资源部、财政部、国家税务总局和中国人民银行等国家宏观管理部门，围绕城市土地供给、投资建设资金、住房抵押贷款以及交易税费等涉及住房供给、住房建设和住房交易的多个方面出台了相关细则，给过热的房地产市场降温。

### 3.1.5 房地产市场长效发展阶段（2017年至今）

2017年3月17日，北京发布楼市调控新政策《关于完善商品住房销售和差别化信贷政策的通知》，随即这一调控政策扩展到全国。至同年11月共计超过100个城市发布了楼市调控政策。2017年12月，政府在中央经济工作会议上提出，加快建立多主体供应、多渠道保障、租购并举的住房制度，完善促进房地产市场平稳健康发展的长效机制，并提出了保持房地产政策稳定性和连续性的意见，这对于维护房地产市场预期具有重要意义。在这一阶段，调控政策主基调，加强地方政策主体责任。地方政策多以像京津冀、长三角、珠三角、中西部地区等这样的城市群为主调控场，从传统的抑制投机性、非理性需求转变为供给侧结构性改革。

2018年12月的中央经济工作会议进一步强调"房住不炒"定位，并提出完善促进房地产市场平稳健康发展的长效机制。落实地方主体责任，继续实行差别化调控，建立健全长效机制，深化基础性关键制度改革，强化金融监管和风险防控，加快住房租赁体系建设，发展共有产权住房，加快建立多主体供给、多渠道保障、租购并举的住房制度。

2019年12月在中央经济工作会议上，中央继续坚持对楼市调控不放松的坚决态度，并提出加大城市困难群众住房保障工作，加强城市更新和存量住房改造提升，建立在租售并举等环节的房地产长效机制，推进加快建设住房租赁信息服务与监督平台，改善住房租赁市场的消费环境。

2020年，多地纷纷出台政策，贯彻落实"房住不炒"的基本国策，促进房地产市场平稳健康发展。包括重视保障性租赁住房建设，加快完善长租房政策，逐步使租购住房在享受公共服务上具有同等权利，规范发展长租房市场。部分地区房价不再上涨甚至开始走低，一、二线城市和三、四线城市房产分化加剧。推进新型城镇化，开始进行老旧小区改造工程。2020年8月，中国人民银行、原中国银行保险监督管理委员会（现为"国家金融监督管理总局"）等机构针对房地产企业提出"三道红线"指标，即剔除预收款后的资产负债率大于70%；净负债率大于100%；现金短债比小于1。在此阶段房价持续下跌，城市分化继续加剧，涨跌并存。这一楼市"新禁令"严格控制了房地产信贷供需双方规模，避免炒房行为抬高房价。

2021年5月，财政部、自然资源部、国家税务总局、中国人民银行四部委联合发布了《关于将国有土地使用权出让收入、矿产资源专项收入、海域使用金、无居民海岛使用金四项政府非税收入划转税务部门征收有关问题的通知》。

2021年政府工作报告确定了"稳地价、稳房价、稳预期"的政策基调。自2021年9月以来，通过高杠杆撬动的房地产投资市场遇冷，房产价格下滑。事实上，自房地产市场发展以来，以"高增长、高杠杆、高价格、高回报"为主要特征的房地产开发运营模式存在极大的金融风险，因为高杠杆意味着高债务，而一旦房价出现下滑，企业较难在短期内通过卖房收回资金流，而在扩展业务过程中所欠下的债务依旧存在，从而导致房地产企业出现资金流断裂。这一现象在2022年下半年逐渐显现。全社会开始对房地产市场持观望态度和悲观预期。而政府在坚持"房住不炒"理念的同时，开始逐步放松调控力度，以保障房地产市场平稳有序发展。

2022年，房地产价格持续下跌，政府再次出手救市，解除限购限贷政策，两次降准，三次下调贷款市场报价利率，"金融16条"、买房退税等政策相继开始实施，但是市场反应疲软，成交依旧低迷。

2023年，随着市场观望情绪逐步增强，房地产宽松政策逐步出台，降息、公积金调整、放宽落户等利好政策同步出现，维护房地产市场稳定发展成为上半年的主旋律。2024年1月，《中国人民银行 国家金融监督管理总局关于金融支持住房租赁市场发展的意见》发布，其中提到支持加快建立多主体供给、多渠道保障、租购并举的住房制度，培育和发展住房租赁市场，促进房地产市场平稳健康发展。2023年政府工作报告指出，一要加强住房保障体系建设，支持刚性和改善性住房需求；二要有效防范化解重大经济金融风险，加强住房保障体系建设，支持刚性和改善性住房需求等。2023年3月，中国人民银行提出降低金融机构存款准备金率0.25个百分点，利用宏观政策组合拳，保障银行体系流动性合理充裕，缓解实体经济流动性约束。2023年4月，中共中央政治局会议再次提出，促进房地产市场平稳健康发展，推动建立房地产发展新模式，规划建设保障性住房等。4月25日，全国自然资源和不动产确权登记工作会议宣布我国全面实施不动产统一登记制度，即原本土地和房屋由不同部门登记发证转变为统一发证，为后续统一房地产管理提供技术前提。1998—2022年全国商品房平均销售价格如图3.1所示。

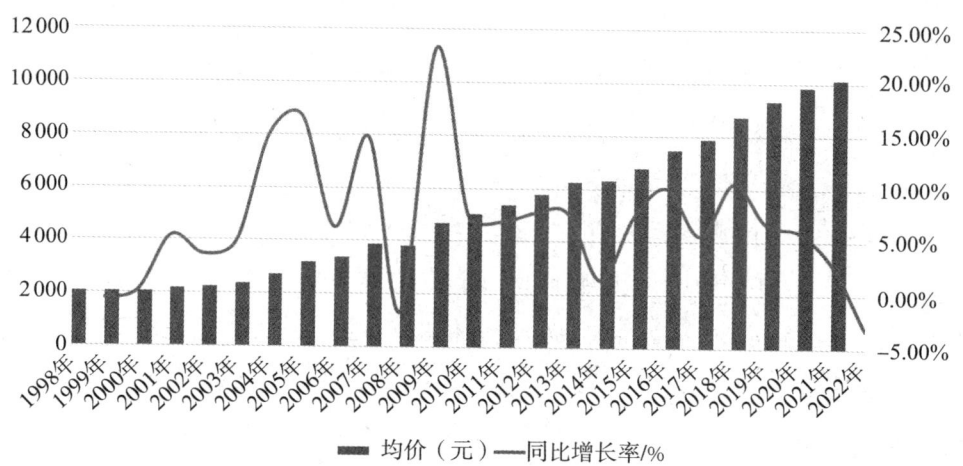

图 3.1　1998—2022 年全国商品房平均销售价格
（数据来源：国家统计局）

### 3.1.6　我国房地产市场发展历程小结

纵观我国房地产市场发展历程，政府在有关房地产发展的土地制度、金融制度以及货币制度等方面进行了大胆设计和创新，使住房市场由政府提供的公共品向市场提供的商品转变，并使房地产经济逐步成为国民经济重要支柱产业，带动我国经济迅速增长。由于房价增速过快、土地财政效应、房企财务杠杆以及居民住房消费占比过高等可能导致系统性金融风险，因此宏观调控成为我国房地产市场的常态选择，国家政策逐步成为房价预期的参考因素。梳理近年来房地产政策导向与房价波动之间的关联，可以清晰地了解通过财务杠杆使住房市场商品化的清晰历程（见表3.4）。近年来，更加灵活的、差异化的房地产信贷政策被用于各地房地产市场调控，调控目标更加注重刚需、支持居民住房改善需求、增加住房有效供给等，为房价的合理回归和房地产市场长效机制的建立提供了切实基础。

表 3.4　1978—2023 年房地产政策导向及房价波动特征

| 楼市发展阶段 | 年份 | 典型事件 | 楼市动态 | 政策导向 | 历史意义 |
| --- | --- | --- | --- | --- | --- |
| 探索阶段（1978—1991 年） | 1978 年 | 确定"改革开放"政策 | 启动 | 确定发展 | 探索住房市场化起点 |
| | 1979 年 | 按土建成本价在 5 个城市试点 | 缓慢发展 | 开始探索 | 试点失败 |
| | 1980 年 | 深圳开创性地通过"补偿贸易"探索房地产发展的新模式；房子被定义为商品 | 缓慢发展 | 鼓励扶持 | 房地产历史元年 |
| | 1982—1986 年 | 按土建成本价在 4 个城市进行"三三制"试点。1984 年，首次肯定房地产对经济发展的重要意义。1986 年试点提租补贴模式，并颁布《中华人民共和国土地管理法》 | 缓慢发展 | 试点调整 | 仍处于摸索与试运行阶段 |
| | 1987 年 | 深圳市首次以公开拍卖的方式有偿转让国有土地使用权，催化全国房地产市场加速发展 | 稳步上涨 | 支持探索 | 土地开始进入商业化阶段 |
| | 1991 年 | 明确城镇住房制度改革整体目标和具体措施 | 稳步上涨 | 明确扶持 | 房地产市场迅速发展 |
| 初创阶段（1992—2003 年） | 1992 年 | 中华人民共和国第十四届全国人民代表大会提出建立社会主义市场经济体制，市场经济建设拉开序幕，公积金制度正式建立 | 稳步上涨 | 明确扶持 | 全国房地产市场起飞 |
| | 1993—1997 年 | 全国空置建筑面积高达 5 031 万平方米，1993 年海南房地产泡沫破裂。同时，金融危机在全球蔓延。1997 年亚洲金融危机爆发，国家重心在于提振经济 | 震荡横盘 | 加紧调整 | 土地制度不完善，加强制度设计成为重中之重 |
| | 1998 年 | 确定个人住房贷款制度；国家正式取消福利分房制度，住房市场化正式开启，逐步实施住房分配货币化 | 再次启动 | 大力扶持 | 商品房时代开启 |
| | 1999 年 | 税收减免，家庭可通过 30 年按揭模式购房，贷款可达 80%，以信用卡促进家庭各类消费。提前消费、贷款买房、按揭等模式进入市场 | 稳步上涨 | 大力扶持 | 银行贷款支持，降低家庭购房门槛 |

续　表

| 楼市发展阶段 | 年份 | 典型事件 | 楼市动态 | 政策导向 | 历史意义 |
| --- | --- | --- | --- | --- | --- |
| 初创阶段（1992—2003年） | 2000年 | 开始实施住房分配货币化政策，下调贷款利率，提升个人购房能力和积极性；允许房地产企业上市融资；房地产市场上下游各环节发展迅猛 | 稳步上涨 | 大力扶持 | 鼓励住房分配过程中的货币补贴；开发商获得新的融资渠道 |
| | 2001年 | 实施商品房预售和现售制度；加入WTO，金融业改革和国外资本介入为房地产市场发展带来资金支持；免征个人及公积金贷款相关税收，下调贷款利率 | 第一次增速下降 | 大力扶持 | 开发商资金杠杆效应初现，滚动开发模式开启 |
| | 2002年 | 多部委首发调控"217号文"，从土地供应、住房结构、市场整顿等方面进行调控；土地使用权的招拍挂制度正式实行 | 稳步上涨 | 调控收紧 | 土地招拍挂制度设定，确立土地市场化改革方式，房价开始被调控 |
| | 2003年 | 中国人民银行印发《中国人民银行关于进一步加强房地产信贷业务管理的通知》，严控银行房地产开发贷款、土地储备贷款、个人住房贷款发放等，从源头调整土地市场供给模式 | 增幅下降 | 调控收紧 | 强调房地产是我国重要的支柱行业，促进房地产健康有序发展 |
| 调控阶段（2004—2016年） | 2004年 | 2004年国务院发布《国务院关于深化改革严格土地管理的决定》，鼓励房地产发展定性为扩大内需、拉动投资增长以及保持经济持续增长的重要渠道。出台"8·31大限"，发展商两年不开发土地政府可收回。中国人民银行宣布上调存贷款利率 | 增幅跃升 | 调控收紧 | 房价持续上涨，政府减少土地供应，限制政策频出 |
| | 2005年 | "国八条"出台，提出恢复营业税、提高首付比例等限制性政策；建设廉租房 | 大幅上涨 | 大幅调控 | 房价增速超出居民承受极限，政府开始实施控房价追责制度 |
| | 2006年 | "国六条"出台，首次根据户型采取不同政策（90平方米和70平方米） | 第二次增速下降 | 大幅调控 | 政策调控持续增强阶段 |

续 表

| 楼市发展阶段 | 年 份 | 典型事件 | 楼市动态 | 政策导向 | 历史意义 |
|---|---|---|---|---|---|
| 调控阶段（2004—2016年） | 2007年 | 发布八项政策，六次加息，房贷利率高达7%，从金融制度层面给房地产市场降温；加大购房者二套房首付比例；严格房地产开发贷款条件 | 大幅上涨 | 大幅调控 | 房价达到历史新高水平，开始采取金融调控手段 |
| | 2008年 | 上半年：准备金率五次上调，达到16.5%历史高位；下半年：五次降息，从7.2%下调至5.31%；四次降准，从16.5%下调至13%；开始"四万亿"刺激计划 | 第三次增速下降 | 大幅调控变大力扶持 | 政策大开大合，美国次贷危机导致国际金融危机 |
| | 2009年 | 七折利率横空出世，"国四条"出台：遏制房价快速上涨 | 房价巨幅上涨 | 大力扶持到大幅调控 | 经历最大跌幅后迅速迎来最大涨幅，商品房库存高位运行 |
| | 2010年 | "国十一条""新国四条""新国十条""新国五条"限购令正式出台，首套房贷款比例调至30%以上，取消个人购房的个人所得税优惠政策；推进保障性安居工程 | 第四次增速下降 | 巨幅调控 | 调控政策最密集、调控手段最多维，限购政策首次出现 |
| | 2011年 | "新国八条"要求强化差别化住房信贷政策，对贷款购买第二套住房的家庭，首付款比例不低于60%，贷款利率不低于基准利率的1.1倍。房产税正式在重庆和上海试点，房贷利率重新打破7%；大型金融机构存款准备金率达到21.5%历史高点；提高首付比例；中国人民银行六次上调法定准备金率，四次上调存贷款利率 | 横盘调整 | 巨幅调控 | 信贷收紧是调控房价的关键，房价在年末开始走低 |

续　表

| 楼市发展阶段 | 年　份 | 典型事件 | 楼市动态 | 政策导向 | 历史意义 |
|---|---|---|---|---|---|
| 调控阶段（2004—2016年） | 2012年 | 中央指出巩固房地产调控成果，加快推进房产税、扩大房产税试点城市范围；取消三套房贷款政策；中国人民银行两次下调存贷款基准利率 | 横盘调整 | 调控收紧 | 房地产市场平稳过渡，房价微涨，增速平稳 |
| | 2013年 | "国五条"正式出台，明确扩大房产税改革试点范围，银行暂停房贷发放蔓延至二、三线城市，开始意识到房地产杠杆风险。房地产市场出现分化：一线城市房价走高，增速显著；二线城市增速平稳；三、四线城市增速低于二线城市 | 横盘调整 | 调控收紧 | 信贷收紧。整体房价微涨，增速平稳，但不同城市房价增速出现显著分化 |
| | 2014年 | "930新政"发布，除北京、上海、广州、深圳、三亚5个城市，大部分城市解除限购 | 第五次增速下降 | 大力扶持 | 楼市承压，放开限购 |
| | 2015年 | 降息、降税、降首付，楼市去库存；二手房营业税免征期缩短至2年，二套房贷款首付比例降至40%，公积金贷款首套房比例为20% | 房价小幅上涨 | 大力扶持 | 商品房库存飞速增加 |
| | 2016年 | 持续降税，降低首付比例，实行宽松货币政策；因城施策降库存，加强旧改；12月首次提出"房住不炒"理念 | 第六次增速下降 | 大力扶持到大幅调控 | 旧改货币补贴，去库存 |
| 长效发展阶段（2017年至今） | 2017年 | 建立多主体供应、多渠道保障、租购并举的住房制度；强调"房住不炒"，加快建立房产稳定长效机制；并提出要保持房地产政策的稳定性和连续性 | 轮动上涨，增幅上升 | 调控收紧 | 抑制住房投资需求 |
| | 2018年 | 稳地价、稳房价、稳预期；构建房地产市场健康发展长效机制；强化金融监管和风险防控，加快住房租赁体系建设 | 轮动上涨，增幅上升 | 调控收紧 | 防止房地产硬着陆 |

续 表

| 楼市发展阶段 | 年 份 | 典型事件 | 楼市动态 | 政策导向 | 历史意义 |
|---|---|---|---|---|---|
| 长效发展阶段（2017年至今） | 2019年 | 不将房地产作为短期刺激经济手段，坚持"房住不炒"，坚持对楼市调控不放松的坚决态度 | 第七次增速下降 | 调控收紧 | 市场分化加剧 |
| | 2020年 | 发布涉及房地产企业财务结构三道红线，严格控制房地产信贷供需双方规模；房地产贷款集中管理 | 平稳增长 | 调控收紧 | 针对开发商信贷收紧，财务风险初现 |
| | 2021年 | 集中供地；中国人民银行发声信贷回归正常；房地产税改革试点；共同富裕需要房地产稳健发展 | | 大幅调控到理论扶持 | 信贷收紧到恢复正常，民企资金承压，部分城市放开限购 |
| | 2022年 | 中央多次部署房地产政策，从"合理支持"到"支持"；从"因城施策"到"灵活运用政策"，整体呈现宽松态势 | 第八次增速下降 | 温和扶持 | 房地产开发商陆续爆雷，出现断供潮；市场观望情绪浓厚 |
| | 2023年 | 降低存款准备金率；加强住房保障体系建设，支持刚性和改善性住房需求；有效防范化解重大经济金融风险 | | 温和扶持 | 房地产宽松政策；全国实施不动产统一登记 |

从表3.4中可以看出，房价增速下降过程与房地产调控政策发布具有高度的一致性和滞后性。但从整体而言，除2008年房价均值、绝对值下降外，其余各年依次呈现房价增速上升和下降的"过山峰"行情，2010—2014年是我国房地产价格难得平稳的阶段，2023年出现均值下滑以及增速显著为负的状态。在这一过程中，国家各部委随着价格波动而综合利用各种金融、财税等手段，实现调控收紧和放松的相机抉择。我国住房制度由最初政府提供公共住房，到现在演变为由居民根据个体需求自由选择商品性住房，在满足居民住房消费升级的同时，由于房价增速过快使普通家庭背上了沉重的"房奴负担"，甚至极有可能挤占家庭消费。因此，构建有利于我国房地产市场健康有序发展的长效机制，不仅是对此前调控房地产市场的经验总结，更是促进我国房地产市场健康有序发展的必经之路。

## 3.2 家庭资产配置与消费现状

### 3.2.1 家庭资产配置基本情况

本章使用的数据除国家统计局提供的基础数据以外，还有来自西南财经大学中国家庭金融调查与研究中心提供的 CHFS 数据。该调查于 2011 年、2013 年、2015 年、2017 年、2019 年、2021 年和 2023 年在全国展开，包含 29 个省份（含自治区和直辖市）、343 个县（区和县级市）、1 360 个村或居委会，涵盖人口统计学特征、家庭收支结构、金融资产、教育投资等涉及家庭消费的各类数据，适合从微观层面分析我国居民资产配置一般特征和住房消费的基本信息。由于 2021 年的数据尚未完全公开，主要选取 2011 年、2013 年、2015 年、2017 年以及 2019 年数据进行分析（如图 3.2 所示）。根据中国家庭金融调查的问卷设计说明，家庭总资产分为金融资产和非金融资产，其中金融资产包括活期与定期存款、股票、债券、基金、衍生品、金融理财产品、非人民币资产、黄金、现金和借出款；非金融资产包括农业和工商业经营、房地产、车辆和其他非金融资产等。房地产主要包含住房、商铺和车库等多种类型资产，住房是指商品住房、集体土地宅基地住房、政策性住房、已购公房、使用权住房、小产权房以及商住两用房等。

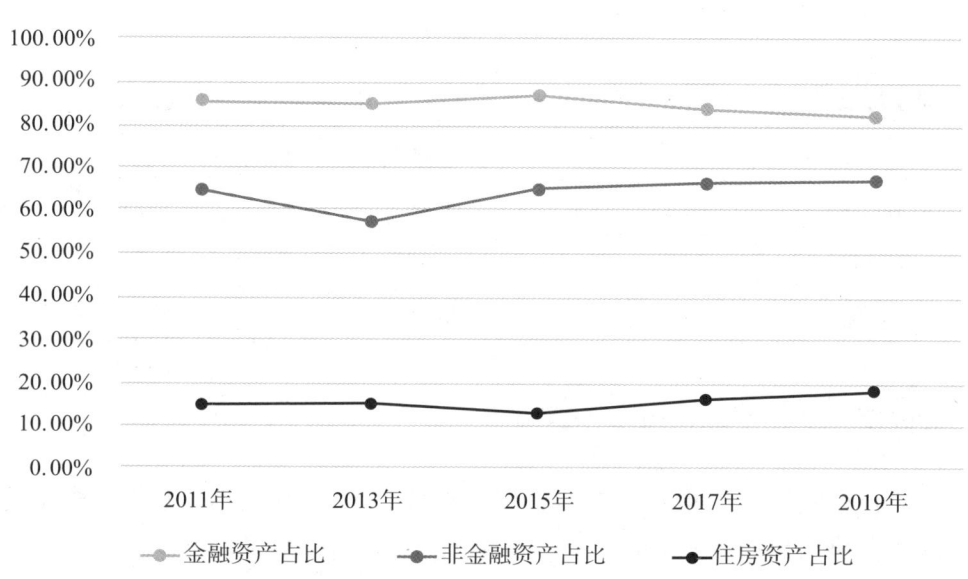

图 3.2  2011—2019 年全国家庭资产波动趋势
（数据来源：历年中国家庭金融调查数据）

从家庭整体资产结构来看，我国金融资产由 2011 年的 14.73% 平稳上升至 2019 年的 17.78%，非金融资产占比由 85.27% 略微下降至 82.22%，意味着在我国居民家庭当中非金融资产占比始终处于较高水平，而金融资产占比保持缓慢增长状态。进一步分析，全国住房资产占非金融资产的比重为 81.64%，占家庭总资产的比重为 67.13%，处于平稳上升状态，说明家庭在投资过程中更倾向于选择具有稳定上升预期的房产，而非金融产品，住房资产俨然成为我国家庭资产的重要组成部分。城镇居民和农村居民的资产结构比重存在显著差异，以 2019 年城镇居民家庭资产构成为例，住房资产占非金融资产的比重高达 66.44%，占总资产的比重为 57.79%。其次是其他资产、工商业资产和汽车资产等，具体如表 3.5 所示。

表 3.5  2019 年中国城镇居民家庭非金融资产构成

| 非金融资产 | 户均值 / 元 | 占非金融资产比重 /% | 占总资产比重 /% |
| --- | --- | --- | --- |
| 住房 | 1 030 827 | 66.44 | 57.79 |
| 汽车 | 43 899 | 2.83 | 2.46 |

续 表

| 非金融资产 | 户均值／元 | 占非金融资产比重／% | 占总资产比重／% |
|---|---|---|---|
| 工商业 | 68 797 | 4.43 | 3.86 |
| 耐用消费品 | 24 277 | 1.57 | 1.36 |
| 奢侈品 | 6 847 | 0.44 | 0.38 |
| 其他 | 376 865 | 24.29 | 21.13 |
| 合计 | 1 551 512 | 100 | 86.98 |

数据来源：2019 年中国家庭金融调查数据。

从社会整体层面来看，有房家庭占总体样本的 91.42%，其中 8.58% 的家庭在调研当期没有房产。其中一套房家庭占比高达 71.96%，两套房家庭占比为 16.89%，三套房及更多房产的家庭在整体抽样样本中的占比如图 3.3 所示。

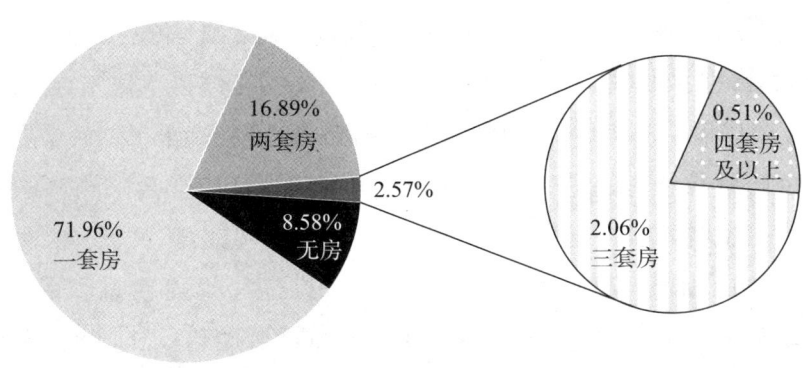

图 3.3　2019 年全国家庭住房资产配置结构分布
（数据来源：2019 年中国家庭金融调查数据）

根据城镇与农村拥有住房的差异水平，城镇地区无房家庭占比为 11.74%，显著高于农村地区 2.64% 的水平，可能由于城镇地区房价较高，城镇地区家庭想要获得住房的难度高于农村地区。进一步分析，农村地区 81.88% 的家庭仅拥有一套住房，13.90% 的家庭拥有两套住房，拥有三套及四套以上住房的家庭仅占 1.58%。农村地区住房的主要特征是拥有一套住房，一般是从祖辈或父辈继承而来，主要用于自住。这与我国农村住宅市场发展特征基本吻合：农村房产一般通过在宅基地上自建获得，并且土地大都属于集体所有，只能在集体内部转让。具体如图3.4所示。

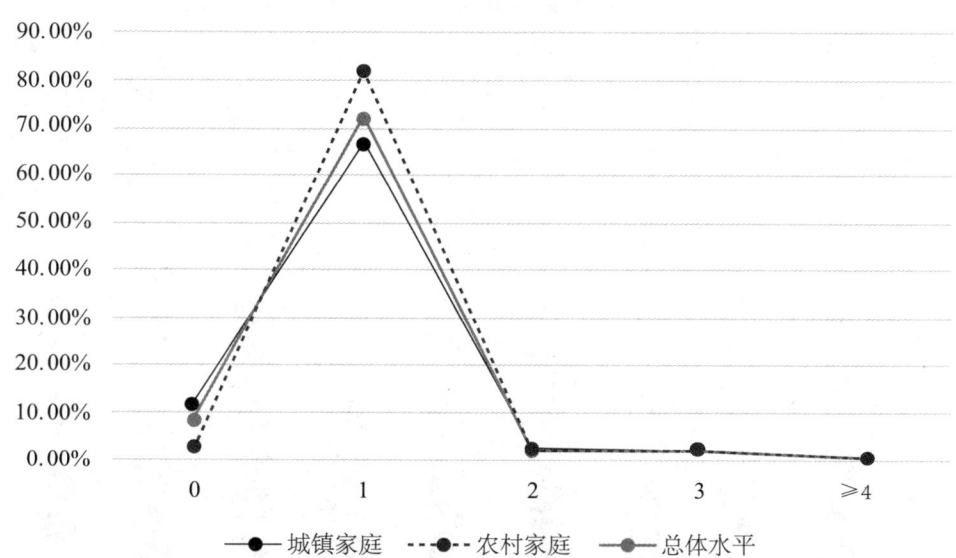

图3.4　2019年城镇家庭与农村家庭拥有住房资产数量结构分析
（数据来源：2019年中国家庭金融调查数据）

城镇地区拥有一套房家庭占比为66.67%，略低于农村家庭，但拥有两套及更多房产的家庭总体占比整体高于农村地区，这反映出城镇地区家庭财富水平分化较明显，低资产家庭和高资产家庭占比相较于农村地区都较高，而中等资产家庭占比反而较低。从结构方面来看，城镇家庭不同收入水平导致房产拥有数量两端分化明显，而农村家庭以一套房为主，并且结构相对稳定。一方面，城镇地区房产价格较高，整体购房成本在家庭收入中占比过高，导致以劳动收入为主要来源的普通家庭购置住房成本较高，使城镇地区无房家庭占比显著高于农村家庭。另一方面，农村宅基地的流转限制，保障了大部分居民有住房的基本诉求，这也是农村居民家庭整体购房数量比城镇居民少的内在原因。购买房产除了在家庭资产配置中发挥重要作用外，还具有家庭住房消费的主体特征。接下来从我国整体消费的基本特征出发，了解住房价格波动与消费特征演变的变化趋势。

## 3.2.2 我国居民消费现状

从 2014 年至 2022 年，我国居民消费排名前五位的分别是食品烟酒、居住、交通通信、教育文化娱乐以及医疗保健，其中食品烟酒始终保持在 30% 左右的水平。居住占比呈现历年稳步上升趋势，并且在 2020 年达到 24.58% 的高位水平，即家庭消费当中有将近四分之一用于居住支出。具体如图 3.5 所示。

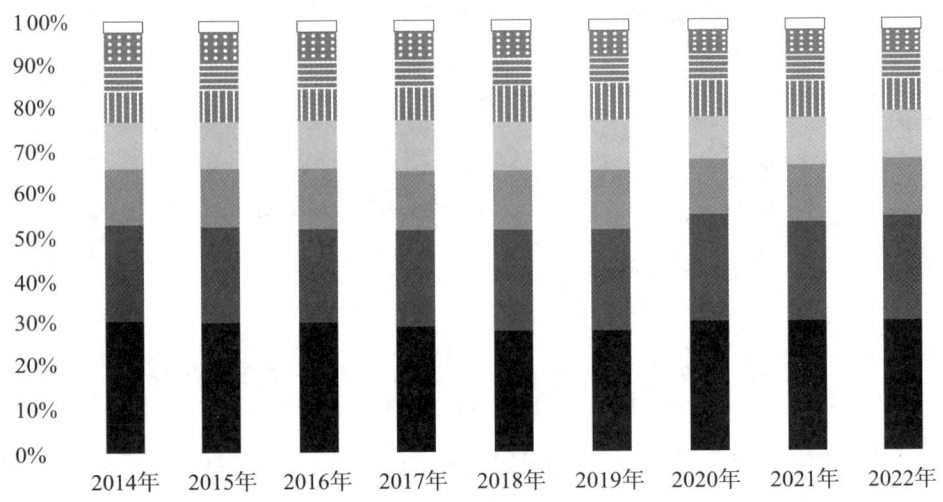

图 3.5 2014—2022 年我国居民人均消费支出结构演化图
（数据来源：2015—2023 年国家统计局数据）

以 2022 年为例，食品烟酒占比 30.49%，居住占比 23.97%，交通通信占比 13.02%，教育文化娱乐占比 10.06%，医疗保健占比 8.64%，生活用品及服务、衣着和其他累计占比 13.82%。具体如图 3.6 所示。

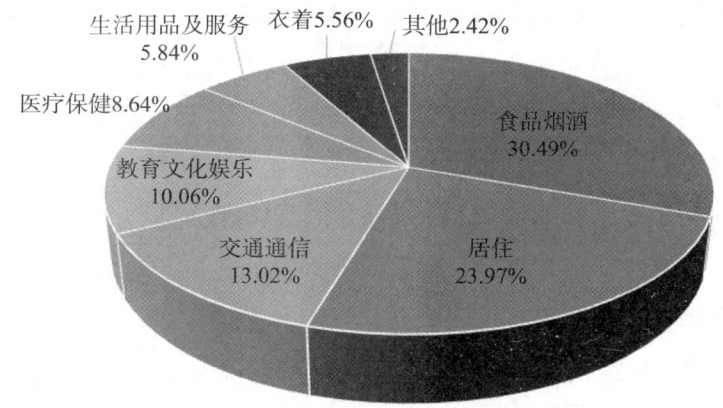

图 3.6　2022 年我国居民人均消费支出结构图
（数据来源：2023 年国家统计局数据）

跟踪宏观消费结构数据发现，我国居民在消费支出中各项支出占比稍有调整，但整体相对稳定。此外，我国居民消费结构呈现一定的初级阶段特征：涉及家庭吃穿住行等维度的支出仍然占据绝对主体地位，而教育文化娱乐、医疗保健和生活用品及服务支出等处于从属地位，从侧面反映出我国恩格尔系数水平整体偏高。再者，农村地区的人均消费支出呈现稳步上升状态，并且相较于城市地区增速更明显。与此同时，居民消费率却始终呈现稳步下滑状态，如图 3.7 中的曲线所示。

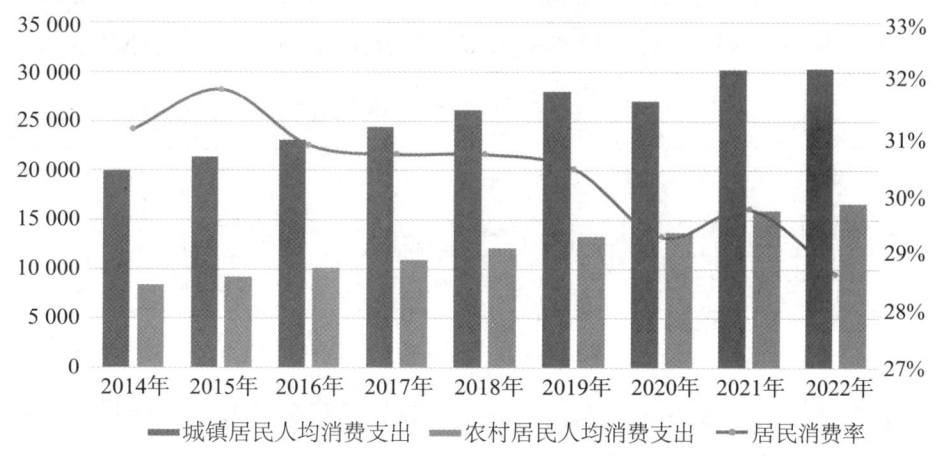

图 3.7　2014—2022 年我国城镇和农村居民人均消费支出及居民消费率
（数据来源：2015—2023 年国家统计局数据）

居民消费率是指一个国家或地区在一定时期内按现行价格计算的人均消费支出占国内生产总值的比率，反映的是居民消费对推动国内生产总值的贡献程度。支出法又称为最终产品法或最终需求法，是通过核算一定时期内整个社会购买最终产品的总支出即最终产品的总卖价来计算国内生产总值的方法，包括消费、投资、政府购买以及净出口。也可以理解为社会生产的产品消费最终由居民消费、企业消费、政府消费以及外国市场消费等构成。

我国居民消费率始终呈现下滑趋势。从具体数值来看，2014年居民消费率为31.14%，2020年跌破30%，到2022年已下降至28.63%。这意味着当年生产的各类产品和服务由居民购买和消费的占比不足30%。

除了与劳动力要素在收入分配中占比下降所导致的整体收入增速较缓有关外，还与家庭对可支配收入的分配有关。由于受到中国传统文化的影响，一般家庭除了日常必需消费以外，会将大部分收入用于储蓄。从我国居民储蓄率水平可以了解到，2014—2022年居民储蓄率中枢在35%附近，2020年受突发事件影响升至38.13%，随后自然回落，2022年居民储蓄率为33.51%（如表3.6所示）。居民储蓄率是指居民可支配收入在消费以外剩余的部分占可支配收入的比重，可通过国家统计局发布的资金流量表查询。总储蓄是一个宏观概念，是住户、企业和政府等各部门的总储蓄之和，是一个国家或地区投资资金的主要来源，总储蓄率则是通过总储蓄占国内生产总值来核算的。这两者分别从微观层面和宏观层面反映出我国对储蓄行为的偏好。

表3.6　2014—2022年中国居民储蓄率水平

| 年　份 | 2014年 | 2016年 | 2018年 | 2020年 | 2022年 |
| --- | --- | --- | --- | --- | --- |
| 居民储蓄率 | 39.76% | 37.65% | 34.82% | 38.13% | 33.51% |
| 总储蓄率 | 47.72% | 44.93% | 44.73% | 45.32% | 45.40% |

数据来源：国家统计局。

近年来，对于美好生活的认可集中体现在"居者有其屋"的观念。不少家庭将大量可支配收入用于预防性储蓄，以应对未来房价上升可能给当代和后代带来的极大经济压力及满足自身养老、医疗保健支出等需求。

## 3.3　本章小结

根据数据调研显示，我国家庭资产中非金融资产占主导位置，而在非金融资产中，住房资产占比排在首位。城镇家庭和农村家庭的住房资产数量结构略有不同，农村家庭以一套房为主，而城镇家庭中无房家庭和多套房家庭占比都略高于农村家庭。城镇家庭中无房家庭占比高于农村家庭从侧面反映出由于城镇房价较高，城镇家庭面临着更严峻的购房压力。而城镇家庭中多套房家庭占比高于农村家庭，说明城镇家庭财富分化水平即收入不平等水平在一定程度上高于农村家庭。这与城镇和农村的土地属性以及土地流转模式存在关系。《中华人民共和国土地管理法》规定农村宅基地所有权属于集体所有，村民对于自家分配使用的宅基地只有使用权而没有所有权，只能在集体内部流转，对于宅基地和地上房屋的转让、继承以及房屋建设都需遵守相应的规定。

城镇家庭大都通过负债购房方式取得房屋的使用权，并将其所有权抵押给银行，由银行发放住房抵押贷款，家庭按月支付住房债务。这一方面满足了城镇家庭的住房需求，另一方面使不少收入水平较低的家庭背上巨额债务。当房价处于上升阶段，家庭对未来经济发展充满信心，这在一定程度上有利于家庭消费增长。而当房价处于下降阶段，负债与房屋净值的比值将持续增大，家庭收入来源有限的低收入家庭会背负沉重的房贷压力，从而对家庭消费形成抑制效应。

本章除了分析不同类型家庭资产的配比外，还对家庭的消费状况进行了基本梳理，具体包括我国家庭消费的基本结构、各类消费占比排序、消费与储蓄之间的关联以及我国消费水平对国内生产总值的贡献程度。从消费结构上看，食品烟酒支出占比排名第一，常年稳居第二位的便是住房消费，侧面反映出住房消费在国民生活中的重要影响。将所有消费类别汇总进一步探讨发现，家庭消费对我国国内生产总值的贡献水平和拉动效应有待提高。可能受传统文化的影响以及物价上升预期，为了保障家庭未来消费水平，不少家庭选择将可支配收入的33%～40%用于储蓄。

本章还对家庭的消费结构进行了基本分析。经过对房地产发展历程、配套政策和城乡两地家庭资产配置结构的初步梳理，分析了我国房地产市场从建立初期到发展至今所经历的制度创新和政策调整，以及国家多个部委之间的统筹联动，涉及土地使用规则、商品房建设模式、住房贷款制度设计等多个方面，奠定了我国房地产市场的基本运行基础。与此同时，关于房地产市场的各项宏观调控政策形成了对其市场价格的主要外生政策预期，使得房地产市场价格的波动更为频繁。在多次使用类似组合的财政、金融政策之后，房地产市场对政策的敏感度逐步减弱。进一步地，近年来伴随着房价增速持续减缓，可能产生诸多系统金融风险。住房资产作为家庭资产的重要组成部分，如若不能及时变现价值效应，很有可能给家庭消费带来负向挤出效应，在房价下调阶段这一效应更加明显，甚至一方面负债压力过大导致这一基本房地产抵押贷款制度无法有效运行，另一方面房产财富兑现渠道受阻，进一步诱发系统性金融风险。

从整体上看，我国居民家庭消费水平与国民收入的比重较低。从家庭消费结构上看，除食品烟酒以外，住房消费在历年都占据了家庭消费的第二位置。这可以反映出我国家庭居民对房产的重视程度，以及我国由于负债购房对家庭消费的挤占效应。从住房差异来看，农村家庭以一套房为主，无房和多套房家庭占比较少，而城镇家庭中无房和多套房家庭占比均高于农村家庭，说明城镇地区的住房资产存在分布不平均现象。

城镇家庭负债购房这一行为对家庭总消费的影响取决于多种因素，包括房价预期、收入增长预期、人口年龄结构以及市场运行因素等，例如信贷约束、购房条件和消费偏好等。这一传导过程主要通过影响家庭储蓄率水平、家庭边际消费倾向等对不同类型家庭消费产生影响。此外，负债对不同家庭的家庭债务和财富分布的影响可能各不相同（孟宪春，2023）。从理论层面上看，负债购房属于信贷驱动型购房模式，是主要基于我国居民收入水平和住房抵押理念所形成的购房模式。房价上升一方面会使部分具有购房能力的家庭在配置房产后跃升为财富水平更高的家庭，增加负债家庭中的高收入群体比重，形成价值效应，优化社会财富分配结构，另一方面会显著提高具有购房动机家庭配置房产的支付门槛，并引发中低收入群体债务扩张所带来的乘数效应，包括挤占家庭消费等，从而抑制家庭财富分布结构优化。从社会层面和数值模拟结果上看，后者效应显著强于前者。收入驱动型和需求驱动型的购房模式更有利于改善家庭债务结构和财富分布结构。

# 4 购房动机对家庭消费的影响分析

## 4.1 研究设计

### 4.1.1 样本选择和数据来源

本章使用的数据来源于中国家庭金融调查与研究中心在 2017 年和 2019 年采集的两轮微观数据。整体抽样方案采用了分层、三阶段与规模度量成比例（PPS）的抽样设计。先从全国抽取市县，再从市县抽取居委会/村委会，最后从居委会/村委会中抽取住户，在每个阶段的抽样过程中都采用了 PPS 抽样方法，其权重为该抽样单位的人口数（或户数）。在抽取过程中要求地理分布相对均匀，富裕地区的样本保持适中。2017 年共采集样本 40 011 户，覆盖全国除西藏、新疆、台湾、香港和澳门以外的 29 个省（自治区、直辖市）、355 个区县、1 428 个社区；2019 年追踪调查同样覆盖 29 个省（自治区、直辖市）、170 个城市、345 个区县、1 360 个村（居）委会，样本规模达 34 643 户。追访成功样本为 17 494 户，新增样本 17 149 户。

### 4.1.2 变量选取及描述性统计

国家统计局将家庭消费分为食品烟酒、衣着、居住、生活用品及服务、交通通信、教育文化娱乐、医疗保健以及其他消费八大类。

一是食品烟酒消费。2017年的食品消费包括两个部分，即编号为G1001的"您家去年平均一个月的伙食费是多少钱，包括在外就餐"，以及编号为G1004的"按去年市场平均价格，您家去年消费的自家生产的农产品值多少钱"，将G1001这个数据乘以月份数，再加上G1004的数据，两者之和为当年食品消费金额。烟酒消费包括编号为G1002a的"您家平均一个月家里人抽烟花了多少元"以及编号为G1002b的"您家平均一个月购买酒精饮料花了多少元"两项，这两项相加再乘以月份数，便得到整体烟酒消费支出。食品消费金额加上烟酒消费支出得到2017年基本食品烟酒支出。2019年调查问卷当中关于农产品的问题由于权属限制，无法在公开数据中提供原始变量；酒精饮料的问题已去除，月均伙食费体现在编号为G1001的问题中。抽烟和购买酒类支出体现在编号为G1002d的问题"去年，您家平均一个月家里抽烟和购买酒类花了多少元"中，两项汇总乘以月份数，得到2019年家庭食品烟酒总支出。

二是衣着消费。2017年主要用编号为G1011的问题"您家所有家庭成员购买衣物共花了多少钱"描述，2019年调整为"去年您家所有家庭成员购买或保养衣物、鞋类共花了多少钱，包括干洗"，即对衣物的消费外延稍微进行了拓展，编号一致，分别构成这两年的衣着消费。

三是居住消费。该类消费主要包括房屋租金、住房相关费用以及住房维修支出。通过编号G1005问题"您家去年平均一个月水费、电费、燃气费、物业管理费、暖气费等支出总共多少钱"以及编号G1012问题"去年，您家住房装修、维修花费多少钱？不包括为改善住房性能、改变房屋结构、扩大居住面积而进行的大型装修、扩建支出"描述，其中G1005需乘以月份数，再和G1012相加，得到一年的住房相关支出。2019年房屋租金通过编号C1011问题"目前，您家每个月支付多少租金"描述，这里需乘以月份数得到当年的整体租金水平。水电费用仍由编号G1005问题描述。住房维修通过编号G1012问题描述。

四是生活用品及服务消费。2017年的生活用品及服务消费主要由三部分组成，即日用品支出、美容支出和家政服务支出。日用品支出通过编号为G1006的问题"您家去年平均一个月用于购买日常用品的支出总额是多少？这里的日用品指洗衣用品、洗漱用品、手工工具、家用纺织品等，不包括食品、衣着支出"描述。美容支出通过编号为G1006a的问题"您家去年平均一个月用于美容的支出总额是多少？这里的美容支出包括整容、购买护肤品和化妆品、美容护理、SPA"描述。家政服务支出通过编号为G1007的问题"您家去年平均一个月雇佣保姆、小时工、司机以及家政服务公司提供的清洁清洗、管道疏通、病床陪护、搬家、修理等家政服务花费多少钱"描述。三者汇总并乘以月份数，得到每户家庭年度生活用品及服务支出。2019年这一类别统筹归为"家庭设备服务消费"大类，增加了编号为G1010b的问题"购买家具和家用电器支出"。为了保持口径统一，在数据处理过程中仍然以原有的三大类来代表生活用品及服务，即日用品支出、美容支出和家政服务支出。通过编号为G1006的问题"去年，您家平均每月用于购买日常用品的支出总额是多少？这里的日用品包括洗涤卫生用品、厨具餐具、家用纺织品、手工工具等，不包括食品、衣着、个人护理、美容支出等"描述。日用品支出还应增加编号为G1006e的问题"去年，您家平均每月用于购买个人护理用品的支出总额是多少？这里的个人护理用品指的是化妆品、护肤品、洗浴用品、牙刷牙膏和其他个人护理用品"所对应的金额。美容支出通过编号为G1006a的问题"去年，您家平均每月用于美容理发和洗浴服务的支出总额是多少"描述，随着生活水平的提升，化妆品和护肤品逐渐成为不少家庭的生活必需品。防尘支出逐渐成为家庭的生活用品支出，通过编号为G1006c的问题进行描述："去年，您家购买防尘防雾霾类的产品花了多少钱？如果没有，则填0。"家政服务支出通过编号为G1007的问题"去年，您家平均每月的家政服务支出是多少？包括雇佣保姆、小时工、司机以及家政服务公司提供的清洁清洗、厨师服务等"描述。四项汇总得到家庭每月生活用品及服务消费总额，乘以月份数即为家庭每年该项支出。

　　五是交通通信消费。该类消费由三部分组成，分别是交通费用支出、通信支出以及购买交通工具费用支出。2017年交通费用支出通过编号为G1008

的问题"您家去年平均一个月的本地交通费花了多少？包括自驾的油费、停车费、修理费、保养费、过路/桥费等"描述。通信支出通过编号为 G1009 的问题"您家去年平均每个月使用电话、手机等的通信费、有线电视费、上网费共有多少"描述。购买交通费用支出通过编号为 G1017 的问题"去年，您家购买摩托车、电动车等家用交通工具及其零部件的支出是多少"描述。三者构成 2017 年交通通信费用。

2019 年数据统计口径基本一致，如表 4.1 所示。通过编号为 C7008 的问题"购买这辆车时，实际支付的裸车价格是多少钱"，编号为 G1017 的问题"去年，您家购买、维修和保养摩托车、电动车、自行车等家用交通工具及其零部件的支出是多少？不包括汽车和经营性车辆"描述购买交通工具支出。购买交通工具之后便产生了家用汽车交通费，其包括编号为 C7009aes 描述的月均汽车燃料支出和 C7009ags 描述的去年停车、保养、维修费支出。通过编号为 G1008 的问题"去年，您家平均每月在本地乘坐交通工具花了多少钱"描述本地乘坐交通费，乘以月份数得到去年整年本地乘坐交通费用。新增了编号为 G1018a 的问题"去年，您家除旅游之外的长途交通总支出是多少元？包括在外务工人员回家、探亲产生的长途交通费"描述长途交通费。通信费由编号为 G1009 的问题"去年，您家平均每个月话费、上网费、邮递服务费等通信支出共有多少"和编号为 G1009g 的问题"去年，您家购买及修理手机、车载导航仪等通信工具共花了多少钱"表示。另外，由编号为 C7072 的问题"去年，您家为这台（些）车总共交纳了多少保费"表示汽车保费。2019 年将这六项相加，即可得到整体交通通信支出。

表 4.1 2019 年交通通信费用计算明细

| 类别 | 缩写 | 描述 | 问卷编号 |
|---|---|---|---|
| 购买交通工具支出 | vehicle_expend | 购买汽车 | C7008 |
|  |  | 购买摩托车、电动车支出 | G1017 |
| 家用汽车交通费 | car_transport | 月均汽车燃料支出 | C7009aes |
|  |  | 去年停车、保养、维修费支出 | C7009ags |

续　表

| 类　别 | 缩　写 | 描　述 | 问卷编号 |
|---|---|---|---|
| 本地乘坐交通费 | local_transport | 月均本地交通费 | G1008 |
| 长途交通费 | long_transport | 长途交通费 | G1018a |
| 通信费 | telecoms | 月均通信费 | G1009 |
|  |  | 通信工具支出 | G1009g |
| 汽车保费 | car_ins | 汽车保费 | C7072 |

　　六是教育文化娱乐消费。该类消费主要包括家庭的教育支出、娱乐支出和旅游支出等费用。2017年教育支出通过编号为G1016的问题"去年，您家在教育培训上一共支出了多少钱（包括小孩读幼儿园、上学、上兴趣班、留学、教材、器材费及成人学习培训等）"描述。娱乐支出通过编号为G1010的问题"您家去年平均每个月的书报、杂志、光盘、影剧票、酒吧、网吧、养宠物、游乐场及玩具、艺术器材、体育用品等文化娱乐总支出有多少钱"描述。旅游支出通过编号为G1018的问题"去年，您家旅游总支出是多少元"描述。这三项构成教育文化娱乐支出。2019年教育支出通过编号为G1016的问题"去年，您家在教育培训上一共支出了多少钱（包括小孩读早教、上幼儿园、上学、教材、学习用品和器材费、出国留学费用、成人高等教育、职业技能培训等）"描述。娱乐支出通过编号为G1010的问题"去年，您家用于有线电视费、影剧票、健身锻炼、网游手游、网吧酒吧、游乐场以及小孩和成人上兴趣班（如舞蹈班、乐器班、歌唱班等）等文化娱乐总支出有多少钱"描述。另外，新增了编号为G1010a的问题，即"去年，您家购买、维修及保养电视、音响、电脑、平板电脑、相机、游戏机、体育健身器材、乐器、玩具、书报杂志文具、宠物、园艺物品等文化娱乐消费品共花了多少钱"。旅游支出仍然通过编号为G1018的问题得到，即"去年，您家在本地和外地旅游产生的各种餐饮费、交通费、门票费、导游费、住宿费等总的旅游支出是多少元"。四项汇总被视为家庭的教育文化娱乐支出。

　　七是医疗保健消费。该类消费包括医疗和保健两个部分，医疗消费可以从 2017 年编号为 G1019 的问题"去年,您家的医疗支出有多少钱"中得知,保健消费可以从编号为 G1020 的问题"去年,您家的保健、健身锻炼支出了多少钱"中得知,两部分加起来得到医疗保健支出金额。2019 年编号为 G1019 的问题已删除,并且对医疗支出进行了细分,包括个人住院总费用、个人住院报销、个人住院代付医疗费、个人非住院支出和个人非住院报销多个项目,如表 4.2 所示。根据数据中心对这一类别的消费说明,要从个人住院总费用中减去个人住院报销及个人住院代付医疗费,再加上个人非住院支出减去个人非住院报销,最后将家庭所有成员的医疗支出汇总得到家庭医疗总支出。

表 4.2 2019 年医疗保健费用计算明细

| 类别 | 缩写 | 描述 | 问卷编号 |
| --- | --- | --- | --- |
| 保健支出 | health_care | 保健支出 | G1020b |
| 医疗支出 | hhmedical_expend | 个人住院总费用 | F2024 |
| | | 个人住院报销 | F2025_* |
| | | 个人住院代付医疗费 | F2027 |
| | | 个人非住院支出 | F2028 |
| | | 个人非住院报销 | F2029_* |

用编号为 F2024 的问题"去年,您家住院费用总共是多少钱?医保报销的也算在内"描述个人住院总费用,并用这个总费用减去编号 F2025_* 描述的个人住院报销,随后减去编号 F2027 所代表的个人住院代付医疗费。用编号为 F2028 的问题"去年,因生病去看门诊、买药等非住院医疗支出总共花了多少钱?包括挂号费、注射、化验、体检、药品等费用,包括医保报销的部分"描述个人非住院支出,并减去编号 F2029_* 描述的个人非住院报销。再将具有同一家庭 ID 的数据进行汇总,得到家庭医疗支出总额。保健消费通过编号为 G1020b 的问题"去年,您家保健服务支出了多少钱?包括购买眼镜、滋补保健品、血压血糖仪、按摩保健仪器、计生用品等"描述。将这

几项加起来，得到家庭医疗保健支出总额。在实际处理过程中，2017年医疗保健消费被统一划分为"医疗支出"和"保健支出"，而2019年涉及医保报销的问题，为统一口径，仅仅将住院费用和非住院费用作为个人整体医疗支出。

八是其他消费。该类消费包括代购、境外消费支出、网购支出和奢侈品支出等。2017年，代购从编号为G1022的问题"去年，代购国外商品或者在境外消费花了多少钱"中获取，网购支出从编号为G1023d的问题"去年，您家网购一共花了多少钱"中获取，奢侈品支出从编号为C8005a的问题"去年，您家购买奢侈品的支出有多少"中获取，三者相加获得2017年的基本数据。2019年略有调整，编号为G1022的问题被删除，为保障统计口径一致，网购支出从编号为G1023d的问题中获取，奢侈品及其他名贵物品通过编号为C8005ab的问题"去年，您家购买奢侈品的支出有多少？若去年没买，本题填0"进行确认。选项当中包含金银、珠宝、首饰等，以及高档箱包、名表、高档服饰、珍贵邮票、古董古玩和名贵动植物等。这两项相加得到2019年其他消费的支出。

本章的关键解释变量为是否存在购房动机和是否提前偿还住房贷款。在2017年家庭问卷中，编号为C1000aa的问题"未来，您家是否有新购/新建住房的打算"可被用来判定是否存在购房动机。回答1是指有新购住房打算，回答3是指既有新购住房也有新建住房打算，将回答1和3的用户赋值为1，其余仅有新建住房打算或两者均无则赋值为0。在2019年家庭问卷中，编号为C2024的问题为"目前，您家是否因购买/装修/维修/改建/扩建这套住房有尚未还清的银行贷款"，如若回答"是"，则被认为存在负债购房行为，赋值为1，否则赋值为0。另外，编号为C2050的问题为"贷款期间，您家是否改变过还款计划"，如若选2，则赋值为1，表示存在提前偿还贷款行为；选其他，则赋值为0，表示不存在提前偿还贷款行为。按照李江一（2018）的做法，还应控制其他可能影响家庭消费的变量，包括家庭年度可支配收入、住房资产、金融资产、是否有住房贷款、非住房负债、家庭总人数、失业人数占比、少年占比、老年人占比等。此外，户主个体特征，如性别、年龄、受教育年限、婚姻状况、是否为城镇户口以及家庭中公务员人数、风险偏好、是否租房、是否有住房公积金等其他影响购房动机的相关变量也应考虑。相关变量及其描述性统计如表 4.3 所示。

表 4.3 相关变量及其描述性统计

| 变量名 | | 变量含义 | 2017 年 | | 2019 年 | |
| --- | --- | --- | --- | --- | --- | --- |
| | | | 均 值 | 标准差 | 均 值 | 标准差 |
| 核心解释变量 | 购房动机 | 在未来是否有购房动机，有赋值为 1 | 0.12 | 0.32 | 0.13 | 0.34 |
| 被解释变量 | 总消费（元） | 家庭总消费 | 63 266.11 | 83 272.43 | 105 715.6 | 1 558 546 |
| | 食品烟酒消费（元） | 家庭食品及烟酒消费 | 22 024.44 | 17 900.05 | 26 528.51 | 28 447.31 |
| | 衣着消费（元） | 家庭衣着类消费 | 2 553.56 | 5 268.48 | 2 649.92 | 4 600.46 |
| | 居住消费（元） | 与家庭居住相关的消费，如水费、电费、物业费等 | 7 359.50 | 28 503.75 | 9 506.43 | 30 565.31 |
| | 生活用品及服务消费（元） | 家庭各类生活用品消费，如日用品、个人护理、防尘及家政服务等 | 4 108.39 | 14 527.58 | 7 360.44 | 13 536.50 |
| | 交通通信消费（元） | 家庭交通及相关通信消费 | 6 429.91 | 16 450.21 | 17 783.34 | 54 795.64 |
| | 教育文化娱乐消费（元） | 家庭教育支出，文化及娱乐项目消费 | 7 292.68 | 20 621.82 | 23 569.02 | 1 554 986 |
| | 医疗保健消费（元） | 家庭医疗支出和保健健身支出 | 10 129.36 | 41 230.99 | 15 063.53 | 33 638.33 |
| | 其他消费（元） | 家庭网购及奢侈品购买等支出 | 3 368.40 | 19 144.44 | 3 255.51 | 37 228.96 |

续 表

| 变量名 | | 变量含义 | 2017 年 | | 2019 年 | |
|---|---|---|---|---|---|---|
| | | | 均 值 | 标准差 | 均 值 | 标准差 |
| 控制变量 | 住房资产（万元） | 家庭资产中的住房资产 | 87.13 | 170.33 | 85.20 | 157.66 |
| | 金融资产（万元） | 家庭资产中的金融资产 | 11.97 | 36.18 | 15.06 | 72.95 |
| | 家庭总收入（万元） | 家庭各项收入之和 | 10.42 | 21.58 | 9.20 | 22.89 |
| | 是否有房贷 | 家庭存在房贷赋值为1，无房贷赋值为0 | 0.89 | 0.40 | 0.66 | 0.47 |
| | 非住房负债（万元） | 除住房负债以外的其他所有负债 | 2.87 | 21.54 | 2.80 | 23.41 |
| | 家庭总人数 | 受访家庭人口数 | 3.93 | 1.74 | 3.86 | 1.73 |
| | 健康成员人数 | 访问时认为身体健康的人数 | 1.47 | 1.73 | 1.25 | 1.67 |
| | 医疗保障人数 | 具有医疗保障人员的人数 | 2.76 | 1.69 | 2.71 | 1.66 |
| | 失业成员占比 | 失业成员在家庭总人数中的占比 | 0.38 | 0.41 | 0.30 | 0.41 |
| | 少年占比 | 低于16岁人口在家庭总人数中的占比 | 0.14 | 0.17 | 0.14 | 0.17 |
| | 老年占比 | 高于65岁人口在家庭总人数中的占比 | 0.27 | 0.34 | 0.28 | 0.36 |
| | 户主性别 | 男性赋值为1，女性赋值为0 | 0.51 | 0.50 | 0.51 | 0.50 |
| | 户主年龄（岁） | 受访家庭户主当年年龄 | 43.71 | 22.04 | 44.80 | 22.33 |
| | 年龄平方项/100 | 户主年龄平方除以100 | 23.97 | 19.40 | 25.05 | 19.70 |

续 表

| 变量名 | | 变量含义 | 2017 年 | | 2019 年 | |
|---|---|---|---|---|---|---|
| | | | 均值 | 标准差 | 均值 | 标准差 |
| 控制变量 | 受教育年限（年） | 按照0代表未受教育，6代表小学，9代表初中毕业等依次核算户主受教育年限 | 9.26 | 4.57 | 9.18 | 4.50 |
| | 是否为城镇户口 | 城镇户口赋值为1，其他赋值为0 | 0.36 | 0.49 | 0.60 | 0.49 |
| | 公务员人数 | 家中有公务员人数 | 0.06 | 0.32 | 0.05 | 0.29 |
| | 风险偏好 | 分为高、略高、平均等五等 | 0.035 | 0.18 | 0.05 | 0.22 |
| | 是否租房 | 租房赋值为1，非租房赋值为0 | 0.09 | 0.29 | 0.09 | 0.28 |
| | 是否有住房公积金 | 有公积金赋值为1，无公积金赋值为0 | 0.09 | 0.29 | 0.08 | 0.27 |

数据来源：2017年与2019年中国家庭金融调查数据。

值得关注的是购房动机和是否有房贷。2017年家庭用户在被调研时明确表示自己在下一年有购房打算。这一比值偏低的原因可能是在访问过程中不少被访者隐藏了自身的真实想法，没有报告购房动机，也可能是被访者在访问期间确实没有购房动机，但后续根据家庭收入水平和住房需求进行了购房，还有一种可能是这一指标描述的是新增购房动机，而非存量购房动机，可以理解为调研过程中不少家庭实际上已经拥有了住房。根据2017年和2019年CHFS数据中的个人、家庭和地区数据，有房贷视作2、无房贷视作1。在进行处理时，将其进行变换，即有房贷赋值为1、无房贷赋值为0，综合测算出2017年有房贷家庭占比约为89%。在2019年的数据中，这一比值在经过同步处理后变为66%左右。西南财经大学数据中心认为这一数据的变化可能源于以下原因：2019年的调查问卷中对是否存在房贷的统计口径发生了变化，包括增加了追踪调研用户，从而导致了房贷家庭占比数量下降。

### 4.1.3 相关性分析

为了防止变量之间可能存在的多重共线性对模型估计结果造成干扰,对各个变量采用皮尔逊相关系数检验,具体结果如表 4.4 所示。其中,被解释变量、解释变量及控制变量之间存在显著关系,购房动机与整体消费在 1% 的显著性水平上相关,基本符合本书预期。从家庭年龄结构上看,老年占比与家庭消费呈现负向相关关系,这与我国老年人口消费习惯基本一致,与之匹配的是年龄及年龄平方等变量都呈现负向相关关系。除金融资产、住房资产、总收入这三个变量与总消费的相关系数较高以外,其余各个变量之间相关系数绝对值相对较小,没有超过 0.5,大部分都在 0.2 左右,并有不少指标相关性系数在 0.2 及以下水平。因此,可以认为回归模型不存在明显的多重共线性问题。

表 4.4 变量之间的相关系数列表

| 变量 | ln总消费 | 购房动机 | ln金融资产 | ln住房资产 | 是否有房贷 | ln总收入 | 养老保障 | 医疗保障 |
|---|---|---|---|---|---|---|---|---|
| ln总消费 | 1 | | | | | | | |
| 购房动机 | -0.002 | 1 | | | | | | |
| ln金融资产 | 0.468*** | 0.008 | 1 | | | | | |
| ln住房资产 | 0.484*** | 0.008 | 0.491*** | 1 | | | | |
| 是否有房贷 | 0.041*** | 0.003 | 0.035*** | 0.021*** | 1 | | | |
| ln总收入 | 0.399*** | 0.003 | 0.366*** | 0.344*** | 0.022 | 1 | | |
| 养老保障 | 0.160*** | -0.008* | 0.139*** | 0.072*** | -0.001 | 0.143*** | 1 | |
| 医疗保障 | 0.175*** | -0.015*** | 0.053*** | 0.001 | -0.003 | 0.085*** | 0.491*** | 1 |
| 健康人数 | 0.237*** | -0.009* | 0.195*** | 0.167*** | 0.031*** | 0.156*** | 0.234*** | 0.334*** |
| 失业人数 | 0.074*** | -0.001 | -0.055*** | 0.005 | -0.022*** | -0.009 | 0.185*** | 0.200*** |
| 家庭人数 | 0.235*** | -0.018*** | 0.042*** | 0.002 | 0.002 | 0.126*** | 0.503*** | 0.774*** |
| 失业占比 | -0.053*** | 0.010** | -0.098*** | 0.016** | -0.032*** | -0.037*** | -0.058*** | -0.164*** |
| 少年占比 | 0.081*** | 0.002 | 0.006 | 0.002 | 0.012** | 0.003 | 0.287*** | 0.154*** |
| 老年占比 | -0.265*** | 0.016*** | -0.149*** | -0.101*** | -0.042*** | -0.081*** | -0.130*** | -0.328*** |
| 受教育程度 | 0.281*** | -0.003 | 0.316*** | 0.291*** | 0.037*** | 0.144*** | -0.155*** | -0.086*** |
| 城市户口 | 0.256*** | 0.010* | 0.259*** | 0.312*** | 0.021*** | 0.101*** | -0.034*** | -0.151*** |
| 年龄 | -0.119*** | 0.005 | -0.055*** | -0.046*** | -0.023*** | -0.023 | -0.064*** | -0.134*** |
| 年龄平方 | -0.004 | 0.001 | -0.000 | -0.000 | -0.003 | 0.002 | -0.008* | -0.007 |
| 公务员 | 0.109*** | 0.003 | 0.136*** | 0.106*** | 0.011* | 0.087*** | 0.053*** | 0.016* |
| 住房公积金 | 0.210*** | -0.005 | 0.261*** | 0.208*** | 0.021*** | 0.135*** | 0.096*** | 0.006 |
| 偏好风险 | 0.112*** | -0.011** | 0.094*** | 0.081*** | 0.044*** | 0.065*** | -0.021*** | -0.029*** |
| 租房 | 0.127*** | -0.002 | 0.028*** | -0.014*** | 0.049*** | -0.087*** | -0.092*** | -0.102*** |

续 表

| 变量 | ln 总消费 | 购房动机 失业人数 | ln 金融资产 家庭人数 | ln 住房资产 失业占比 | 是否有房贷 少年占比 | ln 总收入 老年占比 | 养老保障 受教育程度 | 医疗保障 城市户口 |
|---|---|---|---|---|---|---|---|---|
| 健康人数 | 1 | | | | | | | |
| 失业人数 | 0.079*** | 1 | | | | | | |
| 家庭人数 | 0.465*** | 0.301*** | 1 | | | | | |
| 失业占比 | −0.159*** | 0.770*** | −0.186*** | 1 | | | | |
| 少年占比 | 0.244*** | 0.361*** | 0.260*** | 0.146*** | 1 | | | |
| 老年占比 | −0.328*** | 0.121*** | −0.458*** | 0.480*** | −0.206*** | 1 | | |
| 受教育程度 | 0.040*** | −0.272*** | −0.136*** | −0.191*** | −0.487*** | −0.131*** | 1 | |
| 城市户口 | −0.014 | 0.039*** | −0.170*** | 0.150*** | −0.054*** | 0.053*** | 0.297*** | 1 |
| 年龄 | −0.206*** | −0.037*** | −0.211*** | 0.126*** | −0.293*** | 0.354*** | 0.004 | 0.030*** |
| 年龄平方 | −0.014** | 0.003 | −0.010** | 0.012** | −0.017** | 0.034*** | −0.007 | 0.003 |
| 公务员 | 0.063*** | −0.167*** | −0.004 | −0.186*** | −0.069*** | −0.115*** | 0.273*** | 0.118*** |
| 住房公积金 | 0.083*** | −0.247*** | −0.038*** | −0.269*** | −0.106*** | −0.198*** | 0.436*** | 0.195*** |
| 偏好风险 | 0.045*** | −0.033*** | −0.021*** | −0.045*** | 0.015** | −0.079*** | 0.088*** | 0.046*** |
| 租房 | 0.010** | −0.046*** | −0.076*** | −0.038*** | 0.023*** | −0.096*** | 0.059*** | 0.003 |

| 变量 | 年龄 | 年龄平方 | 公务员 | 住房公积金 | 偏好风险 | 租房 |
|---|---|---|---|---|---|---|
| 年龄 | 1 | | | | | |
| 年龄平方 | 0.881*** | 1 | | | | |
| 公务员 | −0.025*** | −0.006 | 1 | | | |
| 住房公积金 | −0.059*** | −0.010** | 0.398*** | 1 | | |
| 偏好风险 | −0.045*** | −0.006 | 0.023*** | 0.074** | 1 | |
| 租房 | −0.042** | 0.012*** | −0.007 | 0.038*** | 0.070*** | 1 |

备注：* $p<0.05$，** $p<0.01$，*** $p<0.001$ 分别表示在 5%，1% 和 0.1% 的统计水平上显著。

## 4.2 实证结果分析

### 4.2.1 模型构建

基于 2017 年和 2019 年 CHFS 数据，根据当年的分类标准对变量进行处理，且以家庭唯一代码（HHID）进行匹配合并，删除重复的家庭数据、家庭收入存在缺失或者小于 0 的数据、家庭资产存在缺失的数据，对家庭总消费、总收入和总负债上下缩尾 1% 处理，并对八大类别消费额和总资产、总收入及总负债等数值进行对数化处理。根据前期文献基础设定模型如下：

$$\text{total\_cons}_{it} = \alpha_0 + \alpha_1 \text{house\_motiv}_{it} + \beta X_{it} + \lambda_i + \mu_t + \varepsilon_{it} \quad (4.1)$$

式中：$\text{total\_cons}_{it}$ 是指整体消费水平；$\text{house\_motiv}_{it}$ 代表存在购房动机；$X_{it}$ 为系列控制变量；$\lambda_i$ 代表个体固定效应；$\mu_t$ 代表年份固定效应。在回归过程中，控制了家庭总收入、家庭总资产、家庭住房资产等可能对家庭消费产生影响的变量，还将对食品烟酒消费、衣着消费、居住消费、生活用品及服务消费、交通通信消费、教育文化娱乐消费、医疗保健消费以及其他消费进行实证分析。

根据李江一（2018）的做法，采用 PSM-DID（倾向评分匹配-双重差分法）进行评估分析，有效解决实验组和控制组之间存在的可观测和不可观测的混杂因素。PSM-DID 的处理过程包括两部分：第一部分是设置实验组和控制组，在控制组中找到与实验组特征基本一致的个体，评估控制组中的个体接受政策或干预（处理效应）的可能性水平；第二部分在实验组中一一匹配，再将匹配后的样本进行组内差分和组间差分，以消除个体差异和时间差异，计算平均处理效应。本书将样本分为"具有购房动机"和"不具有购房动机"两大类别，通过在"不具有购房动机"样本中匹配一个与"具有购房动机"样本特征基本一致的"副本"，来完整剥离"具有购房动机"对家庭消费的影响。

本书将"具有购房动机"视作处理效应,具体处理步骤如下。

(1)将"具有购房动机"视为因变量,将其他干扰因素(根据经典文献做法或理论模型设定,一般选择可能影响到购房动机的各类变量)作为自变量 $X$ 并进行 Logit 或 Probit 模型构建,得到 Pscore 值。

(2)依据 Pscore 值进行匹配(包括最近邻匹配、半径匹配以及核匹配等方法)。两个样本的 Pscore 值越接近,说明两个样本的特征越接近,从而构建出一个与实验组特征一致的"副本",但这个"副本"处于控制组中,并没有购房动机,因此家庭消费的差异就是由"具有购房动机"这一处理效应带来的后果。

(3)对 PSM(倾向评分匹配)匹配效果进行判断。默认进行"PSM 平行假设检验",即对比匹配前和匹配后的变化,用于判断 PSM 匹配效果。使用 PSM 方法有两个注意事项,即条件独立假设和共同支撑条件。首先选择进行匹配的变量组合去估计 PSM "副本"时,所选择变量要与构建变量的随机扰动项无关,即完全独立于随机扰动项。也就是说,选取哪些变量(维度)去构建一个"准实验副本",需要有一定的文献支撑。其次在构造 PSM 变量时要在控制组中找到足够多的个体相互对应,如果对应的个体不够多,则 PSM 方法可能并不适用。

### 4.2.2 实证结果

按照 PSM 的基本流程,参考李江一(2018)的做法,在本环节中进行 PSM 的具体操作步骤如下。

第一步,估计倾向分值函数 $P(\text{buy}=1|X_{it-1})$,即根据家庭在 $t-1$ 期的经济、人口相关数据预测家庭未来具有购房动机的概率,其中 dummy_buy 是一个表示是否有购房动机的虚拟变量。$X_{it-1}$ 包含以下变量。

(1)基本控制变量,包含住房资产、金融资产、家庭总收入、是否有房贷、非住房负债、家庭总人数、健康成员人数、医疗保障人数、失业成员占比、老年占比、少年占比等。

（2）家庭特征变量，包含户主性别、年龄、户主受教育年限、婚姻状况、是否为城镇户口、是否有家庭成员是公务员、风险偏好等。

（3）直接影响家庭是否具有购房动机的变量，包括是否租房、是否有未成年子女、是否有住房公积金。

（4）地区固定效应，包括城乡虚拟变量、省份虚拟变量。采用 Probit 模型估计倾向分值函数就可以得到家庭未来有购房动机的概率预测值，即倾向评分，按照倾向评分进行基本排序。

第二步，根据每个家庭的倾向评分为有购房动机家庭样本寻找最佳匹配对象。一般选择与有购房动机家庭的倾向评分之差最小的无购房动机家庭与之进行配对。在这一过程中，还可能存在倾向评分值比较极端的家庭无法找到与之配对的家庭样本等情况。之后对配对结果进行检验。

第三步，在检验通过的基础上，对匹配成功的样本采用双重差分法进行分析。具体计量模型如下所示。

$$\ln \mathrm{Cons}_{it} = \alpha_0 + \alpha_1 \mathrm{dummy\_buy}_{it} + \beta X_{it} + \chi \mathrm{year}_{2017} + \xi_i + u_{it} \quad (4.2)$$

使用双重差分法还需有一个相对严格的前提假设：实验组和控制组在效应发生之前具有共同的平行趋势，即只有有购房动机的家庭和无购房动机的家庭存在相同的消费趋势，才会尽可能剥离其他因素对家庭消费的影响。受制于数据可得性，无法验证两者是否具有共同趋势。但可以反证，即如果不具有平行趋势，那匹配后两类家庭的消费应呈现显著差异。表 4.5 反映了匹配前后各变量的平衡性检验结果。结果显示，匹配后协变量 $P$ 值并不显著，即实验组和控制组协变量的均值在匹配后无显著差异，反证了两类家庭存在相同的消费趋势，这是进行下一步分析的前提。

表 4.5 匹配前后各变量的平衡性检验结果

| 匹配变量 | 样 本 | 处理组均值 | 对照组均值 | 标准偏差 /% | 偏差减少幅度 /% | $t$ 值 | $t$ 检验伴随概率 |
|---|---|---|---|---|---|---|---|
| ln 金融资产 | 匹配前 | 10.78 | 10.197 | 27.9 | 90.9 | 4.52 | 0.000 |
| | 匹配后 | 10.78 | 10.833 | −2.5 | | −0.38 | 0.707 |

续 表

| 匹配变量 | 样 本 | 处理组均值 | 对照组均值 | 标准偏差/% | 偏差减少幅度/% | $t$ 值 | $t$ 检验伴随概率 |
|---|---|---|---|---|---|---|---|
| ln 住房资产 | 匹配前 | 12.877 | 12.684 | 13.0 | 84.8 | 2.07 | 0.039 |
|  | 匹配后 | 12.877 | 12.907 | −2.0 |  | −0.28 | 0.777 |
| 是否有房贷 | 匹配前 | 0.005 52 | 0.004 73 | 1.1 | −39.0 | 0.19 | 0.846 |
|  | 匹配后 | 0.005 52 | 0.004 42 | 1.5 |  | 0.21 | 0.833 |
| ln 总收入 | 匹配前 | 11.42 | 11.088 | 22.6 | 98.6 | 3.66 | 0.000 |
|  | 匹配后 | 11.42 | 11.416 | 0.3 |  | 0.05 | 0.961 |
| 养老保障人数 | 匹配前 | 2.105 | 2.397 3 | −15.1 | 99.2 | −2.52 | 0.012 |
|  | 匹配后 | 2.105 | 2.107 3 | −0.1 |  | −0.02 | 0.987 |
| 医疗保障人数 | 匹配前 | 3.450 3 | 3.443 9 | 0.4 | −1 309.3 | 0.06 | 0.953 |
|  | 匹配后 | 3.450 3 | 3.539 9 | −5.0 |  | −0.69 | 0.492 |
| 健康人数 | 匹配前 | 2.464 1 | 2.178 4 | 14.6 | 72.2 | 2.40 | 0.016 |
|  | 匹配后 | 2.464 1 | 2.543 6 | −4.1 |  | −0.55 | 0.580 |
| 失业人数 | 匹配前 | 0.889 5 | 0.922 3 | −2.4 | 86.8 | −0.41 | 0.685 |
|  | 匹配后 | 0.889 5 | 0.893 83 | −0.3 |  | −0.04 | 0.966 |
| 家庭总人数 | 匹配前 | 3.870 2 | 3.958 1 | −5.8 | −22.6 | −0.95 | 0.343 |
|  | 匹配后 | 3.870 2 | 3.978 | −7.2 |  | −0.99 | 0.322 |
| 失业占比 | 匹配前 | 0.202 73 | 0.212 77 | −3.5 | 49.3 | −0.59 | 0.554 |
|  | 匹配后 | 0.202 73 | 0.197 64 | 1.8 |  | 0.25 | 0.804 |
| 少年占比 | 匹配前 | 0.067 12 | 0.050 12 | 12.2 | 76.3 | 2.19 | 0.028 |
|  | 匹配后 | 0.067 12 | 0.063 1 | 2.9 |  | 0.37 | 0.714 |
| 老年占比 | 匹配前 | 0.035 78 | 0.094 21 | −28.2 | 90.8 | −4.17 | 0.000 |
|  | 匹配后 | 0.035 78 | 0.030 4 | 2.6 |  | 0.52 | 0.606 |

续 表

| 匹配变量 | 样 本 | 处理组均值 | 对照组均值 | 标准偏差/% | 偏差减少幅度/% | $t$值 | $t$检验伴随概率 |
|---|---|---|---|---|---|---|---|
| 受教育程度 | 匹配前 | 3.201 7 | 3.020 9 | 8.8 | 91.3 | 1.55 | 0.122 |
|  | 匹配后 | 3.201 7 | 3.217 3 | −0.8 |  | −0.10 | 0.921 |
| 城市户口 | 匹配前 | 0.383 98 | 0.281 76 | 21.8 | 92.2 | 3.81 | 0.000 |
|  | 匹配后 | 0.383 98 | 0.375 97 | 1.7 |  | 0.22 | 0.825 |
| 年龄 | 匹配前 | 36.055 | 40.561 | −23.4 | 94.1 | −3.92 | 0.000 |
|  | 匹配后 | 36.055 | 36.32 | −1.4 |  | −0.19 | 0.848 |
| 年龄平方 | 匹配前 | 1 644.5 | 2 037.9 | −25.9 | 94.8 | −4.26 | 0.000 |
|  | 匹配后 | 1 644.5 | 1 664.9 | −1.3 |  | −0.19 | 0.847 |
| 公务员 | 匹配前 | 0.055 25 | 0.049 32 | 2.2 | 81.3 | 0.37 | 0.708 |
|  | 匹配后 | 0.055 25 | 0.054 14 | 0.4 |  | 0.05 | 0.958 |
| 住房公积金 | 匹配前 | 0.071 82 | 0.060 81 | 4.4 | 59.9 | 0.77 | 0.440 |
|  | 匹配后 | 0.071 82 | 0.076 24 | −1.8 |  | −0.23 | 0.821 |
| 偏好风险 | 匹配前 | 0.049 72 | 0.031 08 | 9.5 | 78.8 | 1.74 | 0.083 |
|  | 匹配后 | 0.049 72 | 0.045 76 | 2.0 |  | 0.25 | 0.803 |
| 租房 | 匹配前 | 0.074 59 | 0.056 76 | 7.2 | 82.4 | 1.28 | 0.202 |
|  | 匹配后 | 0.074 59 | 0.077 72 | −1.3 |  | −0.16 | 0.874 |
| 地区 | 匹配前 | 16.392 | 16.734 | −4.2 | 97.4 | −0.71 | 0.480 |
|  | 匹配后 | 16.392 | 16.383 | 0.1 |  | 0.01 | 0.988 |

备注：如果方差在 [0.81，1.23] 之外则无法匹配，如果方差在这一区间内则匹配。

从匹配之后的结果来看，各个变量匹配之后的偏差（标准误差）全部小于10%，匹配的平衡性较好。另外，$t$值主要用来评估匹配之后两组之间的差异：如果$t$检验显著，则代表匹配前后有显著差异；如果$t$检验不显著，则代表匹配前后无明显差异。从列出的各变量的$t$值来看，均处于不显著水平，从而反证了匹配后的结果与匹配前的数据是没有显著差异的，说明实验组和控制组具有共同的平行趋势,这是使用双重差分法进行验证的关键前提。

表 4.6 展示了匹配前后整体平衡性检验结果,整体偏差均值水平在匹配后由 12.1 下降至 2.0;偏差中位数水平也由 9.5 下降至 1.7,证明匹配效果较理想,可以较好地反映整体水平。

表 4.6 匹配前后整体平衡性检验结果

| 样本 | Ps $R^2$ | LR $x^2$ | $P>x^2$ | 偏差均值 | 偏差中位数 | B | R | 百分比方差 |
|---|---|---|---|---|---|---|---|---|
| 匹配前 | 0.046 | 83.36 | 0.000 | 12.1 | 9.5 | 55.3 | 0.64 | 50 |
| 匹配后 | 0.003 | 3.01 | 1.000 | 2.0 | 1.7 | 12.9 | 0.85 | 19 |

从图 4.1 中可以看出,匹配之前的偏差相对较大,匹配之后整体的偏差显著变小,再次说明整体匹配结果良好,很好地满足了进行 PSM 所要求的共同支撑假设条件。

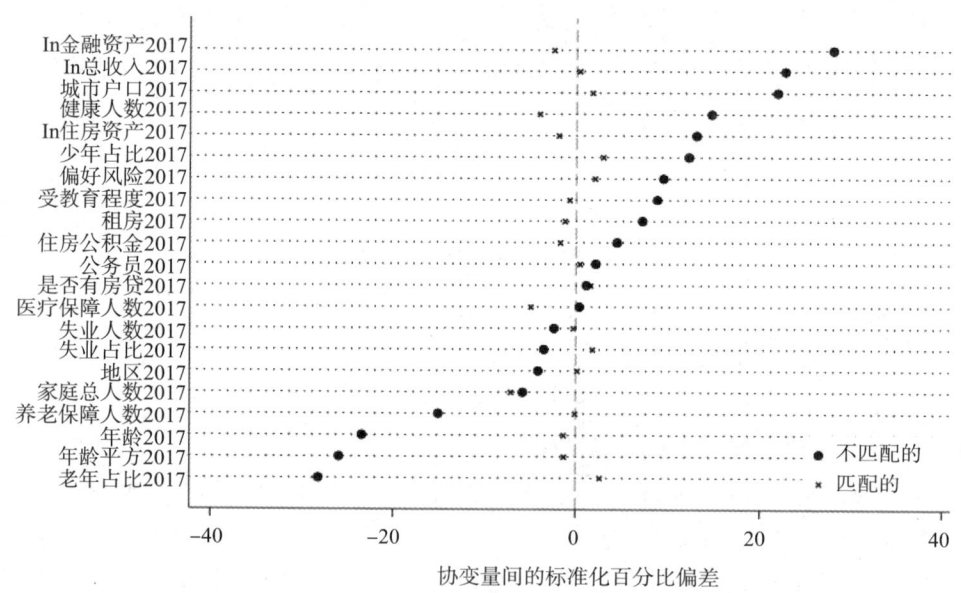

图 4.1 最优半径匹配效果直观图

基于匹配后的样本重新对基准回归模型进行估计,得到以下基本结果:购房动机将对总消费产生挤出影响,总消费在 5% 的水平上显著为负。即当家庭具有购房动机时,家庭整体消费水平会下降,"为购房而储蓄"对消费的挤出效应显著存在,并且以挤出家庭中衣着消费为主,而购房动机还将显著增加交通通信消费。同时,对于食品烟酒消费、生活用品及服务消费、教育文化娱乐消费和医疗保健消费等存在不同程度的负向影响,但统计水平不显著,如表4.7所示。

表4.7 购房动机与消费支出:PSM-DID结果分析(1)

| 变量 | (1)<br>ln 家庭总消费 | (2)<br>ln 食品烟酒消费 | (3)<br>ln 衣着消费 | (4)<br>ln 居住消费 | (5)<br>ln 生活用品及服务消费 |
|---|---|---|---|---|---|
| 购房动机 | −0.659* | −0.491 | −1.219** | 0.367 | −0.270 |
|  | (0.382) | (0.350) | (0.521) | (0.768) | (0.656) |
| ln 金融资产 | 0.085*** | 0.077*** | 0.149*** | 0.056*** | 0.147*** |
|  | (0.011) | (0.010) | (0.014) | (0.016) | (0.017) |
| ln 住房资产 | 0.107*** | 0.097*** | 0.124*** | 0.185*** | 0.124*** |
|  | (0.014) | (0.013) | (0.017) | (0.020) | (0.021) |
| 是否有房贷 | 0.343 | 0.066 | 0.003 | 0.496 | −0.096 |
|  | (0.254) | (0.232) | (0.299) | (0.359) | (0.379) |
| ln 总收入 | 0.123*** | 0.094*** | 0.173*** | 0.095*** | 0.122*** |
|  | (0.016) | (0.015) | (0.019) | (0.023) | (0.025) |
| 养老保障人数 | −0.017 | −0.002 | 0.010 | −0.006 | 0.004 |
|  | (0.011) | (0.011) | (0.014) | (0.016) | (0.018) |
| 医疗保障人数 | −0.017 | −0.006 | 0.019 | −0.024 | −0.053** |
|  | (0.016) | (0.014) | (0.020) | (0.022) | (0.024) |
| 健康人数 | 0.018 | 0.006 | 0.039*** | 0.014 | 0.062*** |
|  | (0.011) | (0.010) | (0.014) | (0.016) | (0.017) |

续 表

| 变量 | (1) ln家庭总消费 | (2) ln食品烟酒消费 | (3) ln衣着消费 | (4) ln居住消费 | (5) ln生活用品及服务消费 |
|---|---|---|---|---|---|
| 失业人数 | 0.004 | 0.013 | 0.138** | 0.062 | −0.069 |
|  | (0.044) | (0.041) | (0.056) | (0.063) | (0.069) |
| 家庭总人数 | 0.036 | 0.068*** | −0.030 | 0.045 | 0.086** |
|  | (0.023) | (0.021) | (0.030) | (0.033) | (0.036) |
| 失业占比 | 0.114 | 0.092 | −0.711*** | −0.352 | 0.377 |
|  | (0.202) | (0.186) | (0.256) | (0.289) | (0.317) |
| 少年占比 | 0.167 | 0.096 | 0.334 | 0.363 | 0.087 |
|  | (0.168) | (0.156) | (0.208) | (0.241) | (0.259) |
| 老年占比 | −0.248** | −0.299*** | −0.722*** | −0.056 | −0.725*** |
|  | (0.113) | (0.106) | (0.156) | (0.162) | (0.179) |
| 常数项 | 8.141*** | 7.080*** | 3.866*** | 3.790*** | 3.184*** |
|  | (0.426) | (0.391) | (0.574) | (0.818) | (0.718) |
| $N$ | 1 580 | 1 556 | 1 383 | 1 541 | 1 471 |
| $R^2$ | 0.219 | 0.216 | 0.304 | 0.140 | 0.204 |

备注：括号内为聚类稳健标准误，* $p<0.05$，** $p<0.01$，*** $p<0.001$ 分别表示在5%、1%和0.1%水平上显著。

这一结果基本符合近年来家庭消费的典型特征，即在产生购房动机之后，家庭首先会控制衣着类别的消费，这是因为与其他消费相比，衣着消费更可能是享受型消费，可调整的弹性相对较大。为了满足家庭未来的购房需求，一般家庭首先会压缩衣着类别消费。随着电子商务和网络购物平台的日益完善，购买衣服和退换衣服的成本大幅度下降，不少负责家庭服装采购的家庭成员会在网络平台上"货比三家"，这也会在一定程度上降低家庭衣着类别消费。当家庭具有购房动机时，其交通通信消费会显著上升。因为具有购房动机的家庭会增加查看房源的次数，并且与房产中介之间的沟通频率会逐步提高，从而直接增加当期交通费用和通信费用。除了看房之外，在短期内家庭还会增加挑选合适装修风格、装修建材以及配套家具等的概率，从而增加交通通信消费支出。家庭产生购房动机一般是在家庭组建之初，为了方便家庭日常通勤和外出旅游等，家庭愿意花费较低的成本购置车辆等交通工具。总收入水平对各类消费均呈现显著的正向影响，即家庭收入水平从源头上影响家庭各项消费。值得关注的是，家庭中老年占比对各类消费的影响不显著。老年占比除了对家庭居住消费和医疗保健消费影响不显著，对其他各类消费包括整体消费都有显著为负的影响。这与文献研究中提及的生命周期理论略有不同。在我国由于受传统思想影响，包括勤俭节约理念和遗赠动机等，老年人并不会将大量储蓄用于消费。对医疗保健消费影响不显著也能较好理解，即老年人身体状况处于生命周期后段，出现健康问题的概率大幅度提升。有意思的是，少年占比仅仅影响家庭其他消费，而对常规的日常消费影响不显著。分析结果如表 4.8 所示。

表 4.8 购房动机与消费支出：PSM-DID 结果分析（2）

| 变量 | (6)<br>ln 交通通信消费 | (7)<br>ln 教育文化娱乐消费 | (8)<br>ln 医疗保健消费 | (9)<br>ln 其他消费 |
|---|---|---|---|---|
| 购房动机 | 1.578*** | −1.867 | −1.214 | 0.000 |
|  | (0.576) | (1.335) | (0.904) | (.) |
| ln 金融资产 | 0.118*** | 0.193*** | 0.023 | 0.234*** |
|  | (0.015) | (0.034) | (0.026) | (0.031) |
| ln 住房资产 | 0.130*** | 0.110*** | 0.027 | 0.229*** |
|  | (0.018) | (0.043) | (0.031) | (0.034) |
| 是否有房贷 | 0.004 | −0.744 | 0.516 | 0.401 |
|  | (0.333) | (0.668) | (0.553) | (0.541) |

续 表

| 变量 | (6) ln 交通通信消费 | (7) ln 教育文化娱乐消费 | (8) ln 医疗保健消费 | (9) ln 其他消费 |
|---|---|---|---|---|
| ln 总收入 | 0.166*** | 0.126*** | 0.181*** | 0.175*** |
|  | (0.021) | (0.046) | (0.036) | (0.041) |
| 养老保障人数 | 0.004 | −0.051 | −0.001 | −0.020 |
|  | (0.015) | (0.033) | (0.026) | (0.027) |
| 医疗保障人数 | −0.019 | −0.020 | 0.035 | 0.015 |
|  | (0.021) | (0.043) | (0.036) | (0.036) |
| 健康人数 | 0.025* | 0.021 | −0.137*** | 0.027 |
|  | (0.015) | (0.032) | (0.026) | (0.026) |
| 失业人数 | 0.002 | −0.078 | −0.032 | 0.252** |
|  | (0.058) | (0.135) | (0.101) | (0.112) |
| 家庭总人数 | 0.078** | 0.114* | 0.138*** | −0.136** |
|  | (0.030) | (0.069) | (0.054) | (0.055) |
| 失业占比 | 0.130 | 1.054 | 0.268 | −1.467*** |
|  | (0.266) | (0.643) | (0.469) | (0.526) |
| 少年占比 | −0.084 | 0.049 | −0.125 | 0.782** |
|  | (0.222) | (0.461) | (0.382) | (0.379) |
| 老年占比 | −0.799*** | −1.370*** | 0.217 | −0.846** |
|  | (0.150) | (0.440) | (0.247) | (0.384) |
| 常数项 | 5.324*** | −1.005*** | 3.191*** | −1.079*** |
|  | (0.107) | (0.255) | (0.218) | (0.243) |
| $N$ | 1 559 | 1 134 | 1 266 | 864 |
| $R^2$ | 0.247 | 0.098 | 0.061 | 0.260 |

备注：括号内为聚集稳健标准误，* $p<0.05$，** $p<0.01$，*** $p<0.001$ 分别表示在5%、1% 和0.1% 水平上显著。

## 4.3 内生性处理

### 4.3.1 替换主要解释变量

前期购房动机主要通过问卷中的 C1000aa 问题"未来，您家是否有新购/新建住房的打算"进行测度，在这一部分通过替换主要解释变量进行测度，以编号为 C1000ad 的问题"您家打算什么时候购买住房"进行替换。选项中有未来 1 年内、未来 1～2 年、未来 2～5 年、5 年以后和不清楚 5 个选项。如若选择未来 1 年内和未来 1～2 年，则视为具有强烈的购房动机，采用普通最小二乘法（OLS）进行回归，其结果如表 4.9 和表 4.10 所示。

表 4.9 购房动机对家庭各类消费的影响分析：常规 OLS 分析方法（1）

| 变量 | （1）<br>ln 家庭总消费 | （2）<br>ln 食品烟酒消费 | （3）<br>ln 衣着消费 | （4）<br>ln 居住消费 | （5）<br>ln 生活用品及服务消费 |
|---|---|---|---|---|---|
| 新购房动机 | −0.162** | 0.258 | −1.366*** | −0.212 | 0.255 |
|  | （0.114） | （0.318） | （0.232） | （0.282） | （0.484） |
| ln 金融资产 | 0.075*** | 0.062*** | 0.120*** | 0.038*** | 0.113*** |
|  | （0.007） | （0.006） | （0.010） | （0.008） | （0.009） |
| ln 住房资产 | 0.136*** | 0.113*** | 0.143*** | 0.197*** | 0.160*** |
|  | （0.007） | （0.008） | （0.013） | （0.013） | （0.019） |
| 是否有房贷 | 0.107 | 0.031 | 0.091 | 0.316 | 0.127 |
|  | （0.102） | （0.114） | （0.104） | （0.182） | （0.193） |
| ln 总收入 | 0.110*** | 0.076*** | 0.120*** | 0.060*** | 0.105*** |
|  | （0.011） | （0.008） | （0.016） | （0.016） | （0.014） |

续 表

| 变量 | (1)<br>ln 家庭总消费 | (2)<br>ln 食品烟酒消费 | (3)<br>ln 衣着消费 | (4)<br>ln 居住消费 | (5)<br>ln 生活用品及服务消费 |
|---|---|---|---|---|---|
| 养老保障人数 | −0.001 | −0.007 | 0.004 | 0.004 | 0.006 |
|  | (0.007) | (0.007) | (0.012) | (0.014) | (0.012) |
| 医疗保障人数 | −0.008 | −0.002 | −0.010 | −0.028* | −0.042* |
|  | (0.007) | (0.007) | (0.015) | (0.011) | (0.016) |
| 健康人数 | −0.006 | 0.011 | 0.034*** | 0.016* | 0.030** |
|  | (0.006) | (0.007) | (0.008) | (0.008) | (0.010) |
| 失业人数 | 0.001 | 0.013 | 0.008 | 0.002 | −0.064 |
|  | (0.018) | (0.022) | (0.032) | (0.032) | (0.044) |
| 家庭总人数 | 0.073*** | 0.052** | 0.044 | 0.049** | 0.080*** |
|  | (0.013) | (0.017) | (0.024) | (0.017) | (0.020) |
| 失业占比 | 0.142 | 0.082 | −0.079 | 0.019 | 0.322 |
|  | (0.089) | (0.089) | (0.156) | (0.129) | (0.200) |
| 少年占比 | 0.331* | 0.248 | 0.527* | 0.392 | 0.567* |
|  | (0.132) | (0.155) | (0.243) | (0.269) | (0.210) |
| 老年占比 | −0.221*** | −0.280*** | −0.591*** | 0.025 | −0.528*** |
|  | (0.060) | (0.064) | (0.098) | (0.087) | (0.117) |
| 受教育程度 | 0.036*** | 0.017* | 0.050** | 0.014 | 0.063*** |
|  | (0.007) | (0.008) | (0.014) | (0.008) | (0.011) |
| 城市户口 | 0.056* | 0.108*** | 0.008 | 0.077 | 0.123** |
|  | (0.022) | (0.029) | (0.039) | (0.042) | (0.042) |
| 年龄 | −0.001 | 0.000 | −0.000 | −0.001 | −0.003* |
|  | (0.001) | (0.001) | (0.002) | (0.002) | (0.002) |

续 表

| 变量 | (1)<br>ln 家庭总消费 | (2)<br>ln 食品烟酒消费 | (3)<br>ln 衣着消费 | (4)<br>ln 居住消费 | (5)<br>ln 生活用品及服务消费 |
|---|---|---|---|---|---|
| 年龄平方 | 0.000 | −0.000 | 0.000 | 0.000 | 0.000* |
|  | (0.000) | (0.000) | (0.000) | (0.000) | (0.000) |
| 公务员 | −0.025 | −0.068 | −0.033 | 0.110 | −0.017 |
|  | (0.039) | (0.038) | (0.053) | (0.069) | (0.071) |
| 住房公积金 | 0.016 | 0.038 | 0.068 | 0.010 | 0.016 |
|  | (0.044) | (0.041) | (0.075) | (0.076) | (0.084) |
| 偏好风险 | 0.196** | 0.167** | 0.233** | −0.001 | 0.419*** |
|  | (0.054) | (0.054) | (0.072) | (0.074) | (0.082) |
| 租房 | 0.409*** | 0.203*** | 0.121* | 0.138* | 0.197* |
|  | (0.041) | (0.046) | (0.053) | (0.054) | (0.084) |
| 常数项 | 8.366*** | 7.582*** | 4.403*** | 5.556*** | 4.977*** |
|  | (0.046) | (0.062) | (0.172) | (0.086) | (0.102) |
| 个体固定效应 | Yes | Yes | Yes | Yes | Yes |
| 年份固定效应 | Yes | Yes | Yes | Yes | Yes |
| $N$ | 4 666 | 4 574 | 4 038 | 4 512 | 4 320 |
| $R^2$ | 0.159 | 0.308 | 0.282 | 0.346 | 0.287 |

备注：括号内为聚类稳健标准误，* $p<0.05$，** $p<0.01$，*** $p<0.001$ 分别表示在5%、1%和0.1%水平上显著。

根据表4.9中的数据可以了解到，新购房动机对家庭总消费以及衣着消费存在显著的抑制作用，对食品烟酒消费和生活用品及服务消费影响为正，但不显著。根据表4.10中的数据，新购房动机对教育文化娱乐消费和医疗保健消费都呈现负向影响，但影响并不显著。从系数上看，对交通通信消费和其他消费均为正向影响。除此以外，值得关注的是无论何种情况下，老年占比对家庭总消费均为显著负向影响，在0.1%的水平上显著，并对家庭总消费、食品烟酒消费、衣着消费、生活用品及服务消费、交通通信消费、教育文化娱乐消费呈现显著负向影响，仅对医疗保健消费呈现5%水平上正向影响。这反映出我国居民家庭当中可能存在显著的"遗赠动机"，老年人并不会呈现生命周期理论中的高消费状态。另外发现，受教育程度对家庭各项消费呈现显著的正向影响，这可能是因为受教育程度一般与家庭收入紧密相关。

表4.10 购房动机对家庭各类消费的影响分析：常规OLS分析方法（2）

| 变量 | (6) ln 交通通信消费 | (7) ln 教育文化娱乐消费 | (8) ln 医疗保健消费 | (9) ln 其他消费 |
| --- | --- | --- | --- | --- |
| 新购房动机 | 0.434 | −0.594 | −0.790 | 0.407 |
|  | (0.474) | (0.521) | (0.594) | (0.618) |
| ln 金融资产 | 0.105*** | 0.118*** | 0.018 | 0.174*** |
|  | (0.009) | (0.019) | (0.015) | (0.016) |
| ln 住房资产 | 0.155*** | 0.197*** | 0.060* | 0.285*** |
|  | (0.013) | (0.045) | (0.025) | (0.030) |
| 是否有房贷 | 0.182 | −0.170 | −0.214 | 0.173 |
|  | (0.102) | (0.441) | (0.274) | (0.248) |
| ln 总收入 | 0.111*** | 0.075*** | 0.182*** | 0.173*** |
|  | (0.014) | (0.020) | (0.022) | (0.025) |
| 养老保障人数 | 0.003 | −0.041 | 0.018 | 0.007 |
|  | (0.010) | (0.024) | (0.015) | (0.019) |
| 医疗保障人数 | −0.019 | −0.013 | 0.029 | −0.018 |
|  | (0.010) | (0.017) | (0.020) | (0.022) |

续 表

| 变量 | (6) ln 交通通信消费 | (7) ln 教育文化娱乐消费 | (8) ln 医疗保健消费 | (9) ln 其他消费 |
| --- | --- | --- | --- | --- |
| 健康人数 | 0.007 | 0.012 | −0.149*** | 0.008 |
|  | (0.009) | (0.024) | (0.017) | (0.016) |
| 失业人数 | −0.008 | 0.015 | −0.027 | 0.032 |
|  | (0.028) | (0.049) | (0.056) | (0.048) |
| 家庭总人数 | 0.093*** | 0.130** | 0.146*** | −0.066 |
|  | (0.017) | (0.045) | (0.031) | (0.042) |
| 失业占比 | −0.056 | 0.403 | 0.629* | −0.421 |
|  | (0.119) | (0.287) | (0.239) | (0.229) |
| 少年占比 | 0.366 | 0.093 | 0.144 | 1.190** |
|  | (0.225) | (0.414) | (0.410) | (0.354) |
| 老年占比 | −0.714*** | −1.428*** | 0.478* | −0.266 |
|  | (0.088) | (0.305) | (0.185) | (0.249) |
| 受教育程度 | 0.037** | 0.054* | 0.017 | 0.097*** |
|  | (0.013) | (0.023) | (0.021) | (0.018) |
| 城市户口 | −0.039 | 0.068 | 0.021 | 0.001 |
|  | (0.039) | (0.091) | (0.080) | (0.055) |
| 年龄 | −0.003 | −0.004 | 0.002 | −0.003 |
|  | (0.001) | (0.003) | (0.003) | (0.003) |
| 年龄平方 | 0.000* | 0.000 | −0.000 | 0.000 |
|  | (0.000) | (0.000) | (0.000) | (0.000) |
| 公务员 | −0.004 | −0.258 | −0.009 | −0.157 |
|  | (0.057) | (0.193) | (0.091) | (0.077) |

续 表

| 变量 | (6) ln 交通通信消费 | (7) ln 教育文化娱乐消费 | (8) ln 医疗保健消费 | (9) ln 其他消费 |
|---|---|---|---|---|
| 住房公积金 | 0.041 | −0.173 | 0.107 | 0.192 |
|  | (0.060) | (0.155) | (0.122) | (0.149) |
| 偏好风险 | 0.233** | 0.295* | 0.008 | 0.537*** |
|  | (0.070) | (0.107) | (0.096) | (0.104) |
| 租房 | 0.089 | 0.191 | −0.000 | 0.276* |
|  | (0.057) | (0.094) | (0.081) | (0.110) |
| 常数项 | 3.791*** | −1.099 | 3.420*** | −1.416* |
|  | (0.255) | (0.640) | (0.552) | (0.606) |
| 个体固定效应 | Yes | Yes | Yes | Yes |
| 年份固定效应 | Yes | Yes | Yes | Yes |
| $N$ | 4 584 | 3 354 | 3 587 | 2 602 |
| $R^2$ | 0.385 | 0.256 | 0.314 | 0.253 |

备注：括号内为聚类稳健标准误，* $p<0.05$，** $p<0.01$，*** $p<0.001$ 分别表示在5%、1% 和 0.1% 水平上显著。

### 4.3.2 自变量滞后一期

存在购房动机的家庭将在较长周期内进行各项消费的调整，并逐步实现购房目标。将自变量滞后一期，由 2017 年的购房动机来测算其对家庭 2019 年各项消费的影响，由此降低反向因果可能对研究结果造成的噪声。根据表 4.11 和表 4.12 中的数据可以了解到，2017 年购房动机显著抑制了家庭的总消费、食品烟酒消费、教育文化娱乐消费和其他消费（含跨境电商和奢侈品消费等），对衣着消费和居住消费均为负向影响，对交通通信消费和医疗保健消费为正向影响，但这几类消费受到的影响均不显著。

表 4.11 购房动机对家庭各类消费的影响分析：自变量滞后一期（1）

| 变量 | （1）<br>ln 家庭总消费 | （2）<br>ln 食品烟酒消费 | （3）<br>ln 衣着消费 | （4）<br>ln 居住消费 | （5）<br>ln 生活用品及服务消费 |
|---|---|---|---|---|---|
| 购房动机2017 | −0.561** | −0.620*** | −0.640 | −0.375 | −0.035 |
|  | (0.199) | (0.113) | (0.696) | (0.314) | (0.699) |
| ln 金融资产 | 0.066*** | 0.046*** | 0.067*** | 0.041** | 0.065*** |
|  | (0.008) | (0.010) | (0.012) | (0.012) | (0.012) |
| ln 住房资产 | 0.114*** | 0.092*** | 0.103*** | 0.114*** | 0.110*** |
|  | (0.016) | (0.014) | (0.014) | (0.020) | (0.018) |
| 是否有房贷 | 0.297 | 0.108 | −0.335*** | 0.349 | 0.432 |
|  | (0.258) | (0.437) | (0.059) | (0.387) | (0.282) |
| ln 总收入 | 0.096*** | 0.055*** | 0.099*** | 0.089*** | 0.054** |
|  | (0.017) | (0.010) | (0.015) | (0.016) | (0.017) |
| 养老保障人数 | −0.014 | −0.020 | 0.016 | −0.000 | −0.000 |
|  | (0.010) | (0.012) | (0.017) | (0.014) | (0.017) |
| 医疗保障人数 | −0.021 | −0.019 | −0.036 | 0.007 | −0.021 |
|  | (0.011) | (0.014) | (0.021) | (0.018) | (0.017) |
| 健康人数 | 0.014 | 0.030** | 0.049** | 0.010 | 0.039* |
|  | (0.012) | (0.011) | (0.015) | (0.014) | (0.016) |
| 失业人数 | 0.001 | 0.012 | 0.056 | −0.023 | 0.074 |
|  | (0.027) | (0.027) | (0.053) | (0.054) | (0.054) |
| 家庭总人数 | 0.051* | 0.055* | 0.015 | −0.031 | 0.000 |
|  | (0.023) | (0.021) | (0.024) | (0.030) | (0.038) |
| 失业占比 | 0.147 | −0.003 | −0.042 | 0.305 | −0.344 |
|  | (0.130) | (0.136) | (0.238) | (0.274) | (0.229) |

续 表

| 变量 | (1)<br>ln 家庭总消费 | (2)<br>ln 食品烟酒消费 | (3)<br>ln 衣着消费 | (4)<br>ln 居住消费 | (5)<br>ln 生活用品及服务消费 |
|---|---|---|---|---|---|
| 少年占比 | 0.341 | 0.263 | 0.086 | 0.377 | 0.098 |
|  | (0.289) | (0.295) | (0.350) | (0.406) | (0.355) |
| 老年占比 | −0.262* | −0.269* | −0.716*** | 0.030 | −0.270 |
|  | (0.123) | (0.105) | (0.185) | (0.130) | (0.191) |
| 受教育程度 | 0.040** | 0.007 | 0.026 | 0.030 | 0.027 |
|  | (0.013) | (0.015) | (0.022) | (0.022) | (0.017) |
| 城市户口 | 0.040 | 0.164* | 0.009 | 0.038 | 0.076 |
|  | (0.049) | (0.060) | (0.073) | (0.060) | (0.051) |
| 年龄 | −0.001 | −0.002 | 0.009 | 0.007 | −0.003 |
|  | (0.005) | (0.007) | (0.008) | (0.008) | (0.007) |
| 年龄平方 | −0.000 | 0.000 | −0.000 | −0.000 | −0.000 |
|  | (0.000) | (0.000) | (0.000) | (0.000) | (0.000) |
| 公务员 | −0.031 | −0.114 | 0.122 | 0.042 | −0.057 |
|  | (0.065) | (0.059) | (0.075) | (0.116) | (0.090) |
| 住房公积金 | −0.011 | 0.152* | −0.077 | −0.025 | −0.073 |
|  | (0.063) | (0.070) | (0.090) | (0.116) | (0.114) |
| 偏好风险 | 0.150* | −0.106 | 0.194 | 0.029 | 0.405** |
|  | (0.069) | (0.130) | (0.153) | (0.117) | (0.127) |
| 租房 | 0.299** | 0.149 | 0.133 | 0.091 | 0.156 |
|  | (0.083) | (0.092) | (0.118) | (0.117) | (0.117) |
| 常数项 | 8.794*** | 8.590*** | 3.818*** | 5.855*** | 5.406*** |
|  | (69.04) | (62.61) | (7.24) | (21.65) | (17.52) |

续 表

| 变量 | (1)<br>ln 家庭总消费 | (2)<br>ln 食品烟酒消费 | (3)<br>ln 衣着消费 | (4)<br>ln 居住消费 | (5)<br>ln 生活用品及服务消费 |
|---|---|---|---|---|---|
| 个体固定效应 | Yes | Yes | Yes | Yes | Yes |
| 年份固定效应 | Yes | Yes | Yes | Yes | Yes |
| $N$ | 1 842 | 1 817 | 1 604 | 1 799 | 1 798 |
| $R^2$ | 0.320 | 0.284 | 0.253 | 0.318 | 0.346 |

备注：括号内为聚类稳健标准误，* $p<0.05$，** $p<0.01$，*** $p<0.001$ 分别表示在5%、1% 和 0.1% 水平上显著。

除了会对家庭总消费形成抑制效应以外，与短期对家庭消费结构影响所不同的是，家庭存在购房动机，从短期看会影响家庭总消费和衣着消费，而从长期看，将影响食品烟酒这一生存型消费以及教育文化娱乐消费和其他类别消费等发展型消费。

表 4.12　购房动机对家庭各类消费的影响分析：自变量滞后一期（2）

| 变量 | (6)<br>ln 交通通信消费 | (7)<br>ln 教育文化娱乐消费 | (8)<br>ln 医疗保健消费 | (9)<br>ln 其他消费 |
|---|---|---|---|---|
| 购房动机2017 | 0.213<br>(0.747) | −1.538***<br>(0.304) | 0.061<br>(0.768) | −2.800***<br>(0.221) |
| ln 金融资产 | 0.064***<br>(0.012) | 0.149***<br>(0.022) | −0.012<br>(0.014) | 0.141***<br>(0.026) |
| ln 住房资产 | 0.070***<br>(0.015) | 0.112***<br>(0.027) | 0.096*<br>(0.036) | 0.118***<br>(0.031) |
| 是否有房贷 | 0.059<br>(0.363) | 0.064<br>(0.719) | 0.110<br>(0.366) | 0.616<br>(0.722) |

续　表

| 变量 | (6) ln 交通通信消费 | (7) ln 教育文化娱乐消费 | (8) ln 医疗保健消费 | (9) ln 其他消费 |
|---|---|---|---|---|
| ln 总收入 | 0.058*** | 0.078* | 0.062* | 0.113** |
|  | (0.012) | (0.034) | (0.023) | (0.035) |
| 养老保障人数 | -0.015 | -0.045 | 0.042 | 0.023 |
|  | (0.011) | (0.024) | (0.025) | (0.023) |
| 医疗保障人数 | -0.038* | -0.012 | -0.004 | 0.027 |
|  | (0.015) | (0.031) | (0.037) | (0.035) |
| 健康人数 | 0.009 | 0.011 | -0.070* | 0.011 |
|  | (0.012) | (0.026) | (0.027) | (0.024) |
| 失业人数 | 0.002 | -0.039 | -0.002 | 0.027 |
|  | (0.047) | (0.068) | (0.103) | (0.096) |
| 家庭总人数 | 0.081* | 0.116* | -0.009 | -0.074 |
|  | (0.031) | (0.046) | (0.061) | (0.061) |
| 失业占比 | 0.084 | 0.485 | 0.071 | -0.390 |
|  | (0.204) | (0.325) | (0.414) | (0.477) |
| 少年占比 | 0.344 | 0.307 | -0.038 | 0.028 |
|  | (0.383) | (0.486) | (0.804) | (0.496) |
| 老年占比 | -0.535** | -0.662 | 0.059 | 0.350 |
|  | (0.151) | (0.333) | (0.276) | (0.360) |
| 受教育程度 | 0.042* | 0.071* | 0.018 | 0.037 |
|  | (0.017) | (0.028) | (0.031) | (0.030) |
| 城市户口 | -0.084 | 0.279* | 0.138 | 0.127 |
|  | (0.055) | (0.107) | (0.088) | (0.097) |

续 表

| 变量 | (6) ln 交通通信消费 | (7) ln 教育文化娱乐消费 | (8) ln 医疗保健消费 | (9) ln 其他消费 |
|---|---|---|---|---|
| 年龄 | 0.002 | −0.012 | −0.009 | −0.021 |
|  | (0.006) | (0.014) | (0.015) | (0.011) |
| 年龄平方 | −0.000 | 0.000 | 0.000 | 0.000 |
|  | (0.000) | (0.000) | (0.000) | (0.000) |
| 公务员 | −0.104 | 0.015 | 0.084 | 0.007 |
|  | (0.070) | (0.144) | (0.174) | (0.150) |
| 住房公积金 | 0.006 | −0.344 | 0.255 | 0.308* |
|  | (0.101) | (0.210) | (0.185) | (0.132) |
| 偏好风险 | 0.118 | 0.802*** | 0.205 | 0.279 |
|  | (0.097) | (0.180) | (0.156) | (0.180) |
| 租房 | 0.231 | 0.578** | 0.033 | 0.019 |
|  | (0.115) | (0.169) | (0.148) | (0.129) |
| 常数项 | 5.263*** | −0.176 | 3.577*** | −0.925*** |
|  | (0.095) | (0.220) | (0.182) | (0.190) |
| 个体固定效应 | Yes | Yes | Yes | Yes |
| 年份固定效应 | Yes | Yes | Yes | Yes |
| $N$ | 1 803 | 1 477 | 1 247 | 986 |
| $R^2$ | 0.238 | 0.389 | 0.172 | 0.374 |

备注：括号内为聚类稳健标准误，* $p<0.05$，** $p<0.01$，*** $p<0.001$ 分别表示在5%、1%和0.1%水平上显著。

无论从短期看还是从长期看，老年占比对家庭消费尤其是衣着消费和交通通信消费都有显著负向影响，即呈现抑制效应。而风险偏好对家庭总消费、生活用品及服务消费、教育文化娱乐消费等都呈现明显的正向增强作用，即受访者越是风险偏好型性格，越对未来呈现乐观预期，从而越愿意进行各类消费，包括各类有益于家庭长远受益的发展型消费。另一个值得关注的变量是租房的家庭，其更倾向于在教育文化娱乐等类别上进行消费，并且其整体消费不仅没有受到抑制，反而将促进整体消费水平的提升。

### 4.3.3　Heckman 两阶段法

由于对因变量的估计是基于有限而非随机选择的样本，因此估计结果可能有偏，进而导致估计结果难以完全反映整体的真实情况。这一问题的产生在于在进行问卷调查过程中难以安全随机地选择家庭用户，还有部分样本可能并没有"被看见"，即存在样本选择偏误问题。例如，研究受教育程度对女性工资的影响时，只能观测到参与工作的女性的受教育程度，而不能观测到未参与工作的女性的受教育程度，因为女性是否参与工作与市场工资、年龄以及生育孩子等因素相关，它并非一个外生且随机的过程，这就导致估计样本有偏。

Heckman（1976）在研究样本选择问题时，提出了相应的解决方案：构建可见样本和不可见样本的虚拟变量（可见样本为 1，不可见样本为 0），可见也可以理解为影响选择过程的某些因素。测算可见样本与不可见样本的随机干扰项是否存在相关性，如若存在显著相关性，意味着可能存在某些遗漏变量共同影响样本是否可见，那就存在样本选择偏误问题；如若两者显著不相关，意味着可见样本可足以代替整体情况。于是可以通过 Probit 模型函数估计，构建出可见样本被选择的概率密度分布，即逆米尔斯比率（IMR）。在此基础上，在第二阶段将 IMR 作为一个"控制变量"放入主回归方程，得到修正后的参数，从而消除样本选择偏差。这就是在计量过程中非常通用的 Heckman 两阶段法，具体回归模型如下。

$$\Pr(dcons_{it}=1)=\Phi(\gamma Z_{it})=\beta_0+\beta_1\cdot house\_motiv+\sum\beta_k X_{it}+\lambda_i+\mu_t+\varepsilon_{it} \quad (4.3)$$

$$y_{it}=\beta_0+\beta_1\cdot house\_motiv+\rho\sigma\hat{\lambda}(\gamma Z_{it})+\sum\beta_k X_{it}+\lambda_i+\mu_t+\varepsilon_{it} \quad (4.4)$$

式（4.4）为结果方程，式（4.3）为选择方程，选择方程主要通过引入虚拟变量分析其被选择的概率分布，确认是否存在样本选择偏误。Heckman 两阶段法的第一步是估算现有样本被选择的概率密度函数。由于 CHFS 数据在向社会公布之前已经进行了缺失值初步处理，如若按照消费水平大于 0 赋值为 1 和缺失值赋值为 0 的做法，会出现大量样本均为 1 的情况，从而导致计算过程报错，也使样本选择评估失去意义。因此，在构建 $dcons_{it}$ 等各类消费的虚拟变量时，应通过控制年份和个体效应，计算各类消费的平均值水平，如若该家庭用户某类消费大于平均值水平则赋值为 1，如若小于平均水平则赋值为 0，从而依托 Heckman 两阶段法对家庭样本进行分类估计。从式（4.4）中可以看到，存在一个 $\rho\sigma\hat{\lambda}(\gamma Z_{it})$，只要了解这一部分的整体情况，就可以预判目前的样本是否存在选择偏误问题，因此第一步应计算 $\gamma Z_{it}$ 的概率密度函数，即逆米尔斯比率，第二步则重点关注 $\rho$ 的估值。

Heckman 两阶段法的第二步是估计 $\rho$ 是否显著不为 0。将逆米尔斯比率视作一个"变量"代入式（4.4），测算 $\rho$ 的显著水平。$\rho$ 代表结果方程和选择方程两个干扰项的相关系数。如若 $\rho$ 显著为 0，则意味着选择方程与结果方程的干扰项无关，估计样本不存在选择偏误。如若 $\rho$ 显著不为 0，则意味着选择方程与结果方程的干扰项相关，可能遗漏了影响样本是否可见的关键变量，而这些变量存储在结果方程和选择方程共同的随机干扰项中，即被披露消费水平的样本并不是随机产生的，而是存在随机选择偏误。通过这两个步骤反向验证目前进入回归分析的样本是否存在选择偏误。表 4.13 和表 4.14 清晰展示了各项消费的 $\rho$ 水平。通过 Heckman 两阶段法的验证，家庭金融资产、住房资产、家庭总收入、家庭总人数、风险偏好和租房都对家庭总消费呈现正向显著影响。

表 4.13　购房动机对家庭各类消费的影响分析：Heckman 两阶段法结果（1）

| 变量 | (1)<br>ln 家庭总消费 | (2)<br>ln 食品烟酒消费 | (3)<br>ln 衣着消费 | (4)<br>ln 居住消费 | (5)<br>ln 生活用品及服务消费 |
| --- | --- | --- | --- | --- | --- |
| 购房动机 | −0.249<br>(0.548) | 0.025<br>(0.434) | −1.677**<br>(0.670) | −0.336<br>(0.801) | −0.356<br>(0.878) |

续 表

| 变量 | (1) ln 家庭总消费 | (2) ln 食品烟酒消费 | (3) ln 衣着消费 | (4) ln 居住消费 | (5) ln 生活用品及服务消费 |
|---|---|---|---|---|---|
| ln 金融资产 | 0.126*** | 0.079*** | 0.162*** | 0.062** | 0.161*** |
|  | (0.023) | (0.015) | (0.025) | (0.029) | (0.031) |
| ln 住房资产 | 0.272*** | 0.137*** | 0.213*** | 0.333*** | 0.251*** |
|  | (0.042) | (0.027) | (0.035) | (0.073) | (0.049) |
| 是否有房贷 | 0.130 | 0.002 | 0.184 | 0.497 | 0.065 |
|  | (0.286) | (0.213) | (0.301) | (0.393) | (0.380) |
| ln 总收入 | 0.205*** | 0.102*** | 0.149*** | 0.092*** | 0.146*** |
|  | (0.032) | (0.018) | (0.025) | (0.028) | (0.031) |
| 养老保障人数 | 0.002 | −0.013 | −0.003 | 0.012 | 0.012 |
|  | (0.016) | (0.012) | (0.017) | (0.022) | (0.022) |
| 医疗保障人数 | −0.009 | 0.004 | −0.013 | −0.028 | −0.035 |
|  | (0.019) | (0.014) | (0.021) | (0.026) | (0.026) |
| 健康人数 | −0.025 | 0.010 | 0.026 | 0.015 | 0.040* |
|  | (0.015) | (0.011) | (0.017) | (0.020) | (0.023) |
| 失业人数 | −0.033 | −0.021 | 0.011 | 0.013 | −0.095 |
|  | (0.056) | (0.039) | (0.062) | (0.072) | (0.078) |
| 家庭总人数 | 0.132*** | 0.086*** | 0.082** | 0.081** | 0.091** |
|  | (0.038) | (0.025) | (0.034) | (0.041) | (0.044) |
| 失业占比 | 0.363 | 0.254 | −0.056 | −0.032 | 0.524 |
|  | (0.259) | (0.179) | (0.278) | (0.315) | (0.350) |
| 少年占比 | 0.487 | 0.324 | 0.875** | 0.470 | 0.616 |
|  | (0.372) | (0.273) | (0.395) | (0.511) | (0.496) |

续　表

| 变量 | (1) ln家庭总消费 | (2) ln食品烟酒消费 | (3) ln衣着消费 | (4) ln居住消费 | (5) ln生活用品及服务消费 |
|---|---|---|---|---|---|
| 老年占比 | −0.350* | −0.345** | −0.859*** | 0.001 | −0.682** |
|  | (0.193) | (0.139) | (0.246) | (0.203) | (0.291) |
| 受教育程度 | 0.052*** | 0.024* | 0.072*** | 0.018 | 0.084*** |
|  | (0.020) | (0.014) | (0.021) | (0.026) | (0.027) |
| 城市户口 | 0.062 | 0.148*** | −0.002 | 0.069 | 0.127 |
|  | (0.059) | (0.051) | (0.062) | (0.083) | (0.084) |
| 年龄 | −0.002 | 0.001 | 0.001 | −0.001 | −0.005* |
|  | (0.002) | (0.002) | (0.003) | (0.003) | (0.003) |
| 年龄平方 | 0.000 | −0.000 | 0.000 | 0.000 | 0.000* |
|  | (0.000) | (0.000) | (0.000) | (0.000) | (0.000) |
| 公务员 | 0.032 | −0.067 | −0.016 | 0.237 | 0.021 |
|  | (0.102) | (0.079) | (0.110) | (0.148) | (0.143) |
| 住房公积金 | −0.032 | 0.019 | 0.088 | −0.010 | −0.021 |
|  | (0.110) | (0.083) | (0.119) | (0.149) | (0.152) |
| 偏好风险 | 0.273** | 0.203** | 0.277** | 0.053 | 0.493*** |
|  | (0.112) | (0.082) | (0.120) | (0.154) | (0.159) |
| 租房 | 0.601*** | 0.205*** | 0.194* | 0.210* | 0.192 |
|  | (0.128) | (0.070) | (0.099) | (0.123) | (0.127) |
| 常数项 | 9.325*** | 8.332*** | 5.454*** | 7.263*** | 5.418*** |
|  | (0.076) | (0.126) | (0.314) | (0.165) | (0.195) |
| 个体固定效应 | Yes | Yes | Yes | Yes | Yes |
| 年份固定效应 | Yes | Yes | Yes | Yes | Yes |

续 表

| 变量 | (1) ln家庭总消费 | (2) ln食品烟酒消费 | (3) ln衣着消费 | (4) ln居住消费 | (5) ln生活用品及服务消费 |
|---|---|---|---|---|---|
| $\lambda$ | 1.145*** | 1.129*** | 1.565*** | 2.017*** | 2.042*** |
|  | (0.267) | (0.268) | (0.338) | (0.666) | (0.530) |
| $N$ | 4 666 | 4 574 | 4 038 | 4 512 | 4 320 |
| $R^2$ | 0.283 | 0.335 | 0.189 | 0.259 | 0.267 |

备注：括号内为聚类稳健标准误，* $p<0.05$，** $p<0.01$，*** $p<0.001$ 分别表示在5%、1%和0.1%水平上显著。

表4.14展示了购房动机对家庭交通通信消费、教育文化娱乐消费、医疗保健消费和其他消费的影响水平。

表4.14 购房动机对家庭各类消费的影响分析：Heckman两阶段法结果（2）

| 变量 | (6) ln交通通信消费 | (7) ln教育文化娱乐消费 | (8) ln医疗保健消费 | (9) ln其他消费 |
|---|---|---|---|---|
| 购房动机 | 0.068 | −0.896 | −0.279 | 0.732 |
|  | (0.549) | (1.705) | (0.550) | (0.856) |
| ln金融资产 | 0.127*** | 0.164** | −0.008 | 0.309*** |
|  | (0.021) | (0.081) | (0.013) | (0.040) |
| ln住房资产 | 0.215*** | 0.338** | 0.038 | 0.451*** |
|  | (0.033) | (0.157) | (0.024) | (0.050) |
| 是否有房贷 | 0.205 | −0.192 | 0.200 | 0.218 |
|  | (0.286) | (0.895) | (0.530) | (0.365) |
| ln总收入 | 0.132*** | 0.080 | 0.115 | 0.218*** |
|  | (0.021) | (0.061) | (0.094) | (0.029) |

续表

| 变量 | (6)<br>ln 交通通信消费 | (7)<br>ln 教育文化娱乐消费 | (8)<br>ln 医疗保健消费 | (9)<br>ln 其他消费 |
| --- | --- | --- | --- | --- |
| 养老保障人数 | 0.002 | −0.062 | −0.009 | −0.027 |
|  | (0.016) | (0.059) | (0.015) | (0.023) |
| 医疗保障人数 | −0.014 | 0.003 | 0.028 | −0.031 |
|  | (0.019) | (0.059) | (0.026) | (0.026) |
| 健康人数 | 0.004 | 0.027 | −0.066 | 0.029 |
|  | (0.015) | (0.052) | (0.067) | (0.022) |
| 失业人数 | −0.034 | −0.070 | 0.036 | 0.003 |
|  | (0.056) | (0.192) | (0.045) | (0.086) |
| 家庭总人数 | 0.127*** | 0.111 | 0.064 | 0.010 |
|  | (0.034) | (0.111) | (0.076) | (0.046) |
| 失业占比 | 0.087 | 1.181 | 0.182 | −0.170 |
|  | (0.250) | (1.027) | (0.368) | (0.390) |
| 少年占比 | 0.477 | 0.208 | −0.473 | 1.510*** |
|  | (0.373) | (1.095) | (0.345) | (0.497) |
| 老年占比 | −0.903*** | −2.001* | 0.375 | −1.514*** |
|  | (0.223) | (1.206) | (0.243) | (0.424) |
| 受教育程度 | 0.043** | 0.107 | −0.024 | 0.139*** |
|  | (0.020) | (0.071) | (0.020) | (0.027) |
| 城市户口 | −0.065 | 0.083 | 0.024 | 0.151* |
|  | (0.057) | (0.179) | (0.059) | (0.083) |
| 年龄 | −0.002 | −0.002 | 0.001 | −0.005 |
|  | (0.002) | (0.008) | (0.002) | (0.003) |

续　表

| 变量 | （6）<br>ln 交通通信消费 | （7）<br>ln 教育文化娱乐消费 | （8）<br>ln 医疗保健消费 | （9）<br>ln 其他消费 |
|---|---|---|---|---|
| 年龄平方 | 0.000 | 0.000 | −0.000 | 0.000* |
|  | （0.000） | （0.000） | （0.000） | （0.000） |
| 公务员 | 0.050 | −0.246 | 0.018 | −0.082 |
|  | （0.104） | （0.352） | （0.101） | （0.137） |
| 住房公积金 | 0.021 | −0.404 | −0.002 | 0.166 |
|  | （0.110） | （0.423） | （0.114） | （0.143） |
| 偏好风险 | 0.236** | 0.361 | −0.060 | 0.706*** |
|  | （0.110） | （0.353） | （0.133） | （0.148） |
| 租房 | 0.090 | 0.254 | 0.061 | 0.337*** |
|  | （0.086） | （0.306） | （0.104） | （0.127） |
| 常数项 | 3.146*** | 2.661*** | 4.137*** | 0.239 |
|  | （0.292） | （0.691） | （0.607） | （0.584） |
| 个体固定效应 | Yes | Yes | Yes | Yes |
| 年份固定效应 | Yes | Yes | Yes | Yes |
| $\lambda$ | 1.545*** | 4.197* | 0.304 | 1.746*** |
|  | （0.337） | （2.505） | （1.196） | （0.394） |
| $N$ | 4 584 | 3 354 | 3 587 | 3 458 |
| $R^2$ | 0.312 | 0.236 | 0.257 | 0.362 |

备注：括号内为聚类稳健标准误，* $p<0.05$，** $p<0.01$，*** $p<0.001$ 分别表示在 5%、1% 和 0.1% 水平上显著。

Heckman 两阶段法的估计结果如表 4.13 和表 4.14 所示。其中各列分别对应不同类别的消费，所有回归过程均控制了个体固定效应和年份固定效应。根据两表中的 $\lambda$ 系数，家庭总消费、食品烟酒消费、衣着消费、居住消费、生活用品及服务消费、交通通信消费和其他消费等均在 0.1% 的统计水平上显著，表明披露的各类消费在不同程度上存在样本选择偏误。值得关注的是，主回归中解释变量系数的 $t$ 值都有不同程度的下降，各类消费系数都有显著性水平提高。在修正了样本选择偏差后，实证结果与 PSM-DID 的主要研究结果基本保持一致。即购房动机仍然会显著抑制家庭的衣着消费，并对家庭总消费、居住消费、生活用品及服务消费、教育文化娱乐消费和医疗保健消费有负向影响。值得关注的是，家庭总收入和家庭总人口数对家庭总消费影响显著，家庭老年占比除了对医疗保健消费显著正向影响以外，对其他各类消费（除了居住消费）均为显著负向影响，与前文 PSM-DID 的研究结果基本保持一致，这再次说明老年占比对家庭消费呈现抑制效应。与本书研究相关的住房资产对家庭各类消费（除医疗保健消费以外）均为显著正向影响，其系数绝对值大于家庭净收入对各项消费的影响系数。

## 4.4 传导机制分析

前期研究显示，购房动机主要影响了整体家庭消费、衣着消费以及部分家庭的食品烟酒消费和交通通信消费。为购房而储蓄实际上是一种宽泛意义的预防性储蓄，而储蓄来源于家庭各项收入，因此家庭很有可能增强边际储蓄力度，减少边际消费倾向。另外，当预期未来房产仍将进一步升值时，购房成本将显著上升，家庭可能会持续增强储蓄力度。接下来分别通过中介效应和调节效应来检验购房动机对家庭消费的传导机制。

### 4.4.1 信用卡使用的中介效应检验

Baron 和 Kenny（1986）、江艇（2022）、朱家祥和张文睿（2021）、祝树金和汤超（2020）以及连燕玲等（2019）均采用三阶段回归分析探讨中介效应的存在性。尹志超、仇化和潘学峰（2021）将信用卡的使用作为住房价值发挥信贷效应的主要渠道，这是因为伴随着信用卡和移动电子支付的推广，家庭个体的购物更加便捷，即随着家庭住房资产价格的上升，当家庭认为存在价值效应时，更容易通过信用卡支付获得满足。反过来，当家庭存在购房动机时，是否在信用卡使用过程中更加谨慎？由此，本书尝试将信用卡的使用视作购房动机对家庭消费的中介效应。在式（4.5）、式（4.6）、式（4.7）中，$\mathrm{cons}_{it}$代表各类消费，这一部分主要验证购房动机对家庭衣着消费的中介效应，$M$代表家庭使用信用卡的中介变量，$X_{it}$为控制变量，具体验证步骤如式（4.5）、式（4.6）、式（4.7）所示。

$$\ln\mathrm{cons}_{it} = \alpha_0 + \alpha_1 house\_motiv_{it} + \alpha_2 X_{it} + \lambda_i + \mu_t + \varepsilon_{yit} \quad (4.5)$$

$$M = \beta_0 + \beta_1 house\_motiv_{it} + \beta_2 X_{it} + \lambda_m + \mu_t + \varepsilon_{mit} \quad (4.6)$$

$$\ln\mathrm{cons}_{it} = \gamma_0 + \gamma_1 house\_motiv_{it} + \gamma_2 M + \gamma_3 X_{it} + \lambda_i + \mu_t + \varepsilon_{ymit} \quad (4.7)$$

式（4.5）是主回归，式（4.6）是选定的中介变量，式（4.7）是加入中介变量后的回归方程。中介效应存在需要满足以下两个基本条件：式（4.5）中的$\alpha_1$显著，式（4.6）中的$\beta_1$显著，式（4.7）中的$\gamma_2$显著。当$\gamma_1$不显著时，则为完全中介效应；当$\gamma_1$显著并且其作用小于$\alpha_1$时，则为部分中介效应。

使用 2017 年的数据进行测算，以问卷中编号为 E2002 的问题"您家是否使用信用卡？未激活的信用卡不包括在内"作为信用卡使用的测度。对这一变量的基本统计分析显示，"未选择"（此题未作答）的样本量占比为 0.55%；选"1"（使用信用卡）的样本量占比为 19.58%，样本量为 7 833；选"2"（不使用信用卡）的样本量占比为 79.88%，样本量为 31 959。完成基本处理后进行中介效应检验，结果如表 4.15 所示。

表 4.15　机制检验：2017 年信用卡使用对家庭衣着消费的影响

| 变　量 | (5) | (6) | (7) |
| --- | --- | --- | --- |
|  | ln（衣着消费） | 信用卡使用 | ln（衣着消费） |
| 购房动机 | −1.366*** | −0.143*** | −1.396*** |
|  | (0.385) | (0.136) | (0.381) |

续 表

| 变量 | (5) ln（衣着消费） | (6) 信用卡使用 | (7) ln（衣着消费） |
|---|---|---|---|
| 信用卡使用 |  |  | 0.329*** |
|  |  |  | (0.034) |

备注：括号内为聚类稳健标准误，* $p<0.05$，** $p<0.01$，*** $p<0.001$ 分别表示在5%、1% 和 0.1% 水平上显著。

式（4.5）、式（4.6）、式（4.7）中的系数都在1%的水平上显著，并且式（4.7）中购房动机的系数略小于式（4.5）中的系数，证明购房动机可以通过信用卡使用来影响衣着消费，存在部分中介效应。信用卡使用对家庭衣着消费呈现显著正向影响，通过逐步回归发现可能存在的问题是漏掉了一些中介变量，采用 Sobel Test 进行验证确实存在部分中介效应，其中信用卡使用带来的中介效应占整体效应的14.60%，即购房动机对家庭消费的影响中有将近15%是由信用卡使用进行传导的。为了深入探讨信用卡使用在这一传导过程中所发挥的作用，还将进一步分析存在购房动机对各个家庭信用卡使用程度的影响，包括是否使用信用卡分期付款、信用卡分期购物类别、信用卡分期金额等。通过多维度剖析信用卡使用，了解信用卡使用的中介效应发挥途径，结果如表4.16所示。

表4.16　机制检验：2017年购房动机与信用卡使用程度

| 变量 | 是否使用信用卡分期付款 | 信用卡分期购物类别 | 信用卡分期金额 | 信用卡负债总额 |
|---|---|---|---|---|
| 购房动机 | −0.155* | 0.006** | −0.035 | −7.112*** |
|  | (0.899) | (0.002) | (0.098) | (1.010) |
| 控制变量 | Yes | Yes | Yes | Yes |
| N | 4 666 | 4 666 | 4 666 | 347 |

备注：括号内为聚类稳健标准误，* $p<0.05$，** $p<0.01$，*** $p<0.001$ 分别表示在5%、1% 和 0.1% 水平上显著。

参考黄玖立和冯志艳（2017）以及尹志超、仇化、潘学峰（2021）的做法，当被解释变量为截取数据时，尽管CHFS数据库提供了相对完善的观测样本，但由于某些观测数据被压缩在一个点上，呈现归并数据的截断特征，被解释变量的概率分布会变成由一个离散点与一个连续分布组成的"联合分布"，这时如果采用OLS估计可能导致有偏，无法得到一致性估计。根据各个被解释变量在基本处理后的均值水平进行归类，采用Tobit模型可以有效解决这一问题。

进一步分析购房动机对信用卡使用程度的影响。其将抑制使用信用卡进行分期的水平，会显著降低信用卡负债总额水平。整体而言，家庭存在购房动机时，主要通过减少信用卡使用频率和负债总额来减少家庭衣着消费。在信用卡分期购物类别中，购房动机会显著提升刷卡购房这一支出，呈现1%水平上的正向相关关系。

### 4.4.2 房价预期的调节效应检验

进一步分析2017年购房动机对信用卡使用程度的影响，房价预期将增强购房动机对家庭衣着消费的负向影响，而信用卡分期购物类别将减弱购房动机对衣着消费的正向影响。预期房价增速越快，购房动机对消费的挤出效应越强。分析结果如表4.17所示。

表4.17 机制检验：房价预期的调节效应检验

| 变量 | ln（衣着消费） | ln（交通通信消费） |
|---|---|---|
| 购房动机 | −1.366*** | 0.434 |
|  | (0.386) | (0.474) |
| 购房动机 × 房价预期 | 0.013* | 0.433 |
|  | (0.154) | (0.341) |
| 购房动机 × 信用卡购物类别 | −0.075* | 0.010 |
|  | (0.186) | (0.194) |
| 控制变量 | Yes | Yes |

续 表

| 变 量 | ln（衣着消费） | ln（交通通信消费） |
|---|---|---|
| $N$ | 4 038 | 4 584 |

备注：括号内为聚类稳健标准误，$^* p<0.05$，$^{**} p<0.01$，$^{***} p<0.001$ 分别表示在5%、1%和0.1%水平上显著。

## 4.5 异质性影响分析

不同类型的家庭存在不同的平均消费倾向和边际消费倾向，因此在购房动机的冲击下，可能存在消费特征异质性。本节首先根据各个家庭所在省（自治区、直辖市）纳入东、中、西部三个地区进行分类检验；其次将样本按照户籍划分为城镇户籍和农村户籍进行分析，其中户籍主要指户主的户籍；最后根据家庭收入水平将家庭划分为高收入、中高收入、中低收入、低收入四类家庭进行对比分析。

### 4.5.1 东、中、西部地区家庭

结合国家统计局对我国东、中、西以及东北地区的划分，以及董敏杰等（2015）关于东、中、西部的分类研究，本书将辽宁省、河北省、北京市、天津市、山东省、江苏省、浙江省、上海市、福建省、广东省、海南省11个省市划分为东部地区，将黑龙江省、吉林省、山西省、河南省、湖北省、湖南省、安徽省、江西省8个省份划分为中部地区，将内蒙古自治区、宁夏回族自治区、陕西省、甘肃省、青海省、四川省、重庆市、广西壮族自治区、贵州省、云南省10个省（自治区、直辖市）划分为西部地区。其中西藏自治区、新疆维吾尔自治区、台湾地区、香港特别行政区和澳门特别行政区5个地区数据缺失。东部地区的家庭数据样本量为20 074个，占比51.80%；中部地区的家庭数据样本量为10 407个，占比26.86%；西部地区的家庭数据样本量为8 271个，占比21.34%。按地区划分家庭可以更好地了解购房动机对不同地区家庭消费的异质性影响，结果如表4.18所示。购房动机会对东部

地区家庭总消费和衣着消费呈现抑制效应，主要挤出了中部地区家庭的衣着消费，并对西部地区家庭的生活用品及服务消费具有促进作用。整体而言，购房动机对东部地区和中部地区家庭消费的抑制效应较明显，对西部地区家庭的影响不明显。

表4.18 购房动机对不同地区家庭各类消费的影响分析

| 变量 | 东部地区家庭 | 中部地区家庭 | 西部地区家庭 |
| --- | --- | --- | --- |
| ln 总消费 | −0.292** | −0.275 | 0.155 |
|  | （0.381） | （0.309） | （0.479） |
| ln 食品烟酒消费 | 0.156 | −0.020 | 0.935 |
|  | （0.407） | （0.323） | （0.501） |
| ln 衣着消费 | −1.465** | −1.695** | −0.479 |
|  | （0.660） | （0.535） | （1.023） |
| ln 居住消费 | −0.442 | −0.622 | 0.782 |
|  | （0.765） | （0.571） | （0.804） |
| ln 生活用品及服务消费 | −1.219 | 0.388 | 1.913** |
|  | （0.677） | （0.692） | （0.849） |
| ln 交通通信消费 | 0.766 | 0.682 | −0.712 |
|  | （0.590） | （0.508） | （0.749） |
| ln 教育文化娱乐消费 | 0.027 | −1.304 | 0.000 |
|  | （1.060） | （0.906） | （.） |
| ln 医疗保健消费 | −1.716 | 0.271 | −0.290 |
|  | （0.902） | （1.086） | （1.119） |
| ln 其他消费 | 0.681 | −1.130 | 0.000 |
|  | （0.966） | （1.376） | （.） |
| $N$ | 20 074 | 10 407 | 8 271 |
| $R^2$ | 0.237 | 0.342 | 0.351 |

备注：括号内为聚类稳健标准误，* $p<0.05$，** $p<0.01$，*** $p<0.001$ 分别表示在5%、1%和0.1%水平上显著。

### 4.5.2 农村户籍家庭与城镇户籍家庭

表 4.19 展示的是不同户籍家庭购房动机对各类消费的影响分析。第 1 列为被解释变量，购房动机是解释变量。结果显示，从系数来看，购房动机对农村户籍家庭和城镇户籍家庭各类消费的影响以抑制效应为主，尤其是城镇户籍家庭，其购房动机对衣着消费和居住消费分别在 1% 和 5% 的水平上显著。购房动机对城镇户籍家庭的居住消费产生了挤出效应。可能的原因是当城镇户籍家庭有购房动机时，其对应的购房支出相较于家庭其他消费支出属于家庭大笔支出。一方面，城镇家庭可能依托原有家庭提供的住房满足过渡需求，从而减少外出租房和各类与住房相关的消费；另一方面，城镇家庭会对居住消费支出更敏感，尤其是水电、煤气、空调等各项费用，从而有意识地缩减这类支出。除居住消费以外，购房动机对衣着消费也具有显著的负向影响，这主要是因为衣着消费的需求弹性较大，不同于食品烟酒消费和其他生活必需品消费。另外，医疗保健消费这一指标对于不同户籍家庭差异不明显。

表 4.19 购房动机对不同户籍家庭各类消费的影响分析

| 变量 | 城镇户籍 | 农村户籍 |
| --- | --- | --- |
| ln 总消费 | −0.477 | −0.015 |
|  | (0.335) | (0.274) |
| ln 食品烟酒消费 | −0.071 | 0.450 |
|  | (0.313) | (0.308) |
| ln 衣着消费 | −1.546** | −1.164 |
|  | (0.496) | (0.655) |
| ln 居住消费 | −1.169* | 0.749 |
|  | (0.534) | (0.563) |
| ln 生活用品及服务消费 | −0.295 | 0.476 |
|  | (0.682) | (0.529) |

续 表

| 变量 | 城镇户籍 | 农村户籍 |
|---|---|---|
| ln 交通通信消费 | 0.239 | 0.524 |
|  | (0.489) | (0.471) |
| ln 教育文化娱乐消费 | −0.035 | −1.053 |
|  | (1.115) | (0.896) |
| ln 医疗保健消费 | −0.007 | −1.378 |
|  | (0.877) | (0.786) |
| ln 其他消费 | −0.262 | 1.060 |
|  | (0.980) | (1.330) |
| $N$ | 14 549 | 25 462 |
| $R^2$ | 0.371 | 0.285 |

备注：括号内为聚类稳健标准误，* $p<0.05$，** $p<0.01$，*** $p<0.001$ 分别表示在5%、1%和0.1%水平上显著。

### 4.5.3 不同收入水平家庭

按照甘犁等（2018）的做法，将家庭收入按照排序前20%、中间60%、最后20%，分为高收入、中收入和低收入家庭，本书为进一步分析购房动机对不同收入水平家庭的影响，将家庭总收入按照分布人数的前25%、前50%、前75%和后25%划分为低收入、中低收入、中高收入和高收入4个收入等级，将总样本40 011分为4个部分，其中年收入低于23 328.4元的为低收入，处于23 328.4元至57 910元区间的为中低收入，处于57 910元至108 600元区间的为中高收入，大于108 600元的为高收入。根据表4.20所示的结果，购房动机会对家庭总消费产生负向影响。值得关注的是，购房动机对各个收入阶层的衣着消费的基础效应最明显，其中对中高收入家庭影响最显著，对高收入家庭影响较大，对中低收入家庭影响在1%的水平上显著。除此以外，购房动机还会增加中低收入家庭的交通通信消费支出，可能的原因是当存在购房动机时，家庭会增加当年查看房源和了解房屋装修风格的概率。与前期研究主要成果基本保持一致。

表 4.20　购房动机对不同收入水平家庭影响分析

| 变量 | 低收入 | 中低收入 | 中高收入 | 高收入 |
| --- | --- | --- | --- | --- |
| ln 总消费 | −0.053 | −0.382 | −0.132 | −0.154 |
|  | (0.700) | (0.275) | (0.608) | (0.388) |
| ln 食品烟酒消费 | 2.146** | −0.543 | 0.092 | −0.154 |
|  | (0.813) | (0.309) | (0.684) | (0.388) |
| ln 衣着消费 | 0.000 | −1.232** | −1.408*** | −1.795** |
|  | (.) | (0.464) | (0.387) | (0.663) |
| ln 居住消费 | 0.520 | −0.132 | 0.127 | −0.738 |
|  | (1.036) | (0.608) | (1.096) | (0.669) |
| ln 生活用品及服务消费 | 1.905 | −0.202 | −0.670 | 0.322 |
|  | (1.193) | (0.643) | (1.137) | (0.698) |
| ln 交通通信消费 | −2.143 | 1.271** | −1.016 | 0.376 |
|  | (1.111) | (0.503) | (1.020) | (0.567) |
| ln 教育文化娱乐消费 | 0.000 | −1.515 | −1.253 | 0.263 |
|  | (.) | (1.151) | (1.884) | (0.995) |
| ln 医疗保健消费 | −0.853 | −0.426 | −1.200 | −2.521 |
|  | (1.605) | (0.762) | (1.551) | (1.554) |
| ln 其他消费 | 0.000 | 0.177 | 0.402 | −0.215 |
|  | (.) | (0.783) | (1.323) | (0.948) |
| $N$ | 231 | 405 | 601 | 1366 |
| $R^2$ | 0.189 | 0.234 | 0.361 | 0.178 |

备注：括号内为聚类稳健标准误，* $p<0.05$，** $p<0.01$，*** $p<0.001$ 分别表示在5%、1%和0.1%水平上显著。

## 4.6 本章小结

本章首先系统梳理了家庭消费的主要类别，将家庭消费分为食品烟酒消费、衣着消费、居住消费、生活用品及服务消费、交通通信消费、教育文化娱乐消费、医疗保健消费以及其他消费八大类。为详细探究购房动机对各个消费类别的影响，并未将消费进一步合并和归类。事实上，根据家庭消费的一般规律，其中食品烟酒、衣着、居住、生活用品及服务可被视为生存类消费；医疗保健、交通通信可被视为发展类消费；教育文化娱乐和其他消费可被视为享受类消费。本章基于2017年和2019年的数据，分别采用PSM-DID以及Heckman两阶段法进行相应的实证分析，得到的主要结论如下：购房动机在短期内主要通过抑制家庭的衣着消费来影响家庭总消费水平。根据测算，信用卡使用可以解释约15%的整体效应：家庭在存在购房动机的情况下，会减少信用卡负债总额来约束自身的衣着消费支出。在相对长的时间内，购房动机主要抑制家庭的总消费、食品烟酒消费、教育文化娱乐消费和其他消费（含跨境电商和奢侈品消费等）。

值得关注的是，短期内存在购房动机的家庭部门中，老年占比对家庭各类消费（除居住消费影响不显著，与医疗保健消费显著正相关以外）均呈现显著负向影响。从长期来看，具有购房动机的家庭部门中老年占比对总消费呈现显著抑制效应，主要通过降低食品烟酒消费、衣着消费和交通通信消费等降低消费水平。偏好风险的家庭在短期内对家庭各项消费具有显著正向影响（除居住消费和医疗保健消费以外），这实际上反映出风险偏好的家庭对未来预期更加乐观，在长期内呈现出对生活用品及服务消费、教育文化娱乐消费的促进作用，从而形成对家庭总消费的正向影响。

另外，租房家庭短期内尽管存在购房动机，但对各项消费除交通通信消费、教育文化娱乐消费以及医疗保健消费影响不显著以外，对其他各类消费均有显著促进作用。在长期，其主要通过推动教育文化娱乐消费对家庭总消费产生正向影响。家庭受访者的受教育程度、是否有公积金都可能增强或削弱购房动机对各类消费的影响。

　　由此可见，家庭存在购房动机时，会通过减少信用卡分期金额和信用卡负债总额等途径减少家庭衣着消费，但对其他类别消费影响不显著。购房动机对不同地区、不同收入水平以及不同户籍家庭都呈现出截然不同的异质性影响。

# 5 住房价值效应对家庭消费的影响分析

## 5.1 研究背景

### 5.1.1 问题提出

家庭会在是否购买住房和进行一般消费中进行选择。购买住房实际上是一种大额长期家庭消费,但这一消费将形成家庭主要资产来源,除了在购买住房初期对其他消费产生挤占效应以外,其还将成为后期消费的财富支撑。根据相关文献,住房价值主要通过房价升值所带来的"财富幻觉"和"信贷效应"实现。房奴效应主要指由于要承担银行住房贷款,因此需进行有目的性的储蓄以支付月供,从而对家庭各项消费形成挤出效应。在房价持续上升的部分地区,单套房家庭可能期望多购置一套房满足家庭未来财富增长预期。以劳动性报酬收入为主的家庭将进行预防性储蓄以获得购买第二套房的首付款,并承担后续的每月住房贷款,从而形成对家庭消费的持续挤出。对于拥有多套房的家庭而言,其并不会面临相对持久的信贷约束。在房价波动的过程中,可以较完整地检测出住房价值效应对家庭消费的传导机制。

上一章分析了购房动机对家庭消费的影响程度及主要影响渠道。本章将重点分析购买住房是否会促进除住房以外的其他类别消费的增长,即是否会发挥住房价值效应,以及在信贷约束下,住房价值效应是否被削弱,并且探究住房价值效应发生作用的基本传导机制和对不同类型家庭的异质性影响等。

### 5.1.2 理论推理

借鉴 Favilukis 等（2017）模型，将家庭消费和拥有住房资产两种选择纳入统一的分析框架下，来构建家庭在信贷约束下的效用最大化决策模式，并进一步考察不同信贷约束对家庭的异质性影响。如果将拥有房产作为家庭重大消费类型，它与其他家庭消费类别就是典型的"此消彼长"关系，即购买住房可能会挤出其他消费。从另一个层面看，拥有房产后，房产会成为家庭资产的主要构成部分，当房价处于上升区间，在资产出售或者信贷抵押过程中，家庭将获得更高的资产回报和抵押额度，有利于家庭放松信贷约束，推动家庭资产的约束边界线不断外扩，从而对家庭其他类别消费产生推动效应。从宏观层面上看，家庭在决策过程中所面临的信贷约束、住房贷款与住房资产的比重都将影响家庭整体消费水平。从微观层面上看，消费者的谨慎和缺乏耐心会被纳入模型，谨慎就会储蓄更多，而缺乏耐心则会消费更多，这两种心态转换的关键在于目标财富水平和实际财富水平之间的差距。

具体的理论推导过程如下：假设经济中存在一部分可以无限期持续的家庭，他们在低贴现率和无信贷约束等条件下，可以自由灵活地进行跨期消费选择，并期望通过消费和持有耐用品使其在一生中实现效用最大化。家庭在第 $t$ 期的期望效用可以表示为

$$\max E_0 \sum_{t=0}^{\infty} \beta^t (\log c_{it} + j \log h_{it}) \tag{5.1}$$

式中：$c_{it}$ 代表家庭 $i$ 在第 $t$ 期的消费总额；$h_{it}$ 代表家庭 $i$ 在第 $t$ 期持有的耐用品价值，即持有住房资产总价值；$\beta^t$ 为时间贴现因子，家庭期待在消费和持有资产的一生中实现收益最大化。

在 $t$ 时刻家庭 $i$ 面临的预算约束如式（5.2）所示，其中 $\delta$ 代表折旧率。$R_t$ 表示家庭偿付贷款的利率。如果 $b_{it}$ 为正，则代表家庭借款额；如果 $b_{it}$ 为负，则代表家庭所持有的各项金融资产总值。$y_{it}$ 表示家庭收入。式（5.2）最

右侧的 $(b_{it}-b_i)^2$ 代表家庭债务规模偏离其意愿水平时的调整成本，表明一般家庭愿意保持稳定负债水平。$m_{it}$ 为贷款价值比，反映的是房产价值既定的情况下家庭借款额的上限。

$$c_{it}+h_{it}-(1-\delta)h_{it-1}+R_{t-1}b_{it-1}=y_{it}+b_{it}-\phi(b_{it}-b_i)^2 \quad (5.2)$$

$$b_{it} \leqslant m_{it}h_{it} \quad (5.3)$$

根据效用函数和约束条件，构建拉格朗日方程：

$$L=\log c_{it}+j\log h_{it}+\lambda\left(c_{it}+h_{it}-(1-\delta)h_{it-1}+R_{t-1}b_{it-1}-y_{it}-b_{it}+\phi(b_{it}-b_i)^2\right) \quad (5.4)$$

最优化条件需要满足以下三个要求。

（1）对 $c$ 求导并令式子等于 0：

$$\frac{1}{c_{it}}+\lambda=0 \quad (5.5)$$

（2）对 $b$ 求导并令式子等于 0：

$$\lambda(R_{t-1}-1)-2\phi(b_{it}-b_i)=0 \quad (5.6)$$

（3）对 $h$ 求导并令式子等于 0：

$$\frac{j}{h_{it}}+\lambda(1-(1-\delta))=0 \quad (5.7)$$

求解过程如下。

将式（5.5）变形为 $\lambda=-\dfrac{1}{c_{it}}$ 并代入式（5.6）：

$$-\frac{1}{c_{it}}(R_{t-1}-1)-2\phi(b_{it}-b_i)=0 \quad (5.8)$$

等号两边同时乘以 $-1$：

$$\frac{1}{c_{it}}(R_{t-1}-1)+2\phi(b_{it}-b_i)=0 \quad (5.9)$$

利用乘法分配律：

$$\frac{1}{c_{it}}R_{t-1} - \frac{1}{c_{it}} + 2\phi(b_{it} - b_i) = 0 \qquad (5.10)$$

移项到右边：

$$\frac{1}{c_{it}}R_{t-1} = \frac{1}{c_{it}} - 2\phi(b_{it} - b_i) \qquad (5.11)$$

利用以下公式：

$$\frac{c_{it+1}}{\beta} = c_{it} \qquad (5.12)$$

将未来消费折现到现在：

$$\frac{1}{\frac{c_{it+1}}{\beta}}R_{t-1} = \frac{1}{c_{it}} - 2\phi(b_{it} - b_i) \qquad (5.13)$$

除以一个数等于乘以它的倒数：

$$\frac{\beta}{c_{it+1}}R_{t-1} = \frac{1}{c_{it}} - 2\phi(b_{it} - b_i) \qquad (5.14)$$

等号两边互换位置：

$$\frac{1}{c_{it}} - 2\phi(b_{it} - b_i) = \frac{\beta}{c_{it+1}}R_{t-1} \qquad (5.15)$$

对现在的利率预期取决于过去，$E_t(R_t) = R_{t-1}$，常数放到期望符号内，可得欧拉方程第一条：

$$\frac{1}{c_{it}} - 2\phi(b_{it} - b_i) = E_t\left(\frac{\beta}{c_{it+1}}R_t\right) \qquad (5.16)$$

将式（5.5）变形为 $\lambda = -\frac{1}{c_{it}}$ 并代入式（5.7）：

$$\frac{j}{h_{it}} - \frac{1}{c_{it}}(1-(1-\delta)) = 0 \qquad (5.17)$$

移项：

$$\frac{j}{h_{it}} = \frac{1}{c_{it}}(1-(1-\delta)) \qquad (5.18)$$

利用乘法分配律：

$$\frac{j}{h_{it}} = \frac{1}{c_{it}} - \frac{1}{c_{it}}(1-\delta) \qquad (5.19)$$

移项：

$$\frac{j}{h_{it}} + \frac{1}{c_{it}}(1-\delta) = \frac{1}{c_{it}} \qquad (5.20)$$

等号两边互换位置：

$$\frac{1}{c_{it}} = \frac{j}{h_{it}} + \frac{1}{c_{it}}(1-\delta) \qquad (5.21)$$

利用以下公式：

$$\frac{c_{it+1}}{\beta} = c_{it} \qquad (5.22)$$

将未来消费折现到现在：

$$\frac{1}{c_{it}} = \frac{j}{h_{it}} + \frac{1}{\frac{c_{it+1}}{\beta}}(1-\delta) \qquad (5.23)$$

除以一个数等于乘以它的倒数：

$$\frac{1}{c_{it}} = \frac{j}{h_{it}} + \beta \frac{1}{c_{it+1}}(1-\delta) \qquad (5.24)$$

## 5 住房价值效应对家庭消费的影响分析

由此取期望,常数可以放到期望符号内,得欧拉方程第二条:

$$\frac{1}{c_{it}} = \frac{j}{h_{it}} + \beta E_t (\frac{1-\delta}{c_{it+1}}) \tag{5.25}$$

以此类推,对于无法无限延续即受到相对严格借贷约束的家庭(可视为缺乏耐心的家庭),推导过程如下。

目标函数为

$$\max E_0 \sum_{t=0}^{\infty} \gamma^t (\log c_{it} + j \log h_{it}) \tag{5.26}$$

预算约束为

$$c_{it} + h_{it} - (1-\delta)h_{it-1} + R_{t-1}b_{it-1} = y_{it} + b_{it} \tag{5.27}$$

借贷约束为

$$b_{it} \leq m_t h_{it} \tag{5.28}$$

据此建立拉格朗日方程:

$$L = \log c_{it} + j \log h_{it} + \mu(c_{it} + h_{it} - (1-\delta)h_{it-1} + R_{t-1}b_{it-1} - y_{it} - b_{it})$$

$$-\lambda(b_{it} - m_t h_{it}) \tag{5.29}$$

最优化条件需要满足以下三个要求。

(1)对 $c$ 求导并令式子等于 0:

$$\frac{1}{c_{it}} + \mu = 0 \tag{5.30}$$

(2)对 $b$ 求导并令式子等于 0:

$$\mu(R_{t-1} - 1) - \lambda = 0 \tag{5.31}$$

(3)对 $h$ 求导并令式子等于 0:

$$\frac{j}{h_{it}} + \mu(1-(1-\delta)) + \lambda m_t = 0 \tag{5.32}$$

求解过程如下。

将式（5.30）变形为 $\mu = -\dfrac{1}{c_{it}}$ 并代入式（5.31）：

$$-\frac{1}{c_{it}}(R_{t-1} - 1) - \lambda = 0 \qquad (5.33)$$

移项：

$$-\frac{1}{c_{it}}(R_{t-1} - 1) = \lambda \qquad (5.34)$$

等号两边同时乘以 $-1$：

$$\frac{1}{c_{it}}(R_{t-1} - 1) = -\lambda \qquad (5.35)$$

利用乘法分配律：

$$\frac{R_{t-1}}{c_{it}} - \frac{1}{c_{it}} = -\lambda \qquad (5.36)$$

移项：

$$\frac{R_{t-1}}{c_{it}} + \lambda = \frac{1}{c_{it}} \qquad (5.37)$$

用以下公式：

$$\frac{c_{it+1}}{\lambda} = c_{it} \qquad (5.38)$$

将未来消费折现到现在：

$$\frac{1}{c_{it}} = \frac{R_{t-1}}{\dfrac{c_{it+1}}{\gamma}} + \lambda \qquad (5.39)$$

除以一个数等于乘以它的倒数：

$$\frac{1}{c_{it}} = \gamma \frac{R_{t-1}}{c_{it+1}} + \lambda \qquad (5.40)$$

对现在的利率预期取决于过去，$E_t(R_t) = R_{t-1}$，常数放到期望符号内，可

## 5 住房价值效应对家庭消费的影响分析

得欧拉方程第一条：

$$\frac{1}{c_{it}} = E_t(\frac{\gamma}{c_{it+1}} R_t) + \lambda \quad (5.41)$$

将式（5.30）变形为 $\mu = -\frac{1}{c_{it}}$ 并代入式（5.32）：

$$\frac{j}{h_{it}} - \frac{1}{c_{it}}(1-(1-\delta)) + \lambda m_t = 0 \quad (5.42)$$

利用乘法分配律：

$$\frac{j}{h_{it}} - \frac{1}{c_{it}} + \frac{1}{c_{it}}(1-\delta) + \lambda m_t = 0 \quad (5.43)$$

移项：

$$\frac{j}{h_{it}} + \frac{1}{c_{it}}(1-\delta) + \lambda m_t = \frac{1}{c_{it}} \quad (5.44)$$

等号两边互换位置：

$$\frac{1}{c_{it}} = \frac{j}{h_{it}} + \frac{1}{c_{it}}(1-\delta) + \lambda m_t \quad (5.45)$$

利用以下公式：

$$\frac{c_{it+1}}{\lambda} = c_{it} \quad (5.46)$$

将未来消费折现到现在：

$$\frac{1}{c_{it}} = \frac{j}{h_{it}} + \frac{1}{\frac{c_{it+1}}{\gamma}}(1-\delta) + \lambda m_t \quad (5.47)$$

除以一个数等于乘以它的倒数：

$$\frac{1}{c_{it}} = \frac{j}{h_{it}} + \gamma \frac{1}{c_{it+1}}(1-\delta) + \lambda m_t \quad (5.48)$$

由此取期望，常数可以放到期望符号内，得欧拉方程第二条：

$$\frac{1}{c_{it}} = \frac{j}{h_{it}} + \gamma E_t \left(\frac{1-\delta}{c_{it+1}}\right) + \lambda m_t \tag{5.49}$$

对比式（5.25）和式（5.49），对于受借贷约束的家庭消费而言，当存在低贴现率时，其消费水平将通过借贷达到不受借贷约束家庭的稳态消费水平。换言之，只要 $\gamma < \beta$，在借贷约束中的 $\lambda$ 值将显著正向影响受借贷约束家庭消费水平的倒数。通过理论模型分析可以了解到：家庭消费水平除了与住房资产比重有关，还与住房价值 $h_{it}$（含房价与住房面积）、住房借贷比例 $m_t$ 也有直接关系。

本章一方面探究了住房价值对家庭消费的具体影响，以确认是否存在住房价值效应；另一方面将信贷效应引入具体分析框架。住房信贷制度为家庭购买住房资产提供了长期贷款的可能，而消费信贷过程中以住房资产为优质抵押品的信贷体系又为兑现住房价值提供了可能。与此同时，支付较长生命周期内的住房贷款成本，在一定程度上制约了家庭消费增长。以往大量研究对住房价值效应是否存在以及发挥作用的渠道进行了深入研究，但并未得到统一的答案。本书尝试从家庭微观视角，将信贷约束作为一个调节变量，探究其对住房价值效应的影响程度和作用渠道，从而构建起一个适应我国家庭基本决策模式（在消费和购房中决策）的分析框架。

### 5.1.3 基本假设

从消费的视角来看，购买住房作为家庭的大额支出，不同于一般的小额消费。除了直接增加与住房相关的物业费用、煤气水电消费以外，购买住房需要在较长生命周期内支付住房抵押贷款，还会对家庭其他消费形成显著的长期影响，因此提出假设1。

假设1：购买住房资产将挤出部分家庭消费。

从财富的视角来看，家庭在购买住房后将获得住房资产，在房价上升周期内家庭成员会感觉资产增值，从而有利于促进家庭消费增长。除了出租和出售房产所带来的已兑现的价值以外，购买住房还会带来未兑现的财富幻觉。Stiglitz（2015）指出家庭住房债务等借贷行为会使居民对家庭财富变化的感知更敏感，而这种感知到的虚拟财富变化会影响居民的消费决策。陈杰和吴义东（2019）指出房价上涨与预期住房利好会给房主带来"财富幻觉"。王岳龙等（2023）进一步指出，升值预期有利于家庭消费正向效应的发挥，并且这种过度预期会强化住房价值效应，即家庭在房价升值预期下，认为自身住房价值将持续增长，这一"财富幻觉"有利于增强住房价值对家庭各类消费的促进作用。本章主要探究在家庭购买住房后，房价上升带来的价值效应是否存在，是否能刺激消费增长。因此提出假设2。

假设2：住房价值效应将促进部分家庭消费。

家庭之所以在消费和购置房产中进行选择，关键在于其受到了信贷约束。根据生命周期-持久收入假说，预期内的收入增加不会影响消费，家庭可以通过信贷市场预支将要增加的收入，从而平滑跨期消费。消费对预期增加的收入过度敏感，则表明家庭受到了信贷约束。Zeldes（1989a）研究发现偿还汽车贷款使家庭受到了信贷约束，识别这一影响机制的方式是观察受信贷约束程度不同的家庭对预期增加收入的反应程度。基于收入与贷款的关系，Johnson与Geng(2010)采用房贷收入比来衡量家庭受到的信贷约束程度。这一比值越高，意味着家庭偿债压力越大，进一步获得借贷的可能性越小，即意味着一般家庭越难通过信贷渠道获得有利于消费扩张的资金支持。对于不受严格信贷约束的家庭而言，家庭消费会逐步趋向于"餍足效应"下的稳态水平（徐建国 等，2016）。据此提出假设3。

假设3：家庭信贷约束将抑制住房价值效应的发挥。

## 5.2 研究设计

### 5.2.1 数据来源与筛选说明

运用2015年、2017年和2019年的CHFS面板数据来验证这3个假设。其中2015年、2017年、2019年分别采集有效样本量37 289户、40 011户、

34 691 户，保留 3 期当中都接受访谈的家庭样本，共计 12 638 户，总样本量 37 914 户。为了清晰地了解负债购房对家庭消费影响程度的具体变化，仍然根据国家统计局的基本分类及数据库提供的基本信息，将家庭消费分为食品烟酒消费、衣着消费、居住消费、生活用品及服务消费、交通通信消费、教育文化娱乐消费、医疗保健消费和其他消费。它们共同构成家庭总消费。为消除量纲影响，所有金额在取自然对数后参与实证分析。根据各类消费对家庭发展的作用和功能，按照李江一（2018）、尹志超等（2021）的做法，将食品烟酒消费、衣着消费、交通通信消费、生活用品及服务消费视为家庭的生存型消费，将居住消费、医疗保健消费视为家庭的发展型消费，将教育文化娱乐消费和其他消费视为享受型消费。

### 5.2.2 实证模型与变量设定

构建以下实证模型，分析住房价值对家庭消费的影响。

$$total\_cons_{it} = \alpha_0 + \alpha_1 h\_wealth_{it} + \alpha_2 X_{it} + \lambda_i + \mu_t + \varepsilon_{it} \tag{5.50}$$

式中：$total\_cons_{it}$ 代表家庭 $i$ 在第 $t$ 期的整体消费水平；$h\_wealth_{it}$ 代表家庭 $i$ 在第 $t$ 期的住房价值；$X_{it}$ 为系列控制变量；$\lambda_i$ 代表个体固定效应；$\mu_t$ 代表年份固定效应；$\varepsilon_{it}$ 为随机误差项。将其他各类消费变量依次代入式（5.50），检验在哪一类消费中存在住房价值效应。对住房价值是否能够缓解信贷约束进行调节效应检验，构建以下实证模型。

$$total\_cons_{it} = \beta_0 + \beta_1 h\_wealth_{it} + \beta_2 credit_{it} + \beta_3 h\_wealth_{it} * credit_{it} + \beta_4 X_{it}$$
$$+ \lambda_i + \mu_t + \varepsilon_{it} \tag{5.51}$$

式中：$credit_{it}$ 表示是否受到信贷约束的虚拟变量；$total\_cons_{it}$ 代表家庭 $i$ 在第 $t$ 期的整体消费水平；$h\_wealth_{it}$ 代表家庭 $i$ 在第 $t$ 期的住房价值；$h\_wealth_{it} * credit_{it}$ 代表价值效应与信贷约束的交互项；$\beta_3$ 表示调节效应的强弱；$X_{it}$ 为系列控制变量；$\lambda_i$ 代表个体固定效应；$\mu_t$ 代表年份固定效应；$\varepsilon_{it}$ 为随机误差项。后续仍将各类消费分别代入式（5.51）中，用于检验信贷约束对各类消费的异质性影响。

在本章中,自变量为住房价值,由住房资产总值减去住房负债总额表示。被解释变量包括家庭总消费和八大类别消费。参考尹志超等(2021)的做法,控制变量包括家庭金融资产、家庭总收入、非住房负债、家庭总人数、家庭健康成员人数、养老保障人数、公务员人数、失业成员占比、少年占比、老年占比、户主性别、户主年龄、户主年龄平方/100、户主婚姻状况、户主受教育年限、户主是否为城镇户口、户主风险偏好以及户主是否有住房公积金等。调节变量为是否受到信贷约束,在问卷中选择"担心申请贷款被拒而未申请"和"申请贷款被拒",视为受到信贷约束,赋值为1;其余为未受到信贷约束,赋值为0。在风险偏好这一指标中,选择高风险和略高风险均被视为风险偏好型,赋值为1。本章中的关键变量及指标内涵如表5.1所示。

表5.1 关键变量以及指标内涵

| 变量 | 变量名 | 指标内涵 |
| --- | --- | --- |
| 核心解释变量 | 住房价值 | 住房资产总值－住房负债总额 |
| 被解释变量 | 家庭总消费 | 家庭各类消费汇总 |
| | 食品烟酒消费 | 家庭年度食品及烟酒消费总额 |
| | 衣着消费 | 家庭年度衣着消费总额 |
| | 居住消费 | 与家庭居住相关的消费总额,如水、电、物业、暖气费用等 |
| | 生活用品及服务消费 | 家庭年度各类生活用品和服务消费,如日用品、个人护理、防尘、美容支出以及家政服务等费用 |
| | 交通通信消费 | 家庭年度交通费用、通信相关消费以及购买交通工具费用支出 |
| | 教育文化娱乐消费 | 家庭年度教育支出、娱乐项目支出以及旅游支出等 |
| | 医疗保健消费 | 家庭年度医疗支出和保健健身支出 |
| | 其他消费 | 家庭年度其他用品和服务消费,如代购、境外消费支出、网购以及奢侈品消费等支出 |

续 表

| 变量 | 变量名 | 指标内涵 |
|---|---|---|
| 调节变量 | 是否受到信贷约束 | 担心申请贷款被拒而未申请和申请贷款被拒，视为受到信贷约束，赋值为 1；其余为未受到信贷约束，赋值为 0 |
| 控制变量 | 家庭金融资产 | 家庭资产中的金融资产 |
| | 家庭总收入 | 家庭各项收入之和，包括工资性收入、财产性收入、经营性收入以及转移性收入等 |
| | 非住房负债 | 除住房负债以外的其他所有负债 |
| | 家庭总人数 | 受访家庭人数 |
| | 家庭健康成员人数 | 受访时认为家庭成员身体健康人数 |
| | 养老保障人数 | 具有养老保障人数 |
| | 公务员人数 | 家中公务员人数 |
| | 失业成员占比 | 失业成员占家庭总人数的比重 |
| | 少年占比 | 低于 16 岁人口占家庭总人口的比重 |
| | 老年占比 | 高于 65 岁人口占家庭总人口的比重 |
| | 户主性别 | 户主性别，男性赋值为 1，女性赋值为 0 |
| | 户主年龄 | 受访家庭户主当年年龄（岁） |
| | 户主年龄平方/100 | 户主年龄平方除以 100 |
| | 户主婚姻状况 | 虚拟变量，户主已婚、再婚时，变量赋值为 1；户主未婚、同居、分居、离婚和丧偶时，变量赋值为 0 |
| | 户主受教育年限 | 按照 0 代表未受教育、6 代表小学、9 代表初中毕业等测算户主受教育年限 |
| | 户主是否为城镇户口 | 城镇户口赋值为 1，其他赋值为 0 |
| | 户主风险偏好 | 虚拟变量，分为高、略高、平均、略低、低 5 个等级，选择高和略高则将变量赋值为 1，其余为 0 |
| | 户主是否有住房公积金 | 户主有公积金赋值为 1，其余为 0 |

### 5.2.3 变量描述性统计

为了消除不同量纲的影响，对所有消费类、收入类以及资产类变量进行了对数化处理。从住房价值的变化来看，2017 年较 2015 年均值增速明显，2019 年仍保持增长态势，其余各类消费均值相对稳定。除此以外，家庭总收入均值水平在 2017 年增速较快，随后保持稳定增速。非住房负债在 2017 年下降显著，在 2019 年小幅度上升。家庭总人数均值保持在 3 人左右，略有下降趋势。家庭中约一半人数具有养老保障，老年占比保持稳定增长。具体如表 5.2 所示。

表 5.2　2015 年、2017 年、2019 年相关变量描述性统计

| 变量 | 2015 年 | | 2017 年 | | 2019 年 | |
|---|---|---|---|---|---|---|
| | 均值 | 标准差 | 均值 | 标准差 | 均值 | 标准差 |
| ln 住房价值 | 4.372 2 | 6.024 9 | 10.971 5 | 4.297 1 | 12.939 6 | 1.693 1 |
| ln 家庭总消费 | 10.548 1 | 0.904 9 | 10.692 5 | 0.886 8 | 10.850 7 | 0.893 4 |
| ln 食品烟酒消费 | 9.163 2 | 2.153 5 | 9.747 4 | 0.830 2 | 9.821 4 | 0.836 9 |
| ln 衣着消费 | 7.616 8 | 4.285 2 | 6.224 1 | 2.807 4 | 6.129 3 | 2.808 3 |
| ln 居住消费 | 7.612 1 | 1.978 0 | 7.986 8 | 1.524 3 | 8.115 2 | 1.227 1 |
| ln 生活用品及服务消费 | 6.257 0 | 2.610 4 | 7.465 1 | 1.853 5 | 8.033 1 | 1.448 9 |
| ln 交通通信消费 | 7.550 9 | 2.137 8 | 7.853 4 | 1.613 4 | 8.137 7 | 1.920 4 |
| ln 教育文化娱乐消费 | 6.117 3 | 3.523 1 | 4.881 2 | 4.332 9 | 5.751 6 | 3.838 3 |
| ln 医疗保健消费 | 6.055 1 | 3.500 3 | 6.753 2 | 3.311 9 | 7.468 8 | 2.708 6 |
| ln 其他消费 | 1.722 3 | 3.361 6 | 0.521 2 | 2.033 4 | 5.428 5 | 3.747 7 |
| 是否受到信贷约束 | 0.011 8 | 0.107 9 | 0.005 5 | 0.073 8 | 0.108 9 | 0.311 6 |
| ln 家庭金融资产 | 12.627 4 | 1.699 1 | 9.533 4 | 2.705 3 | 9.632 5 | 3.016 5 |
| ln 家庭总收入 | 3.430 2 | 4.814 5 | 10.689 7 | 1.594 0 | 10.573 5 | 1.536 7 |

续 表

| 变量 | 2015 年 | | 2017 年 | | 2019 年 | |
| --- | --- | --- | --- | --- | --- | --- |
| | 均值 | 标准差 | 均值 | 标准差 | 均值 | 标准差 |
| ln 非住房负债 | 10.552 6 | 1.832 8 | 2.323 3 | 4.313 6 | 3.788 2 | 5.060 6 |
| 家庭总人数 | 3.571 6 | 1.701 7 | 3.174 4 | 1.551 6 | 3.088 8 | 1.543 3 |
| 家庭健康成员人数 | 2.212 2 | 1.458 6 | 2.419 3 | 1.781 5 | 2.324 1 | 1.773 5 |
| 养老保障人数 | 1.777 6 | 1.297 4 | 1.804 2 | 1.221 8 | 1.806 3 | 1.197 1 |
| 公务员人数 | 0.015 0 | 0.142 2 | 0.089 0 | 0.362 8 | 0.079 5 | 0.348 6 |
| 失业成员占比 | 0.008 6 | 0.067 2 | 0.198 3 | 0.348 4 | 0.280 9 | 0.413 5 |
| 少年占比 | 0.000 1 | 0.007 3 | 0.000 1 | 0.005 8 | 0.000 1 | 0.002 7 |
| 老年占比 | 0.214 6 | 0.360 6 | 0.283 2 | 0.413 1 | 0.322 4 | 0.430 7 |
| 户主性别 | 0.755 1 | 0.430 0 | 0.504 3 | 0.499 9 | 0.753 5 | 0.430 9 |
| 户主年龄 | 56.660 7 | 32.111 4 | 55.006 1 | 22.842 4 | 57.350 8 | 13.746 8 |
| 户主年龄平方/100 | 42.415 5 | 596.158 4 | 35.474 3 | 352.723 8 | 47.769 2 | 758.886 |
| 户主婚姻状况 | 0.860 8 | 0.346 2 | 0.820 9 | 0.383 5 | 0.844 6 | 0.362 3 |
| 户主受教育年限 | 9.274 5 | 4.251 9 | 9.158 6 | 4.430 6 | 9.141 1 | 4.112 6 |
| 户主是否为城镇户口 | 0.400 4 | 0.489 9 | 0.366 9 | 0.481 9 | 0.280 1 | 0.449 1 |
| 户主风险偏好 | 0.091 7 | 0.288 6 | 0.035 4 | 0.184 8 | 0.052 9 | 0.223 9 |
| 户主是否有住房公积金 | 0.132 8 | 0.339 5 | 0.109 4 | 0.312 2 | 0.109 1 | 0.311 7 |

数据来源：2015 年、2017 年与 2019 年中国家庭金融调查数据。

## 5.3 基准实证结果

### 5.3.1 住房挤出效应检验

住房消费作为家庭的大额支出，其可能会对其他各类小额消费以及中长期消费产生挤出效应。因此，需要构建是否拥有住房资产的虚拟变量$B_{it}$，当家庭拥有房产时赋值为1，否则赋值为0。同步构建起是否拥有住房资产与家庭净资产的交互项，表示拥有住房资产对家庭净资产边际消费倾向的影响，如果存在挤出效应，则$\beta_3$应显著小于0，并且对不同消费类别存在不同影响。

$$\text{total\_cons}_{it} = \beta_0 + \beta_1 \text{Asset}_{it} + \beta_2 B_{it} + \beta_3 \text{Asset}_{it} * B_{it} + \beta_4 X_{it} + \lambda_i + \mu_t + \varepsilon_{it} \quad (5.52)$$

对家庭住房净资产$\text{Asset}_{it}$和是否拥有住房资产$B_{it}$进行中心化处理后，代入2015—2019年面板数据，采用固定效应模型，并控制个体固定效应和年份固定效应，具体实证结果如表5.3和表5.4所示。

表5.3　拥有住房对家庭消费的挤出效应结果（1）

| 变量 | （1）<br>ln 家庭总消费 | （2）<br>ln 食品烟酒消费 | （3）<br>ln 衣着消费 | （4）<br>ln 居住消费 | （5）<br>ln 生活用品及服务消费 |
|---|---|---|---|---|---|
| ln 家庭净资产 | 0.049*** | 0.046*** | 0.131*** | 0.072*** | 0.061*** |
|  | （0.005） | （0.008） | （0.022） | （0.012） | （0.014） |
| 是否有住房资产 | −0.050** | −0.051 | 0.208 | −0.207** | 0.030 |
|  | （0.028） | （0.043） | （0.132） | （0.066） | （0.079） |
| 交互项 | −0.013** | 0.017 | 0.098* | −0.001 | 0.008 |
|  | （0.011） | （0.015） | （0.047） | （0.030） | （0.030） |

续 表

| 变量 | (1) ln 家庭总消费 | (2) ln 食品烟酒消费 | (3) ln 衣着消费 | (4) ln 居住消费 | (5) ln 生活用品及服务消费 |
|---|---|---|---|---|---|
| ln 家庭金融资产 | 0.023*** | 0.012** | 0.078*** | 0.009 | 0.046*** |
|  | (0.003) | (0.004) | (0.012) | (0.005) | (0.007) |
| ln 家庭总收入 | 0.018*** | 0.023*** | 0.059*** | 0.019*** | 0.018** |
|  | (0.002) | (0.005) | (0.011) | (0.005) | (0.007) |
| ln 非住房负债 | 0.013*** | 0.002 | −0.007 | 0.006 | 0.004 |
|  | (0.001) | (0.002) | (0.006) | (0.003) | (0.003) |
| 家庭总人数 | 0.110*** | 0.068*** | 0.182*** | 0.053*** | 0.095*** |
|  | (0.007) | (0.011) | (0.029) | (0.013) | (0.017) |
| 家庭健康成员人数 | 0.002 | 0.012 | 0.026 | 0.010 | 0.011 |
|  | (0.004) | (0.006) | (0.017) | (0.008) | (0.010) |
| 养老保障人数 | 0.014** | 0.008 | 0.060** | 0.024* | 0.028* |
|  | (0.005) | (0.010) | (0.023) | (0.012) | (0.014) |
| 公务员人数 | 0.039* | 0.013 | −0.023 | 0.039 | 0.108** |
|  | (0.016) | (0.024) | (0.059) | (0.035) | (0.038) |
| 失业成员占比 | −0.011 | −0.004 | −0.033 | 0.088* | −0.014 |
|  | (0.020) | (0.026) | (0.088) | (0.042) | (0.053) |
| 少年占比 | −0.085 | −0.651 | 7.415*** | −0.124 | −0.022 |
|  | (0.542) | (0.423) | (2.065) | (0.501) | (2.010) |
| 老年占比 | −0.219*** | −0.049 | −0.351* | −0.220*** | −0.119 |
|  | (0.032) | (0.055) | (0.146) | (0.063) | (0.083) |
| 户主性别 | 0.032* | 0.030 | 0.022 | −0.005 | 0.015 |
|  | (0.013) | (0.018) | (0.053) | (0.027) | (0.033) |

续 表

| 变量 | (1)<br>ln 家庭总消费 | (2)<br>ln 食品烟酒消费 | (3)<br>ln 衣着消费 | (4)<br>ln 居住消费 | (5)<br>ln 生活用品及服务消费 |
|---|---|---|---|---|---|
| 户主年龄 | −0.000 | −0.002 | −0.011** | −0.004* | −0.011*** |
|  | (0.001) | (0.002) | (0.004) | (0.002) | (0.002) |
| 户主年龄平方 | 0.000 | 0.000 | 0.001** | 0.000* | 0.001*** |
|  | (0.000) | (0.000) | (0.000) | (0.000) | (0.000) |
| 户主婚姻状况 | 0.082*** | 0.107** | 0.140 | −0.045 | −0.006 |
|  | (0.024) | (0.034) | (0.095) | (0.051) | (0.058) |
| 户主受教育年限 | 0.007** | 0.005 | 0.029** | 0.005 | 0.012 |
|  | (0.002) | (0.004) | (0.010) | (0.005) | (0.006) |
| 户主是否为城镇户口 | 0.051** | 0.013 | 0.102 | 0.103* | 0.131** |
|  | (0.019) | (0.027) | (0.081) | (0.042) | (0.049) |
| 户主风险偏好 | 0.133*** | 0.039 | 0.114 | −0.011 | −0.079 |
|  | (0.026) | (0.047) | (0.110) | (0.061) | (0.066) |
| 户主是否有住房公积金 | −0.012 | −0.026 | 0.014 | 0.021 | −0.116 |
|  | (0.024) | (0.042) | (0.102) | (0.053) | (0.064) |
| 常数项 | 8.885*** | 7.994*** | 4.251*** | 6.782*** | 4.941*** |
|  | (0.095) | (0.154) | (0.386) | (0.199) | (0.244) |
| 个体固定效应 | Yes | Yes | Yes | Yes | Yes |
| 年份固定效应 | Yes | Yes | Yes | Yes | Yes |
| $N$ | 27 715 | 27 715 | 27 715 | 27 715 | 27 715 |
| $R^2$ | 0.2 567 | 0.3 418 | 0.1 789 | 0.2 331 | 0.2 738 |

备注：* $p<0.05$，** $p<0.01$，*** $p<0.001$ 分别表示在5%、1%和0.1%水平上显著，括号内为聚类稳健标准误。

家庭净资产对各类消费除医疗保健消费以外均有显著正向影响，而是否有住房资产对家庭总消费、居住消费和其他消费均有显著负向影响。从交互项系数来看，是否有住房资产对家庭总消费在1%的显著性水平上为负，主要挤出了医疗保健消费，促进了家庭的衣着消费和教育文化娱乐消费。是否有住房资产从整体上强化了家庭总消费，尤其强化了对医疗保健消费的挤出程度，但也从侧面促进了家庭衣着消费。持有房产对家庭部分消费存在一定的挤出效应。值得关注的是户主为城镇户口时，对各项消费的促进作用十分显著，包括对家庭总消费、居住消费和生活用品及服务消费。城镇户口有利于家庭的发展型消费和享受型消费的提升，这可能与城镇家庭消费特征有关。

表5.4 拥有住房对家庭消费的挤出效应检验结果（2）

| 变量 | （6）<br>ln 交通通信消费 | （7）<br>ln 教育文化娱乐消费 | （8）<br>ln 医疗保健消费 | （9）<br>ln 其他消费 |
|---|---|---|---|---|
| ln 家庭净资产 | 0.112*** | 0.142*** | −0.019 | 0.067** |
|  | （0.012） | （0.025） | （0.022） | （0.023） |
| 是否有住房资产 | 0.071 | 0.064 | −0.167 | −0.322** |
|  | （0.074） | （0.168） | （0.151） | （0.162） |
| 交互项 | 0.025 | 0.049 | −0.127** | 0.011 |
|  | （0.028） | （0.052） | （0.049） | （0.047） |
| ln 金融资产 | 0.050*** | 0.041** | 0.057*** | 0.047*** |
|  | （0.007） | （0.014） | （0.012） | （0.012） |
| ln 家庭总收入 | 0.028*** | 0.031** | 0.031** | 0.049*** |
|  | （0.005） | （0.011） | （0.011） | （0.013） |
| ln 非住房负债 | 0.018*** | 0.023*** | 0.021** | 0.008 |
|  | （0.003） | （0.007） | （0.006） | （0.008） |

续 表

| 变量 | (6) ln 交通通信消费 | (7) ln 教育文化娱乐消费 | (8) ln 医疗保健消费 | (9) ln 其他消费 |
|---|---|---|---|---|
| 家庭总人数 | 0.125*** | 0.541*** | 0.251*** | 0.117*** |
|  | (0.015) | (0.035) | (0.030) | (0.032) |
| 家庭健康成员人数 | 0.026** | 0.120*** | −0.152*** | 0.010 |
|  | (0.009) | (0.021) | (0.018) | (0.020) |
| 养老保障人数 | 0.077*** | −0.054* | 0.090*** | 0.039 |
|  | (0.011) | (0.027) | (0.024) | (0.027) |
| 公务员人数 | −0.011 | 0.003 | 0.112 | −0.021 |
|  | (0.032) | (0.089) | (0.083) | (0.112) |
| 失业成员占比 | −0.210*** | 0.249* | 0.044 | −0.396*** |
|  | (0.050) | (0.099) | (0.084) | (0.093) |
| 少年占比 | −1.654 | 4.645* | 0.616 | 3.630*** |
|  | (0.851) | (1.898) | (1.959) | (0.657) |
| 老年占比 | −0.645*** | −0.593*** | 0.046 | −0.139 |
|  | (0.077) | (0.163) | (0.138) | (0.154) |
| 户主性别 | 0.035 | 0.015 | 0.108 | 0.077 |
|  | (0.028) | (0.068) | (0.061) | (0.069) |
| 户主年龄 | −0.006** | −0.011* | 0.004 | 0.002 |
|  | (0.002) | (0.005) | (0.004) | (0.005) |
| 户主年龄平方 | 0.000*** | 0.001** | −0.000 | −0.000 |
|  | (0.000) | (0.000) | (0.000) | (0.000) |
| 户主婚姻状况 | 0.151** | −0.033 | 0.352*** | −0.233 |
|  | (0.055) | (0.115) | (0.104) | (0.122) |

续 表

| 变量 | (6) ln 交通通信消费 | (7) ln 教育文化娱乐消费 | (8) ln 医疗保健消费 | (9) ln 其他消费 |
|---|---|---|---|---|
| 户主受教育年限 | 0.007 | 0.010 | 0.005 | −0.015 |
|  | (0.006) | (0.012) | (0.011) | (0.012) |
| 户主是否为城镇户口 | 0.069 | 0.133 | −0.072 | 0.207 |
|  | (0.044) | (0.102) | (0.092) | (0.110) |
| 户主风险偏好 | 0.357*** | −0.080 | −0.028 | 0.663*** |
|  | (0.057) | (0.128) | (0.128) | (0.156) |
| 户主是否有住房公积金 | 0.006 | 0.192 | −0.068 | 0.372* |
|  | (0.048) | (0.130) | (0.122) | (0.158) |
| 常数项 | 4.762*** | 1.203** | 4.545*** | −0.063 |
|  | (0.214) | (0.461) | (0.420) | (0.462) |
| 个体固定效应 | Yes | Yes | Yes | Yes |
| 年份固定效应 | Yes | Yes | Yes | Yes |
| $N$ | 27 715 | 27 715 | 27 715 | 27 715 |
| $R^2$ | 0.3 511 | 0.2 431 | 0.1 922 | 0.2 346 |

备注:* $p < 0.05$，** $p < 0.01$，*** $p < 0.001$ 分别表示在5%、1%和0.1%水平上显著，括号内为聚类稳健标准误。

### 5.3.2 住房价值效应检验

尽管是否有住房对家庭部分消费呈现挤出效应，但当家庭在购房后其家庭住房资产总值减去住房负债总额所得到的住房价值为正时，住房价值对家庭消费呈现促进作用。对面板数据进行固定效应和随机效应的豪斯曼（Hausman）检验，$p$ 值小于0.05，数据集更适用于固定效应模型。在控制个体固定效应和年份固定效应的情况下，了解住房价值对家庭各类消费的基本影响，具体如表5.5和表5.6所示。

表 5.5 住房价值对家庭各类消费的实证结果（1）

| 变量 | （1）<br>ln 家庭总消费 | （2）<br>ln 食品烟酒消费 | （3）<br>ln 衣着消费 | （4）<br>ln 居住消费 | （5）<br>ln 生活用品及服务消费 |
|---|---|---|---|---|---|
| ln 住房价值 | 0.005*** | 0.009*** | 0.027*** | 0.002 | 0.017*** |
|  | （0.001） | （0.002） | （0.006） | （0.003） | （0.004） |
| ln 家庭金融资产 | 0.029*** | 0.021*** | 0.099*** | 0.023*** | 0.054*** |
|  | （0.003） | （0.004） | （0.011） | （0.005） | （0.007） |
| ln 家庭总收入 | 0.019*** | 0.024*** | 0.064*** | 0.022*** | 0.021** |
|  | （0.002） | （0.005） | （0.011） | （0.005） | （0.007） |
| ln 非住房负债 | 0.014*** | 0.002 | −0.011* | 0.007** | 0.001 |
|  | （0.001） | （0.002） | （0.005） | （0.003） | （0.003） |
| 家庭总人数 | 0.109*** | 0.070*** | 0.192*** | 0.049*** | 0.084*** |
|  | （0.007） | （0.011） | （0.028） | （0.013） | （0.016） |
| 家庭健康成员人数 | 0.003 | 0.011 | 0.035* | 0.010 | 0.019* |
|  | （0.004） | （0.006） | （0.017） | （0.008） | （0.009） |
| 养老保障人数 | 0.016** | 0.010 | 0.057* | 0.035** | 0.034* |
|  | （0.005） | （0.010） | （0.022） | （0.012） | （0.014） |
| 公务员人数 | 0.039* | 0.024 | −0.036 | 0.037 | 0.106** |
|  | （0.016） | （0.025） | （0.060） | （0.036） | （0.038） |
| 失业成员占比 | −0.013 | 0.009 | −0.001 | 0.135** | 0.010 |
|  | （0.019） | （0.027） | （0.086） | （0.042） | （0.052） |
| 少年占比 | −0.098 | −0.590 | 7.508*** | −0.172 | 0.153 |
|  | （0.528） | （0.394） | （2.142） | （0.509） | （2.036） |
| 老年占比 | −0.207*** | −0.006 | −0.347* | −0.209*** | −0.155 |
|  | （0.032） | （0.058） | （0.143） | （0.063） | （0.081） |

143

续 表

| 变量 | (1) ln家庭总消费 | (2) ln食品烟酒消费 | (3) ln衣着消费 | (4) ln居住消费 | (5) ln生活用品及服务消费 |
|---|---|---|---|---|---|
| 户主性别 | 0.038** | 0.027 | 0.037 | 0.006 | 0.014 |
|  | (0.013) | (0.018) | (0.053) | (0.026) | (0.032) |
| 户主年龄 | −0.000 | −0.001 | −0.011** | −0.005* | −0.010*** |
|  | (0.001) | (0.002) | (0.004) | (0.002) | (0.002) |
| 户主年龄平方 | 0.000 | 0.000 | 0.001** | 0.000** | 0.000*** |
|  | (0.000) | (0.000) | (0.000) | (0.000) | (0.000) |
| 户主婚姻状况 | 0.083*** | 0.105** | 0.052 | −0.021 | −0.016 |
|  | (0.023) | (0.033) | (0.093) | (0.049) | (0.057) |
| 户主受教育年限 | 0.006* | 0.005 | 0.025* | 0.006 | 0.016* |
|  | (0.002) | (0.004) | (0.010) | (0.005) | (0.006) |
| 户主是否为城镇户口 | 0.045* | 0.002 | 0.104 | 0.092* | 0.120* |
|  | (0.019) | (0.027) | (0.080) | (0.041) | (0.048) |
| 户主风险偏好 | 0.116*** | 0.024 | 0.111 | 0.004 | −0.099 |
|  | (0.026) | (0.046) | (0.110) | (0.059) | (0.065) |
| 户主是否有住房公积金 | −0.011 | −0.016 | 0.002 | 0.014 | −0.122 |
|  | (0.024) | (0.042) | (0.102) | (0.052) | (0.065) |
| 常数项 | 9.337*** | 8.317*** | 5.733*** | 7.199*** | 5.504*** |
|  | (0.074) | (0.123) | (0.299) | (0.157) | (0.188) |
| 个体固定效应 | Yes | Yes | Yes | Yes | Yes |
| 年份固定效应 | Yes | Yes | Yes | Yes | Yes |
| $N$ | 28 550 | 28 550 | 28 550 | 28 550 | 28 550 |
| $R^2$ | 0.3 781 | 0.2 563 | 0.1 889 | 0.2 569 | 0.3 461 |

备注：* $p<0.05$，** $p<0.01$，*** $p<0.001$ 分别表示在5%、1%和0.1%水平上显著，括号内为聚类稳健标准误。

从表 5.5 中可以了解到，住房价值对家庭总消费具有显著正向影响。根据系数大小来判断，住房价值对衣着消费影响最明显，其次是教育文化娱乐消费，还能提高生活用品及服务消费、交通通信消费和食品烟酒消费，以上均在 0.1% 的水平上显著。对其他类消费在 5% 的水平上显著，对居住消费和医疗保健消费影响为正，但系数不显著。住房价值效应集中于生存型消费和部分发展型消费上。家庭住房价值增加能显著推动生存型消费增加，还有利于享受型消费增加，但对家庭的发展型消费影响不显著。生存型消费较易受到家庭资产升值的影响，需求弹性较大，并且该类消费存在一定范畴内"许升不许降"的"棘轮效应"，从而保障了该类消费在住房价值效应下的正向增长。

对于享受型消费而言，家庭在满足基本的生存型消费之余，就可能逐步增加有利于提升家庭幸福指数的各项消费，包括教育持续投入、旅游消费和购买奢侈品等。而对于发展型消费影响不显著的关键原因在于，医疗保健消费与家庭成员健康状况紧密相关，而居住消费与住房面积以及家庭人口规模直接相关，与房产价值的相关性相对较弱。

表 5.6　住房价值对家庭各类消费的实证结果（2）

| 变量 | (6)　ln 交通通信消费 | (7)　ln 教育文化娱乐消费 | (8)　ln 医疗保健消费 | (9)　ln 其他消费 |
| --- | --- | --- | --- | --- |
| ln 住房价值 | 0.017*** | 0.021*** | 0.008 | 0.014* |
|  | (0.003) | (0.006) | (0.006) | (0.007) |
| ln 家庭金融资产 | 0.065*** | 0.053*** | 0.050*** | 0.059*** |
|  | (0.006) | (0.012) | (0.011) | (0.011) |
| ln 家庭总收入 | 0.030*** | 0.030** | 0.033** | 0.050*** |
|  | (0.005) | (0.011) | (0.011) | (0.013) |
| ln 非住房负债 | 0.016*** | 0.024*** | 0.023*** | 0.006 |
|  | (0.003) | (0.007) | (0.006) | (0.007) |

续 表

| 变量 | (6) ln 交通通信消费 | (7) ln 教育文化娱乐消费 | (8) ln 医疗保健消费 | (9) ln 其他消费 |
| --- | --- | --- | --- | --- |
| 家庭总人数 | 0.132*** | 0.546*** | 0.237*** | 0.106*** |
|  | （0.015） | （0.034） | （0.029） | （0.030） |
| 家庭健康成员人数 | 0.028** | 0.126*** | −0.158*** | 0.017 |
|  | （0.009） | （0.020） | （0.017） | （0.019） |
| 养老保障人数 | 0.079*** | −0.057* | 0.092*** | 0.047 |
|  | （0.011） | （0.027） | （0.023） | （0.026） |
| 公务员人数 | −0.014 | 0.013 | 0.137 | −0.035 |
|  | （0.032） | （0.088） | （0.082） | （0.110） |
| 失业成员占比 | −0.183*** | 0.226* | 0.030 | −0.393*** |
|  | （0.048） | （0.096） | （0.082） | （0.091） |
| 少年占比 | −1.619 | 4.647* | 0.561 | 3.476*** |
|  | （0.907） | （1.895） | （1.916） | （0.605） |
| 老年占比 | −0.616*** | −0.635*** | 0.000 | −0.127 |
|  | （0.075） | （0.157） | （0.134） | （0.147） |
| 户主性别 | 0.042 | 0.003 | 0.103 | 0.068 |
|  | （0.028） | （0.067） | （0.060） | （0.067） |
| 户主年龄 | −0.008*** | −0.011* | 0.005 | 0.000 |
|  | （0.002） | （0.004） | （0.004） | （0.004） |
| 户主年龄平方 | 0.000*** | 0.001** | −0.000 | −0.000 |
|  | （0.000） | （0.000） | （0.000） | （0.000） |
| 户主婚姻状况 | 0.151** | −0.050 | 0.288** | −0.207 |
|  | （0.053） | （0.110） | （0.101） | （0.115） |

续 表

| 变量 | (6)<br>ln 交通通信消费 | (7)<br>ln 教育文化娱乐消费 | (8)<br>ln 医疗保健消费 | (9)<br>ln 其他消费 |
| --- | --- | --- | --- | --- |
| 户主受教育年限 | 0.005 | 0.015 | 0.005 | −0.015 |
|  | (0.006) | (0.012) | (0.011) | (0.011) |
| 户主是否为城镇户口 | 0.049 | 0.158 | −0.054 | 0.202 |
|  | (0.043) | (0.101) | (0.091) | (0.108) |
| 户主风险偏好 | 0.331*** | −0.135 | −0.030 | 0.618*** |
|  | (0.054) | (0.125) | (0.124) | (0.148) |
| 户主是否有住房公积金 | 0.019 | 0.184 | −0.075 | 0.375* |
|  | (0.048) | (0.129) | (0.121) | (0.158) |
| 常数项 | 5.984*** | 2.758*** | 4.269*** | 0.296 |
|  | (0.164) | (0.356) | (0.324) | (0.354) |
| 个体固定效应 | Yes | Yes | Yes | Yes |
| 年份固定效应 | Yes | Yes | Yes | Yes |
| $N$ | 28 550 | 28 550 | 28 550 | 28 550 |
| $R^2$ | 0.2 679 | 0.3 558 | 0.2 763 | 0.2 457 |

备注：* $p<0.05$，** $p<0.01$，*** $p<0.001$ 分别表示在5%、1%和0.1%水平上显著，括号内为聚类稳健标准误。

值得关注的是老年占比对各类消费的显著负向影响。除了对食品烟酒消费、生活用品及服务消费和其他消费影响不显著以外，其对其他各类消费均有显著抑制影响。在我国家庭结构体系中，老年人口的持续增加并未使生命周期理论当中的"消费扩张"现象呈现，而由于遗赠动机等，消费收缩现象有所呈现。

### 5.3.3 信贷约束调节效应检验

通过信贷约束调节效应检验，即检验信贷约束是否会抑制家庭价值效应的发挥。对是否受到信贷约束和住房价值两个变量进行中心化处理后，将两个变量合并生成新的交互变量。其对家庭总消费、食品烟酒消费、衣着消费、居住消费和生活用品及服务消费的影响如表5.7、表5.8所示。

表5.7 受到信贷约束下住房价值对家庭各类消费的实证结果（1）

| 变量 | (1) ln家庭总消费 | (2) ln食品烟酒消费 | (3) ln衣着消费 | (4) ln居住消费 | (5) ln生活用品及服务消费 |
| --- | --- | --- | --- | --- | --- |
| ln住房价值 | 0.005*** | 0.009*** | 0.027*** | 0.002 | 0.017*** |
|  | (0.001) | (0.002) | (0.006) | (0.003) | (0.004) |
| 是否受到信贷约束 | 0.076*** | 0.021 | −0.002 | 0.060 | 0.038 |
|  | (0.023) | (0.032) | (0.089) | (0.047) | (0.050) |
| 交互项 | −0.002* | −0.005* | −0.032* | −0.036*** | −0.009 |
|  | (0.005) | (0.007) | (0.020) | (0.010) | (0.011) |
| ln金融资产 | 0.029*** | 0.021*** | 0.098*** | 0.023*** | 0.054*** |
|  | (0.003) | (0.004) | (0.011) | (0.005) | (0.007) |
| ln家庭总收入 | 0.019*** | 0.025*** | 0.064*** | 0.022*** | 0.021** |
|  | (0.002) | (0.005) | (0.011) | (0.005) | (0.007) |
| ln非住房负债 | 0.014*** | 0.002 | −0.011* | 0.007** | 0.001 |
|  | (0.001) | (0.002) | (0.005) | (0.003) | (0.003) |
| 家庭总人数 | 0.109*** | 0.070*** | 0.192*** | 0.049*** | 0.084*** |
|  | (0.007) | (0.011) | (0.028) | (0.013) | (0.016) |
| 健康成员人数 | 0.003 | 0.011 | 0.036* | 0.011 | 0.019* |
|  | (0.004) | (0.006) | (0.017) | (0.008) | (0.009) |

续　表

| 变量 | (1)<br>ln 家庭总消费 | (2)<br>ln 食品烟酒消费 | (3)<br>ln 衣着消费 | (4)<br>ln 居住消费 | (5)<br>ln 生活用品及服务消费 |
|---|---|---|---|---|---|
| 养老保障人数 | 0.016** | 0.010 | 0.057* | 0.035** | 0.034* |
|  | (0.005) | (0.010) | (0.022) | (0.012) | (0.014) |
| 公务员人数 | 0.039* | 0.024 | −0.035 | 0.038 | 0.106** |
|  | (0.016) | (0.025) | (0.059) | (0.036) | (0.038) |
| 失业成员占比 | −0.012 | 0.009 | −0.006 | 0.130** | 0.010 |
|  | (0.019) | (0.027) | (0.086) | (0.042) | (0.052) |
| 少年占比 | −0.095 | −0.590 | 7.499*** | −0.179 | 0.153 |
|  | (0.532) | (0.395) | (2.159) | (0.504) | (2.038) |
| 老年占比 | −0.203*** | −0.005 | −0.348* | −0.207*** | −0.153 |
|  | (0.032) | (0.058) | (0.143) | (0.063) | (0.081) |
| 户主性别 | 0.037** | 0.027 | 0.037 | 0.006 | 0.014 |
|  | (0.013) | (0.018) | (0.053) | (0.026) | (0.032) |
| 户主年龄 | −0.000 | −0.001 | −0.011** | −0.005* | −0.010*** |
|  | (0.001) | (0.002) | (0.004) | (0.002) | (0.002) |
| 户主年龄平方 | 0.000 | 0.000 | 0.001** | 0.000** | 0.000*** |
|  | (0.000) | (0.000) | (0.000) | (0.000) | (0.000) |
| 户主婚姻状况 | 0.084*** | 0.105** | 0.053 | −0.019 | −0.015 |
|  | (0.023) | (0.033) | (0.093) | (0.049) | (0.057) |
| 户主受教育年限 | 0.006* | 0.005 | 0.025* | 0.005 | 0.016* |
|  | (0.002) | (0.004) | (0.010) | (0.005) | (0.006) |
| 户主是否为城镇户口 | 0.043* | 0.002 | 0.105 | 0.092* | 0.119* |
|  | (0.019) | (0.027) | (0.080) | (0.041) | (0.048) |

续 表

| 变量 | (1)<br>ln 家庭总消费 | (2)<br>ln 食品烟酒消费 | (3)<br>ln 衣着消费 | (4)<br>ln 居住消费 | (5)<br>ln 生活用品及服务消费 |
|---|---|---|---|---|---|
| 户主风险偏好 | 0.114*** | 0.024 | 0.114 | 0.006 | −0.099 |
|  | (0.026) | (0.046) | (0.110) | (0.059) | (0.065) |
| 户主是否有住房公积金 | −0.010 | −0.016 | 0.004 | 0.017 | −0.121 |
|  | (0.024) | (0.042) | (0.102) | (0.052) | (0.065) |
| 常数项 | 9.342*** | 8.318*** | 5.731*** | 7.201*** | 5.506*** |
|  | (0.074) | (0.123) | (0.299) | (0.157) | (0.188) |
| 个体固定效应 | Yes | Yes | Yes | Yes | Yes |
| 年份固定效应 | Yes | Yes | Yes | Yes | Yes |
| $N$ | 28 550 | 28 550 | 28 550 | 28 550 | 28 550 |
| $R^2$ | 0.2 349 | 0.2 874 | 0.2 221 | 0.2 672 | 0.3 582 |

备注：* $p<0.05$，** $p<0.01$，*** $p<0.001$ 分别表示在5%、1%和0.1%水平上显著，括号内为聚类稳健标准误。

从微观层面上看，受到信贷约束包含两种情况：一种情况是家庭自身资产与收入不足，面临流动性紧缺，从而申请贷款，受到信贷约束；另一种情况是家庭对预期未来收入充满信心，进而向银行等金融机构申请贷款以放松家庭信贷约束。如果是第二种情况，受到信贷约束可能会促进家庭消费。表5.7 所展示的结果显示，受到信贷约束将促进交通通信消费、医疗保健消费以及其他消费，呈现出对总消费的正向影响。

根据表5.7和表5.8中信贷约束与家庭财富的交互项系数，受到信贷约束的家庭主要抑制了家庭总消费、食品烟酒消费、衣着消费、生活用品及服务消费和居住消费等消费类别。信贷约束对教育文化娱乐消费、医疗保健消费和其他消费尽管是正向影响，但结果不显著。这意味着信贷约束在一定程度上抑制了家庭价值效应在生存型消费和发展型消费上的有效发挥。家庭面临的信贷约束水平越高,就会越压缩与日常生活开支相关的生存型消费和发展型消费,而不会对促进家庭整体发展的享受型消费产生同等影响。一个可能的原因是受到信贷约束的家庭倾向于调整弹性相对较小但支出较频繁的消费类别。

表 5.8 受到信贷约束下住房价值对家庭各类消费的实证结果(2)

| 变量 | (6) ln 交通通信消费 | (7) ln 教育文化娱乐消费 | (8) ln 医疗保健消费 | (9) ln 其他消费 |
|---|---|---|---|---|
| ln 住房价值 | 0.017*** | 0.021*** | 0.009 | 0.014* |
|  | (0.003) | (0.006) | (0.006) | (0.007) |
| 是否受到信贷约束 | 0.126** | 0.026 | 0.302** | 0.266* |
|  | (0.045) | (0.111) | (0.094) | (0.112) |
| 交互项 | 0.024* | 0.043 | 0.009 | 0.008 |
|  | (0.010) | (0.024) | (0.020) | (0.024) |
| ln 金融资产 | 0.065*** | 0.054*** | 0.049*** | 0.059*** |
|  | (0.006) | (0.012) | (0.011) | (0.011) |
| ln 家庭总收入 | 0.030*** | 0.030** | 0.034** | 0.050*** |
|  | (0.005) | (0.011) | (0.011) | (0.013) |
| ln 非住房负债 | 0.015*** | 0.023*** | 0.022*** | 0.005 |
|  | (0.003) | (0.007) | (0.006) | (0.007) |
| 家庭总人数 | 0.132*** | 0.546*** | 0.237*** | 0.106*** |
|  | (0.015) | (0.034) | (0.029) | (0.030) |
| 健康成员人数 | 0.028** | 0.126*** | −0.158*** | 0.017 |
|  | (0.009) | (0.020) | (0.017) | (0.019) |
| 养老保障人数 | 0.079*** | −0.057* | 0.090*** | 0.046 |
|  | (0.011) | (0.027) | (0.023) | (0.026) |

续 表

| 变量 | (6)<br>ln 交通通信消费 | (7)<br>ln 教育文化娱乐消费 | (8)<br>ln 医疗保健消费 | (9)<br>ln 其他消费 |
| --- | --- | --- | --- | --- |
| 公务员人数 | −0.015 | 0.012 | 0.137 | −0.036 |
|  | (0.032) | (0.088) | (0.082) | (0.110) |
| 失业成员占比 | −0.178*** | 0.233* | 0.035 | −0.388*** |
|  | (0.048) | (0.096) | (0.082) | (0.091) |
| 少年占比 | −1.607 | 4.659* | 0.577 | 3.490*** |
|  | (0.904) | (1.888) | (1.949) | (0.627) |
| 老年占比 | −0.609*** | −0.632*** | 0.017 | −0.112 |
|  | (0.075) | (0.157) | (0.134) | (0.148) |
| 户主性别 | 0.041 | 0.002 | 0.101 | 0.067 |
|  | (0.028) | (0.067) | (0.060) | (0.067) |
| 户主年龄 | −0.008*** | −0.011* | 0.005 | 0.000 |
|  | (0.002) | (0.004) | (0.004) | (0.005) |
| 户主年龄平方 | 0.000*** | 0.001** | −0.000 | −0.000 |
|  | (0.000) | (0.000) | (0.000) | (0.000) |
| 户主婚姻状况 | 0.152** | −0.050 | 0.292** | −0.204 |
|  | (0.053) | (0.110) | (0.101) | (0.114) |
| 户主受教育年限 | 0.005 | 0.016 | 0.005 | −0.015 |
|  | (0.006) | (0.012) | (0.011) | (0.011) |
| 户主是否为城镇户口 | 0.046 | 0.156 | −0.061 | 0.196 |
|  | (0.043) | (0.101) | (0.091) | (0.108) |
| 户主风险偏好 | 0.325*** | −0.140 | −0.041 | 0.609*** |
|  | (0.054) | (0.125) | (0.124) | (0.148) |

续 表

| 变量 | (6) ln 交通通信消费 | (7) ln 教育文化娱乐消费 | (8) ln 医疗保健消费 | (9) ln 其他消费 |
|---|---|---|---|---|
| 户主是否有住房公积金 | 0.019 | 0.181 | −0.072 | 0.378* |
|  | (0.048) | (0.129) | (0.121) | (0.158) |
| 常数项 | 5.994*** | 2.762*** | 4.290*** | 0.316 |
|  | (0.164) | (0.356) | (0.324) | (0.354) |
| 个体固定效应 | Yes | Yes | Yes | Yes |
| 年份固定效应 | Yes | Yes | Yes | Yes |
| $N$ | 28 550 | 28 550 | 28 550 | 28 550 |
| $R^2$ | 0.3 482 | 0.2 569 | 0.2 341 | 0.2 378 |

备注：* $p<0.05$，** $p<0.01$，*** $p<0.001$ 分别表示在 5%、1% 和 0.1% 水平上显著，括号内为聚类稳健标准误。

值得关注的是户主风险偏好对家庭消费的显著正向促进效应。其在 0.1% 的显著性水平上促进了家庭总消费的增长，即主要通过促进家庭交通通信消费和其他类别消费来推动总消费增长。实际上风险偏好代表了户主对未来家庭收入增长、家庭财富增长以及整体经济发展周期的相对乐观预期。健康成员人数有利于促进衣着消费和生活用品及服务消费，同时有利于促进交通通信消费以及教育文化娱乐消费，对医疗保健消费有抑制作用，这符合一般的家庭消费特征。婚姻状况对各类消费的影响同样值得关注。其显著促进了家庭总消费的提升，在 1% 的显著性水平上显著促进了食品烟酒消费、交通通信消费和医疗保健消费。与住房价值形成对比的是非住房负债。非住房负债在一定程度上反映了家庭除住房以外其他贷款的比重，其主要在促进家庭总消费、交通通信消费、教育文化娱乐消费以及医疗保健消费等上发挥显著正向作用。

从现有的实证结果来看，购买住房将挤出家庭的部分消费，购房后家庭存在住房价值效应，但住房价值效应的发挥受到信贷约束的影响。其中挤出效应主要挤出了医疗保健消费，价值效应主要促进了衣着消费、教育文化娱乐消费、食品烟酒消费、交通通信消费和其他消费，信贷约束效应主要抑制了家庭总消费、食品烟酒消费、衣着消费、生活用品及服务消费和居住消费。根据生存型消费、发展型消费和享受型消费的类别划分，购买住房的决策主要影响生存型消费和享受型消费，比较典型的是衣着消费和教育文化娱乐消费，既容易被"挤出"，也容易被"促进"。同样存在着比较稳定的消费类别，例如家庭居住消费和医疗保健消费等。

食品烟酒消费和衣着消费等生存型消费占家庭支出比重相对固定，但随着电子商务、信用卡、电子支付的蓬勃发展，这两类消费的需求频次大幅度提升。家庭具备购房动机并落实购房行为、支付住房贷款后，首先会对日常消费频繁的类别进行调整，从而导致衣着消费在各个效应分析中呈现显著波动特点。教育文化娱乐消费作为享受型消费，其中的教育支出主要与家庭儿童人数有关，并且随着家庭对教育重视程度的增加，保持增长趋势，而文化娱乐消费在家庭住房资产升值的过程中呈现增长趋势，可能受到住房"财富幻觉"的影响，在购买杂志书报，进行文化活动以及外出旅游时将显著增加，在一定程度上促进了家庭消费结构的升级。从消费金额的绝对值来看，由于家庭消费决策过程中存在"向下比较效应"，即相较于每个月固定支出的大额房屋抵押贷款，风险偏好为乐观型的家庭可以承担日常生活中或者房价上升周期内的小额支出，从而形成"财富幻觉"效应下的消费扩张状态。住房消费属于家庭大额支出，而其他各类消费除医疗保健消费和教育文化娱乐消费以外，相较于住房抵押贷款（月供）都属于小额支出。由此可见，剥离家庭微观特征以外，家庭消费与消费心理以及外部市场环境尤其是房价波动紧密相关。

## 5.4 内生性检验

### 5.4.1 控制省（自治区、直辖市）固定效应

我国各个省（自治区、直辖市）的房价走势具有显著差异，某些随省（自治区、直辖市）变化的变量可能被遗漏，从而导致回归结果产生偏误。在主回归当中，主要控制了个体固定效应和年份固定效应，在这一节还将控制省（自治区、直辖市）固定效应。处理结果如表5.9和5.10所示。

表5.9 控制省（自治区、直辖市）固定效应的住房价值对家庭消费的实证结果（1）

| 变量 | (1) ln家庭总消费 | (2) ln食品烟酒消费 | (3) ln衣着消费 | (4) ln居住消费 | (5) ln生活用品及服务消费 |
|---|---|---|---|---|---|
| ln住房价值 | 0.015*** | 0.015*** | 0.039*** | 0.013* | 0.027*** |
|  | (0.001) | (0.001) | (0.004) | (0.002) | (0.002) |
| ln金融资产 | 0.070*** | 0.059*** | 0.184*** | 0.068*** | 0.105*** |
|  | (0.002) | (0.002) | (0.007) | (0.003) | (0.004) |
| ln家庭总收入 | 0.051*** | 0.053*** | 0.109*** | 0.055*** | 0.055*** |
|  | (0.002) | (0.003) | (0.008) | (0.004) | (0.004) |
| ln非住房负债 | 0.024*** | 0.007*** | 0.003 | 0.015*** | 0.013*** |
|  | (0.001) | (0.001) | (0.004) | (0.002) | (0.002) |
| 家庭总人数 | 0.123*** | 0.068*** | 0.180*** | 0.041*** | 0.091*** |
|  | (0.004) | (0.005) | (0.014) | (0.007) | (0.008) |
| 健康成员人数 | 0.005 | 0.029*** | 0.104*** | 0.041*** | 0.049*** |
|  | (0.003) | (0.004) | (0.011) | (0.006) | (0.007) |

续　表

| 变量 | (1)<br>ln 家庭总消费 | (2)<br>ln 食品烟酒消费 | (3)<br>ln 衣着消费 | (4)<br>ln 居住消费 | (5)<br>ln 生活用品及服务消费 |
|---|---|---|---|---|---|
| 养老保障人数 | 0.001<br>(0.004) | −0.001<br>(0.005) | 0.049***<br>(0.014) | 0.006<br>(0.007) | 0.004<br>(0.008) |
| 公务员人数 | 0.078***<br>(0.014) | 0.014<br>(0.019) | 0.089<br>(0.056) | 0.075**<br>(0.027) | 0.160***<br>(0.032) |
| 失业人员占比 | 0.268***<br>(0.014) | 0.305***<br>(0.019) | 0.001<br>(0.055) | 0.386***<br>(0.027) | 0.179***<br>(0.032) |
| 少年占比 | −0.531<br>(0.595) | −0.231<br>(0.807) | 0.834<br>(2.305) | 0.077<br>(1.133) | −0.293<br>(1.344) |
| 老年占比 | −0.135***<br>(0.016) | −0.162***<br>(0.022) | −0.890***<br>(0.063) | −0.174***<br>(0.031) | −0.130***<br>(0.037) |
| 户主性别 | −0.061***<br>(0.009) | −0.018<br>(0.013) | −0.082*<br>(0.036) | −0.141***<br>(0.018) | −0.154***<br>(0.021) |
| 户主年龄 | −0.004***<br>(0.001) | −0.003***<br>(0.001) | −0.033***<br>(0.002) | −0.003**<br>(0.001) | −0.016***<br>(0.001) |
| 户主年龄平方 | 0.000***<br>(0.000) | 0.000***<br>(0.000) | 0.002***<br>(0.000) | 0.000**<br>(0.000) | 0.001***<br>(0.000) |
| 户主婚姻状况 | 0.124***<br>(0.012) | 0.159***<br>(0.017) | 0.121*<br>(0.048) | 0.108***<br>(0.024) | 0.114***<br>(0.028) |
| 户主受教育年限 | 0.029***<br>(0.001) | 0.022***<br>(0.002) | 0.041***<br>(0.005) | 0.039***<br>(0.002) | 0.044***<br>(0.003) |
| 户主是否为城镇户口 | 0.202***<br>(0.011) | 0.264***<br>(0.015) | 0.196***<br>(0.042) | 0.236***<br>(0.021) | 0.243***<br>(0.024) |

续 表

| 变量 | (1)<br>ln 家庭总消费 | (2)<br>ln 食品烟酒消费 | (3)<br>ln 衣着消费 | (4)<br>ln 居住消费 | (5)<br>ln 生活用品及服务消费 |
|---|---|---|---|---|---|
| 户主风险偏好 | 0.177*** | 0.100** | 0.297*** | 0.038 | 0.123* |
|  | (0.022) | (0.030) | (0.087) | (0.043) | (0.051) |
| 户主是否有住房公积金 | 0.029 | −0.053* | 0.004 | 0.045 | 0.043 |
|  | (0.018) | (0.024) | (0.069) | (0.034) | (0.040) |
| 常数项 | 8.627*** | 7.823*** | 3.765*** | 5.965*** | 5.554*** |
|  | (0.039) | (0.052) | (0.150) | (0.074) | (0.087) |
| 年份固定效应 | Yes | Yes | Yes | Yes | Yes |
| 省份固定效应 | Yes | Yes | Yes | Yes | Yes |
| $N$ | 28 550 | 28 550 | 28 550 | 28 550 | 28 550 |
| $R^2$ | 0.4 312 | 0.2 348 | 0.3 512 | 0.3 211 | 0.2 916 |

备注：* $p < 0.05$，** $p < 0.01$，*** $p < 0.001$ 分别表示在5%、1%和0.1%水平上显著，括号内为聚类稳健标准误。

该研究结果与主研究结果基本保持一致，即对家庭居住消费和医疗保健消费在5%的水平上显著，对其他各类消费在0.1%的水平上显著。控制省（自治区、直辖市）固定效应之后，老年占比对各类消费（除医疗保健消费和其他消费）仍然具有显著抑制效应。而户主受教育年限对各类消费呈现正向推动作用。

表5.10 控制省（自治区、直辖市）固定效应的住房价值对家庭消费的实证结果（2）

| 变量 | (6)<br>ln 交通通信消费 | (7)<br>ln 教育文化娱乐消费 | (8)<br>ln 医疗保健消费 | (9)<br>ln 其他消费 |
|---|---|---|---|---|
| ln 住房价值 | 0.029*** | 0.050*** | 0.012* | 0.023*** |
|  | (0.002) | (0.005) | (0.004) | (0.004) |

续 表

| 变量 | (6) ln 交通通信消费 | (7) ln 教育文化娱乐消费 | (8) ln 医疗保健消费 | (9) ln 其他消费 |
|---|---|---|---|---|
| ln 金融资产 | 0.123*** | 0.213*** | 0.045*** | 0.105*** |
|  | (0.004) | (0.009) | (0.008) | (0.008) |
| ln 家庭总收入 | 0.061*** | 0.102*** | 0.057*** | 0.079*** |
|  | (0.004) | (0.010) | (0.008) | (0.009) |
| ln 非住房负债 | 0.035*** | 0.045*** | 0.043*** | 0.030*** |
|  | (0.002) | (0.005) | (0.004) | (0.005) |
| 家庭总人数 | 0.102*** | 0.740*** | 0.426*** | 0.057*** |
|  | (0.008) | (0.018) | (0.016) | (0.016) |
| 健康成员人数 | 0.069*** | 0.134*** | −0.357*** | 0.026* |
|  | (0.006) | (0.014) | (0.012) | (0.012) |
| 养老保障人数 | 0.057*** | −0.235*** | 0.102*** | 0.019 |
|  | (0.008) | (0.019) | (0.016) | (0.016) |
| 公务员人数 | 0.076* | 0.119 | 0.022 | 0.038 |
|  | (0.030) | (0.071) | (0.060) | (0.062) |
| 失业人员占比 | −0.179*** | 0.558*** | 0.538*** | −0.174** |
|  | (0.030) | (0.071) | (0.060) | (0.061) |
| 少年占比 | −1.373 | 1.973 | 1.879 | 1.629 |
|  | (1.260) | (2.957) | (2.485) | (2.558) |
| 老年占比 | −0.598*** | −0.033 | 0.576*** | 0.174* |
|  | (0.034) | (0.080) | (0.068) | (0.070) |
| 户主性别 | −0.004 | −0.457*** | −0.122** | 0.023 |
|  | (0.020) | (0.047) | (0.039) | (0.040) |

续　表

| 变量 | (6) ln 交通通信消费 | (7) ln 教育文化娱乐消费 | (8) ln 医疗保健消费 | (9) ln 其他消费 |
| --- | --- | --- | --- | --- |
| 户主年龄 | −0.018*** | −0.041*** | 0.013*** | −0.013*** |
|  | (0.001) | (0.003) | (0.002) | (0.002) |
| 户主年龄平方 | 0.001*** | 0.002*** | −0.001*** | 0.001*** |
|  | (0.000) | (0.000) | (0.000) | (0.000) |
| 户主婚姻状况 | 0.271*** | −0.108 | 0.353*** | −0.130* |
|  | (0.026) | (0.062) | (0.052) | (0.053) |
| 户主受教育年限 | 0.043*** | 0.133*** | 0.018*** | 0.020*** |
|  | (0.003) | (0.006) | (0.005) | (0.006) |
| 户主是否为城镇户口 | 0.077*** | 0.581*** | 0.185*** | 0.006 |
|  | (0.023) | (0.054) | (0.045) | (0.046) |
| 户主风险偏好 | 0.384*** | 0.277* | −0.141 | 0.673*** |
|  | (0.047) | (0.111) | (0.093) | (0.096) |
| 户主是否有住房公积金 | −0.014 | 0.682*** | 0.101 | 0.132 |
|  | (0.038) | (0.089) | (0.075) | (0.077) |
| 常数项 | 5.616*** | 0.253 | 3.676*** | −0.316 |
|  | (0.082) | (0.192) | (0.161) | (0.166) |
| 年份固定效应 | Yes | Yes | Yes | Yes |
| 省份固定效应 | Yes | Yes | Yes | Yes |
| $N$ | 28 550 | 28 550 | 28 550 | 28 550 |
| $R^2$ | 0.3 419 | 0.2 366 | 0.2 785 | 0.3 541 |

备注：* $p < 0.05$，** $p < 0.01$，*** $p < 0.001$ 分别表示在 5%、1% 和 0.1% 水平上显著，括号内为聚类稳健标准误。

### 5.4.2 自变量滞后两期

本研究使用的是 2015 年、2017 年和 2019 年构成的面板数据，滞后一期没有相关数据，因此直接将自变量滞后两期，代入回归方程中，实证结果如表 5.11 和表 5.12 所示。

表 5.11 自变量滞后两期的实证结果（1）

| 变量 | （1）<br>ln 家庭总消费 | （2）<br>ln 食品烟酒消费 | （3）<br>ln 衣着消费 | （4）<br>ln 居住消费 | （5）<br>ln 生活用品及服务消费 |
|---|---|---|---|---|---|
| ln 住房价值 | 0.006*** | 0.010*** | 0.027*** | 0.003 | 0.017*** |
|  | （0.001） | （0.002） | （0.006） | （0.003） | （0.004） |
| ln 金融资产 | 0.029*** | 0.022*** | 0.098*** | 0.022*** | 0.055*** |
|  | （0.003） | （0.004） | （0.011） | （0.005） | （0.007） |
| ln 家庭总收入 | 0.019*** | 0.024*** | 0.063*** | 0.022*** | 0.021** |
|  | （0.002） | （0.005） | （0.011） | （0.005） | （0.007） |
| ln 非住房负债 | 0.013*** | 0.001 | −0.011* | 0.007* | 0.001 |
|  | （0.001） | （0.002） | （0.005） | （0.003） | （0.003） |
| 家庭总人数 | 0.110*** | 0.072*** | 0.197*** | 0.051*** | 0.086*** |
|  | （0.007） | （0.011） | （0.028） | （0.013） | （0.016） |
| 健康成员人数 | 0.002 | 0.010 | 0.032* | 0.012 | 0.020* |
|  | （0.004） | （0.006） | （0.016） | （0.008） | （0.009） |
| 养老保障人数 | 0.016** | 0.010 | 0.058** | 0.034** | 0.035** |
|  | （0.005） | （0.009） | （0.022） | （0.012） | （0.013） |
| 公务员人数 | 0.039* | 0.023 | −0.035 | 0.041 | 0.106** |
|  | （0.016） | （0.025） | （0.059） | （0.036） | （0.037） |

续 表

| 变量 | （1）<br>ln家庭总消费 | （2）<br>ln食品烟酒消费 | （3）<br>ln衣着消费 | （4）<br>ln居住消费 | （5）<br>ln生活用品及服务消费 |
|---|---|---|---|---|---|
| 失业成员占比 | −0.017 | 0.007 | −0.002 | 0.123** | 0.014 |
|  | （0.019） | （0.027） | （0.085） | （0.041） | （0.051） |
| 少年占比 | −0.128 | −0.165 | 6.067*** | −0.506 | −0.130 |
|  | （0.465） | （0.616） | （1.528） | （0.446） | （1.671） |
| 老年占比 | −0.203*** | −0.001 | −0.305* | −0.198** | −0.142 |
|  | （0.032） | （0.057） | （0.142） | （0.063） | （0.080） |
| 户主性别 | 0.036** | 0.029 | 0.043 | 0.004 | 0.014 |
|  | （0.013） | （0.017） | （0.052） | （0.026） | （0.032） |
| 户主年龄 | −0.000 | −0.002 | −0.011** | −0.005* | −0.010*** |
|  | （0.001） | （0.002） | （0.004） | （0.002） | （0.002） |
| 户主年龄平方 | 0.000 | 0.000 | 0.001** | 0.000** | 0.000*** |
|  | （0.000） | （0.000） | （0.000） | （0.000） | （0.000） |
| 户主婚姻状况 | 0.075** | 0.101** | 0.050 | −0.027 | −0.022 |
|  | （0.023） | （0.032） | （0.092） | （0.049） | （0.056） |
| 户主受教育年限 | 0.006** | 0.006 | 0.027** | 0.006 | 0.017** |
|  | （0.002） | （0.004） | （0.010） | （0.005） | （0.006） |
| 户主是否为城镇户口 | 0.045* | 0.002 | 0.118 | 0.094* | 0.118* |
|  | （0.019） | （0.027） | （0.080） | （0.041） | （0.048） |
| 户主风险偏好 | 0.118*** | 0.024 | 0.122 | 0.016 | −0.081 |
|  | （0.025） | （0.046） | （0.109） | （0.059） | （0.064） |
| 户主是否有住房公积金 | −0.011 | −0.016 | 0.004 | 0.014 | −0.123 |
|  | （0.024） | （0.042） | （0.102） | （0.052） | （0.065） |

续 表

| 变量 | (1)<br>ln 家庭总消费 | (2)<br>ln 食品烟酒消费 | (3)<br>ln 衣着消费 | (4)<br>ln 居住消费 | (5)<br>ln 生活用品及服务消费 |
| --- | --- | --- | --- | --- | --- |
| 常数项 | 8.764*** | 8.655*** | 4.074*** | 6.833*** | 5.583*** |
|  | (0.130) | (0.132) | (0.473) | (0.260) | (0.301) |
| 个体固定效应 | Yes | Yes | Yes | Yes | Yes |
| 年份固定效应 | Yes | Yes | Yes | Yes | Yes |
| $N$ | 24 551 | 24 551 | 24 551 | 24 551 | 24 551 |
| $R^2$ | 0.3 981 | 0.2 673 | 0.3 672 | 0.3 322 | 0.2 812 |

备注：* $p<0.05$，** $p<0.01$，*** $p<0.001$ 分别表示在5%、1%和0.1%水平上显著，括号内为聚类稳健标准误。

值得关注的是住房价值在滞后两期后，除了对家庭总消费、食品烟酒消费、衣着消费和生活用品及服务消费等生存型消费存在显著正向刺激作用以外，对发展型消费以及交通通信消费都存在负向抑制效应，尤其对交通通信消费，在 0.1% 的水平上显著为负。其对享受型消费影响不明显，其中对教育文化娱乐消费为负向影响。整体而言，当自变量滞后两期之后，家庭的住房价值效应逐渐凸显，仅仅促进了生存型消费的提升，这意味着住房价值并没有促进家庭消费结构的升级，对于区域消费、经济发展的促进效应有限。这可能因为房贷压力的存在使住房价值效应在短期内较难辐射到生存型消费以上的发展型和享受型消费中。

表 5.12　自变量滞后两期的实证结果（2）

| 变量 | (6)<br>ln 交通通信消费 | (7)<br>ln 教育文化娱乐消费 | (8)<br>ln 医疗保健消费 | (9)<br>ln 其他消费 |
| --- | --- | --- | --- | --- |
| ln 住房价值 | −0.010*** | −0.001 | 0.001 | 0.002 |
|  | (0.002) | (0.006) | (0.005) | (0.006) |

续 表

| 变量 | (6) ln 交通通信消费 | (7) ln 教育文化娱乐消费 | (8) ln 医疗保健消费 | (9) ln 其他消费 |
|---|---|---|---|---|
| ln 金融资产 | 0.062*** | 0.064*** | 0.030* | 0.073*** |
|  | (0.007) | (0.014) | (0.013) | (0.012) |
| ln 家庭总收入 | 0.083*** | 0.090*** | 0.137*** | 0.068** |
|  | (0.011) | (0.024) | (0.023) | (0.022) |
| ln 非住房负债 | 0.018*** | 0.016* | 0.033*** | 0.002 |
|  | (0.003) | (0.008) | (0.007) | (0.008) |
| 家庭总人数 | 0.211*** | 0.777*** | 0.272*** | 0.168*** |
|  | (0.017) | (0.046) | (0.037) | (0.041) |
| 健康成员人数 | 0.005 | 0.022 | −0.154*** | 0.018 |
|  | (0.009) | (0.024) | (0.020) | (0.023) |
| 养老保障人数 | 0.062*** | −0.106** | 0.068* | 0.019 |
|  | (0.012) | (0.032) | (0.027) | (0.031) |
| 公务员人数 | −0.046 | 0.091 | 0.003 | −0.024 |
|  | (0.036) | (0.105) | (0.092) | (0.122) |
| 失业成员占比 | −0.138** | 0.433*** | 0.060 | −0.320*** |
|  | (0.052) | (0.104) | (0.089) | (0.095) |
| 少年占比 | −0.912 | 0.919 | −1.086 | 5.988*** |
|  | (0.942) | (0.703) | (2.111) | (0.909) |
| 老年占比 | −0.475*** | −0.584** | 0.081 | −0.046 |
|  | (0.085) | (0.197) | (0.160) | (0.176) |
| 户主性别 | 0.054 | 0.080 | 0.098 | 0.157* |
|  | (0.030) | (0.076) | (0.066) | (0.075) |

续 表

| 变量 | (6)<br>ln 交通通信消费 | (7)<br>ln 教育文化娱乐消费 | (8)<br>ln 医疗保健消费 | (9)<br>ln 其他消费 |
|---|---|---|---|---|
| 户主年龄 | 0.046*** | −0.069** | −0.001 | 0.104*** |
|  | (0.010) | (0.022) | (0.019) | (0.022) |
| 户主年龄平方 | −0.051*** | 0.054** | 0.001 | −0.098*** |
|  | (0.009) | (0.021) | (0.018) | (0.021) |
| 户主婚姻状况 | 0.060 | 0.072 | 0.342** | −0.587*** |
|  | (0.065) | (0.137) | (0.116) | (0.138) |
| 户主受教育年限 | 0.015* | 0.024 | 0.002 | −0.010 |
|  | (0.006) | (0.014) | (0.012) | (0.013) |
| 户主是否为城镇户口 | 0.037 | 0.120 | 0.031 | 0.127 |
|  | (0.049) | (0.120) | (0.099) | (0.120) |
| 户主风险偏好 | 0.376*** | −0.056 | 0.207 | 0.786*** |
|  | (0.063) | (0.176) | (0.160) | (0.206) |
| 户主是否有住房公积金 | 0.014 | 0.170 | 0.038 | 0.223 |
|  | (0.051) | (0.153) | (0.132) | (0.177) |
| 常数项 | 4.486*** | 2.243*** | 4.031*** | −3.615*** |
|  | (0.281) | (0.670) | (0.591) | (0.658) |
| 个体固定效应 | Yes | Yes | Yes | Yes |
| 年份固定效应 | Yes | Yes | Yes | Yes |
| $N$ | 24 551 | 24 551 | 24 551 | 24 551 |
| $R^2$ | 0.2 313 | 0.3 179 | 0.3 459 | 0.2 245 |

备注：* $p < 0.05$，** $p < 0.01$，*** $p < 0.001$ 分别表示在 5%、1% 和 0.1% 水平上显著，括号内为聚类稳健标准误。

### 5.4.3 倾向性得分匹配

在实际检验过程中，发挥了住房价值效应的家庭可能在某些基本特征上与其他家庭存在系统性差异，比如户主受教育水平、家庭净资产、是否还清家庭债务等。因此，在探讨住房价值对消费的影响时，一是住房价值波动对消费产生的影响，二是家庭自身特征差异对消费产生的影响。这两类影响相互交织，可能导致估计结果产生偏差。因此，为了解决样本选择问题，剥离家庭样本自身特征对整体财富效用的影响，减少干扰因素差异带来的数据偏差和混杂干扰，需要利用PSM对高住房价值家庭组和低住房价值家庭组进行匹配，如果匹配后的两个组别不具有显著差异，但是对家庭消费仍具有统计显著性，则可以认为住房价值与家庭消费之间存在因果关系。

在本书中住房价值是一个连续变量，必须被处理成二元虚拟变量才能进行PSM。首先将住房价值大于均值的样本设置为处理组，将低于均值的样本设置为对照组。其次根据现有文献，参考杨汝岱等（2011）、Ma等（2019）、王慧玲和孔荣（2019）以及史学智和何亚男（2023）等学者的做法，以住房价值虚拟变量为被解释变量，以户主性别、户主年龄平方、户主风险偏好、住房公积金、婚姻状况以及是否还清贷款等作为解释变量，根据Logit回归估计样本的倾向评分。再次在处理组和对照组中采用最近邻匹配原则，以1∶2的配对比例，进行参数为0.05范围内的有放回匹配，并对协变量进行平衡性检验以考察匹配有效性。最后以匹配后的样本为基础，控制个体固定效应和年份固定效应，重新进行回归。

表5.13展示了匹配前后各个解释变量的平衡性检验结果。不难发现，6个解释变量在匹配前的组间均值差异是较大的，其中均通过了0.1%的显著性检验，这说明在匹配前处理组和对照组在基本特征上确实存在明显区别。匹配后各解释变量的偏差绝对值都控制在10%以下，其中5个解释变量偏差减少达到了90%以上。显著性检验的结果表明，匹配后解释变量的$p$值差异不显著，这意味着这些变量不具有显著的组间差异，即均不拒绝"两组间协变量的取值不存在系统性偏差"的原假设，还意味着较好地控制了家庭自身

特征对消费的影响。这是进行下一步回归的关键前提,也为后续因果推断提供了基础。

表5.13 匹配前后各变量的平衡性检验结果

| 匹配变量 | 样本 | 处理组均值 | 对照组均值 | 标准偏差/% | 偏差减少幅度/% | $t$值 | $T$检验伴随概率 |
|---|---|---|---|---|---|---|---|
| 户主性别 | 匹配前 | 0.677 | 0.740 | −13.9 |  | −12.95 | 0.000 |
|  | 匹配后 | 0.677 | 0.675 | 0.3 | 97.9 | 0.31 | 0.759 |
| 户主年龄平方 | 匹配前 | 35.80 | 37.15 | −0.7 |  | −7.16 | 0.000 |
|  | 匹配后 | 35.81 | 34.15 | 0.9 | −22.8 | 0.98 | 0.328 |
| 户主风险偏好 | 匹配前 | 0.036 | 0.049 | 16.9 |  | 15.32 | 0.000 |
|  | 匹配后 | 0.036 | 0.034 | 0.50 | 97.0 | 0.49 | 0.621 |
| 婚姻状况 | 匹配前 | 0.879 | 0.841 | 10.9 |  | 10.33 | 0.000 |
|  | 匹配后 | 0.879 | 0.879 | −0.1 | 99.3 | −0.09 | 0.928 |
| 住房公积金 | 匹配前 | 0.098 | 0.053 | −6.3 |  | 6.01 | 0.000 |
|  | 匹配后 | 0.097 | 0.096 | 0.9 | 85.7 | 1.08 | 0.282 |
| 是否还清贷款 | 匹配前 | 0.855 | 0.712 | 35.1 |  | 34.02 | 0.000 |
|  | 匹配后 | 0.855 | 0.855 | −0.1 | 99.9 | −0.06 | 0.948 |
| 是否受信贷约束 | 匹配前 | 0.049 | 0.033 | 8.1 |  | 7.41 | 0.000 |
|  | 匹配后 | 0.047 | 0.500 | 0.5 | 93.7 | 0.52 | 0.605 |

备注:如果方差在 [0.97, 1.03] 之外则无法匹配,如果方差在这一区间内则匹配。

表5.14反映的是匹配前后整体的平衡性检查结果,从中可以了解到,标准化偏差均值由13.1下降到0.5,偏差均值也由10.9下降到了0.5,均值下降说明整体各个解释变量之间的匹配效率较高。

表5.14 匹配前后整体平衡性检验结果

| 样本 | Ps $R^2$ | LR $x^2$ | $P>x^2$ | 标准化偏差 | 偏差均值 | $B$ | $R$ | 百分比偏差 |
|---|---|---|---|---|---|---|---|---|
| 匹配前 | 0.038 | 1 883.47 | 0.000 | 13.1 | 10.9 | 46.7* | 0.83 | 100 |
| 匹配后 | 0.000 | 2.93 | 0.888 | 0.5 | 0.5 | 1.40 | 6.45* | 100 |

从图5.1所示的最近邻匹配效果直观图中可以看出,匹配前的偏差相对

较大，匹配后整体的偏差显著变小，再次说明整体匹配结果良好，很好地满足了进行 PSM 所要求的共同支撑假设条件。

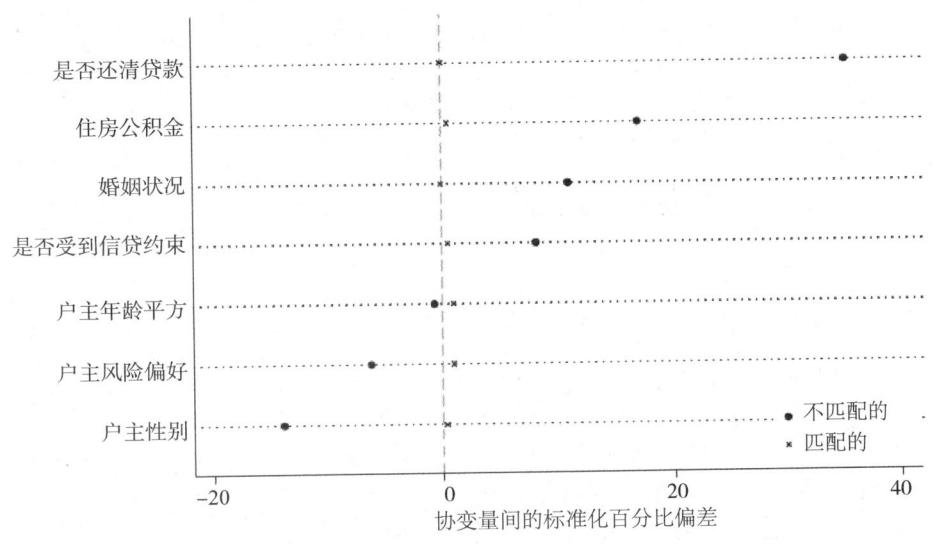

图 5.1 最近邻匹配效果直观图

基于匹配后的样本，控制个体固定效应和年份固定效应，重新对基准回归模型进行估计，回归结果如表 5.15 和表 5.16 所示。研究结果与主研究结果基本保持一致，除了对居住消费和医疗保健消费影响不显著，对家庭总消费、食品烟酒消费、衣着消费、生活用品及服务消费、交通通信消费在 0.1% 的水平上显著，对教育文化娱乐消费在 1% 的水平上显著，对其他消费在 5% 的水平上显著。

表 5.15 PSM 后住房价值对家庭消费的实证结果（1）

| 变量 | (1)<br>ln 家庭<br>总消费 | (2)<br>ln 食品烟酒<br>消费 | (3)<br>ln 衣着<br>消费 | (4)<br>ln 居住<br>消费 | (5)<br>ln 生活用<br>品及服务<br>消费 |
|---|---|---|---|---|---|
| ln 住房价值 | 0.053***<br>(0.014) | 0.089***<br>(0.022) | 0.287***<br>(0.059) | 0.063*<br>(0.031) | 0.185***<br>(0.035) |

续 表

| 变量 | (1)<br>ln 家庭总消费 | (2)<br>ln 食品烟酒消费 | (3)<br>ln 衣着消费 | (4)<br>ln 居住消费 | (5)<br>ln 生活用品及服务消费 |
|---|---|---|---|---|---|
| ln 金融资产 | 0.029*** | 0.022*** | 0.098*** | 0.022*** | 0.054*** |
|  | (0.003) | (0.004) | (0.011) | (0.005) | (0.007) |
| ln 家庭总收入 | 0.019*** | 0.022*** | 0.060*** | 0.023*** | 0.021** |
|  | (0.002) | (0.005) | (0.011) | (0.005) | (0.007) |
| ln 非住房负债 | 0.013*** | 0.002 | −0.009 | 0.006* | 0.001 |
|  | (0.001) | (0.002) | (0.006) | (0.003) | (0.003) |
| 家庭总人数 | 0.112*** | 0.075*** | 0.201*** | 0.050*** | 0.086*** |
|  | (0.007) | (0.011) | (0.029) | (0.013) | (0.017) |
| 健康成员人数 | 0.002 | 0.010 | 0.034* | 0.011 | 0.022* |
|  | (0.004) | (0.006) | (0.017) | (0.008) | (0.009) |
| 养老保障人数 | 0.017** | 0.009 | 0.060** | 0.033** | 0.035* |
|  | (0.005) | (0.010) | (0.023) | (0.012) | (0.014) |
| 公务员人数 | 0.033 | 0.024 | −0.010 | 0.038 | 0.105** |
|  | (0.017) | (0.028) | (0.062) | (0.039) | (0.040) |
| 失业成员占比 | −0.018 | 0.002 | −0.025 | 0.113** | −0.003 |
|  | (0.020) | (0.028) | (0.087) | (0.042) | (0.052) |
| 少年占比 | 0.369 | −0.194 | 3.828* | −0.615 | 1.272 |
|  | (0.394) | (1.069) | (1.894) | (0.583) | (1.813) |
| 老年占比 | −0.185*** | 0.008 | −0.305* | −0.216*** | −0.147 |
|  | (0.033) | (0.060) | (0.150) | (0.065) | (0.085) |
| 户主性别 | 0.037** | 0.029 | 0.049 | 0.006 | 0.035 |
|  | (0.013) | (0.018) | (0.054) | (0.027) | (0.033) |

续 表

| 变量 | (1)<br>ln 家庭总消费 | (2)<br>ln 食品烟酒消费 | (3)<br>ln 衣着消费 | (4)<br>ln 居住消费 | (5)<br>ln 生活用品及服务消费 |
|---|---|---|---|---|---|
| 户主年龄 | 0.001 | −0.002 | −0.041* | −0.023* | −0.016 |
|  | (0.004) | (0.007) | (0.016) | (0.009) | (0.011) |
| 户主年龄平方 | −0.001 | 0.001 | 0.028 | 0.016 | 0.006 |
|  | (0.004) | (0.007) | (0.016) | (0.008) | (0.011) |
| 户主婚姻状况 | 0.074** | 0.108** | 0.080 | −0.022 | −0.037 |
|  | (0.025) | (0.035) | (0.103) | (0.055) | (0.063) |
| 户主受教育年限 | 0.007** | 0.006 | 0.028** | 0.004 | 0.017** |
|  | (0.002) | (0.004) | (0.010) | (0.005) | (0.006) |
| 户主是否为城镇户口 | 0.047* | 0.003 | 0.097 | 0.114** | 0.104* |
|  | (0.019) | (0.028) | (0.082) | (0.041) | (0.049) |
| 户主风险偏好 | 0.114*** | 0.017 | 0.218 | −0.001 | −0.052 |
|  | (0.029) | (0.054) | (0.119) | (0.065) | (0.071) |
| 户主是否有住房公积金 | 0.002 | −0.009 | 0.017 | 0.049 | −0.066 |
|  | (0.026) | (0.049) | (0.111) | (0.059) | (0.073) |
| 常数项 | 9.311*** | 8.328*** | 6.358*** | 7.700*** | 5.650*** |
|  | (0.122) | (0.206) | (0.482) | (0.267) | (0.318) |
| 个体固定效应 | Yes | Yes | Yes | Yes | Yes |
| 年份固定效应 | Yes | Yes | Yes | Yes | Yes |
| $N$ | 28 139 | 28 139 | 28 139 | 28 139 | 28 139 |
| $R^2$ | 0.2 217 | 0.3 121 | 0.3 491 | 0.3 214 | 0.2 816 |

备注：* $p<0.05$，** $p<0.01$，*** $p<0.001$ 分别表示在5%、1%和0.1%水平上显著，括号内为聚类稳健标准误。

表 5.16 PSM 后住房价值对家庭消费的实证结果（2）

| 变量 | (6)<br>ln 交通通信消费 | (7)<br>ln 教育文化娱乐消费 | (8)<br>ln 医疗保健消费 | (9)<br>ln 其他消费 |
| --- | --- | --- | --- | --- |
| ln 住房价值 | 0.168*** | 0.244*** | 0.041 | 0.122 |
|  | (0.031) | (0.067) | (0.060) | (0.066) |
| ln 金融资产 | 0.066*** | 0.054*** | 0.052*** | 0.054*** |
|  | (0.006) | (0.013) | (0.011) | (0.011) |
| ln 家庭总收入 | 0.029*** | 0.024* | 0.034** | 0.050*** |
|  | (0.005) | (0.011) | (0.011) | (0.013) |
| ln 非住房负债 | 0.014*** | 0.023*** | 0.025*** | 0.004 |
|  | (0.003) | (0.007) | (0.006) | (0.007) |
| 家庭总人数 | 0.150*** | 0.543*** | 0.226*** | 0.112*** |
|  | (0.015) | (0.034) | (0.029) | (0.030) |
| 健康成员人数 | 0.028** | 0.126*** | −0.160*** | 0.017 |
|  | (0.009) | (0.020) | (0.017) | (0.019) |
| 养老保障人数 | 0.074*** | −0.045 | 0.090*** | 0.042 |
|  | (0.011) | (0.027) | (0.024) | (0.026) |
| 公务员人数 | −0.031 | 0.023 | 0.120 | −0.025 |
|  | (0.033) | (0.093) | (0.087) | (0.114) |
| 失业成员占比 | −0.161*** | 0.167 | 0.039 | −0.343*** |
|  | (0.049) | (0.097) | (0.083) | (0.092) |
| 少年占比 | 0.216 | 1.900 | 2.736 | 7.829*** |
|  | (0.624) | (1.067) | (1.797) | (1.212) |
| 老年占比 | −0.492*** | −0.709*** | 0.020 | 0.028 |
|  | (0.078) | (0.162) | (0.139) | (0.153) |

续表

| 变量 | (6) ln 交通通信消费 | (7) ln 教育文化娱乐消费 | (8) ln 医疗保健消费 | (9) ln 其他消费 |
|---|---|---|---|---|
| 户主性别 | 0.049 | −0.003 | 0.103 | 0.062 |
|  | (0.028) | (0.068) | (0.061) | (0.067) |
| 户主年龄 | 0.036*** | −0.085*** | 0.017 | 0.093*** |
|  | (0.009) | (0.021) | (0.019) | (0.021) |
| 户主年龄平方 | −0.041*** | 0.070*** | −0.014 | −0.089*** |
|  | (0.009) | (0.019) | (0.018) | (0.020) |
| 户主婚姻状况 | 0.056 | 0.081 | 0.379*** | −0.354** |
|  | (0.060) | (0.119) | (0.109) | (0.123) |
| 户主受教育年限 | 0.005 | 0.008 | 0.004 | −0.011 |
|  | (0.006) | (0.012) | (0.011) | (0.011) |
| 户主是否为城镇户口 | 0.042 | 0.138 | −0.018 | 0.194 |
|  | (0.044) | (0.103) | (0.093) | (0.109) |
| 户主风险偏好 | 0.287*** | −0.048 | −0.015 | 0.600*** |
|  | (0.062) | (0.138) | (0.137) | (0.160) |
| 户主是否有住房公积金 | 0.053 | 0.225 | −0.155 | 0.502** |
|  | (0.051) | (0.136) | (0.131) | (0.173) |
| 常数项 | 4.945*** | 4.554*** | 4.002*** | −1.816** |
|  | (0.270) | (0.607) | (0.550) | (0.623) |
| 个体固定效应 | Yes | Yes | Yes | Yes |
| 年份固定效应 | Yes | Yes | Yes | Yes |
| $N$ | 28 139 | 28 139 | 28 139 | 28 139 |
| $R^2$ | 0.3 231 | 0.3 716 | 0.3 229 | 0.2 198 |

备注：* $p<0.05$，** $p<0.01$，*** $p<0.001$ 分别表示在 5%、1% 和 0.1% 水平上显著，括号内为聚类稳健标准误。

## 5.5 稳健性检验

### 5.5.1 Heckman 两阶段模型

主回归采用双向固定效应模型验证住房价值对家庭消费的影响。部分家庭通过自建房或者租房的形式获得住房，并没有通过购买或者银行抵押贷款形成住房价值。一个样本是否被选为"住房价值"样本，并非一个随机和外生的事件，受很多因素的影响，这个样本才能"被看见"或者"被选择"，从而导致目前难以确定观测到的样本是否能够代表整体结果，如果对截面数据采用一般 OLS 估计方法，可能会产生选择性偏误。主回归采用的双向固定效应模型能在一定程度上解决个体不随时间变化的遗漏变量问题，但无法解决样本选择偏误问题。因此，在这一阶段，尝试采用 Heckman 两阶段模型进行修正。主要包括两步：第一步构建居民家庭是否拥有住房资产的 Probit 回归模型，将影响样本"被选择"的多个变量放入方程，并估计出样本的逆米尔斯比率；第二步将逆米尔斯比率作为控制变量，加入住房价值对家庭消费影响的回归模型中，消除样本选择偏差。具体模型如下。

$$\Pr(\text{h\_wealth}_{it}=1)$$
$$=\Phi(\gamma Z_{it})$$
$$=\beta_0+\beta_1\text{h\_wealth}_{it-1}+\beta_2\text{income}_{it-1}+\sum\beta_k X_{it}+\lambda_i+\mu_t+\varepsilon_{it} \quad (5.53)$$

$$\text{total\_cons}_{it}=\alpha_0+\alpha_1\text{h\_wealth}_{it}+\rho\sigma\hat{\lambda}(\gamma Z_{it})+\sum\alpha_k X_{it}+\lambda_i+\mu_t+\varepsilon_{it} \quad (5.54)$$

式（5.53）为第一步选择方程，解释变量引入了家庭上一期的住房价值，上一期的家庭收入加 1 取对数，并且考虑个体固定效应和年份固定效应。在第二步将式（5.53）算出的 $\hat{\lambda}(\gamma Z_{it})$ 逆米尔斯比率代入式（5.54），从而估算出修正后的 $\hat{\alpha}_1$、$\hat{\rho}$ 以及 $\hat{\sigma}$。将 2015 年、2017 年和 2019 年的数据合并为面板数据，采用 Heckman 两阶段模型进行估计。第一步构建起住房价值虚拟变量，将住房价值虚拟变量代入 Probit 回归模型，算出逆米尔斯比率；第二步将逆米尔斯比率代入式（5.54）中，测算各估计值的大小。与此同时控制省份固定效应和年份固定效应。实证结果如表 5.17、表 5.18 所示。

表 5.17 利用 Heckman 两阶段模型验证住房价值对家庭各类消费的实证结果（1）

| 变量 | （1）<br>ln 家庭<br>总消费 | （2）<br>ln 食品烟酒<br>消费 | （3）<br>ln 衣着<br>消费 | （4）<br>ln 居住<br>消费 | （5）<br>ln 生活用品<br>及服务消费 |
|---|---|---|---|---|---|
| ln 住房价值 | 0.098*** | 0.081*** | 0.114*** | 0.155*** | 0.118*** |
|  | (0.003) | (0.003) | (0.011) | (0.005) | (0.006) |
| ln 金融资产 | 0.061*** | 0.048*** | 0.147*** | 0.039*** | 0.098*** |
|  | (0.003) | (0.003) | (0.009) | (0.004) | (0.005) |
| ln 家庭总收入 | 0.073*** | 0.061*** | 0.135*** | 0.052*** | 0.072*** |
|  | (0.003) | (0.003) | (0.010) | (0.005) | (0.006) |
| ln 非住房负债 | 0.020*** | 0.005*** | 0.005 | 0.009*** | 0.011*** |
|  | (0.001) | (0.001) | (0.004) | (0.002) | (0.003) |
| 家庭总人数 | 0.135*** | 0.074*** | 0.179*** | 0.057*** | 0.098*** |
|  | (0.005) | (0.005) | (0.016) | (0.007) | (0.010) |
| 健康成员人数 | −0.001 | 0.021*** | 0.071*** | 0.021*** | 0.049*** |
|  | (0.004) | (0.004) | (0.013) | (0.006) | (0.008) |
| 养老保障人数 | 0.007 | −0.000 | 0.017 | 0.003 | 0.027*** |
|  | (0.005) | (0.005) | (0.017) | (0.008) | (0.010) |
| 公务员人数 | 0.056*** | 0.001 | 0.105* | 0.070*** | 0.115*** |
|  | (0.018) | (0.017) | (0.057) | (0.027) | (0.035) |
| 失业成员占比 | 0.172*** | 0.247*** | 0.012 | 0.272*** | 0.068* |
|  | (0.019) | (0.019) | (0.063) | (0.030) | (0.038) |

续 表

| 变量 | (1) ln 家庭总消费 | (2) ln 食品烟酒消费 | (3) ln 衣着消费 | (4) ln 居住消费 | (5) ln 生活用品及服务消费 |
|---|---|---|---|---|---|
| 少年占比 | −0.800 | −0.314 | −0.750 | −0.124 | −1.988 |
|  | (0.819) | (0.786) | (2.621) | (1.223) | (1.587) |
| 老年占比 | −0.151*** | −0.162*** | −0.849*** | −0.101*** | −0.173*** |
|  | (0.022) | (0.021) | (0.071) | (0.033) | (0.042) |
| 户主性别 | −0.021* | 0.008 | −0.044 | −0.084*** | −0.103*** |
|  | (0.012) | (0.012) | (0.039) | (0.018) | (0.023) |
| 户主年龄 | −0.003*** | −0.002*** | −0.033*** | −0.003*** | −0.015*** |
|  | (0.001) | (0.001) | (0.002) | (0.001) | (0.001) |
| 户主年龄平方 | 0.000*** | 0.000*** | 0.002*** | 0.000*** | 0.001*** |
|  | (0.000) | (0.000) | (0.000) | (0.000) | (0.000) |
| 户主婚姻状况 | 0.166*** | 0.190*** | −0.017 | 0.090*** | 0.186*** |
|  | (0.018) | (0.019) | (0.063) | (0.030) | (0.037) |
| 户主受教育年限 | 0.027*** | 0.018*** | 0.026*** | 0.030*** | 0.044*** |
|  | (0.002) | (0.002) | (0.006) | (0.003) | (0.003) |
| 户主是否为城镇户口 | 0.134*** | 0.212*** | 0.169*** | 0.154*** | 0.176*** |
|  | (0.014) | (0.014) | (0.046) | (0.021) | (0.028) |
| 户主风险偏好 | 0.206*** | 0.091*** | 0.244** | 0.039 | 0.178*** |
|  | (0.030) | (0.030) | (0.099) | (0.047) | (0.059) |
| 户主是否有住房公积金 | 0.033 | −0.029 | −0.012 | 0.041 | 0.070 |
|  | (0.023) | (0.022) | (0.073) | (0.034) | (0.044) |
| 常数项 | 6.707*** | 6.695*** | 6.568*** | 2.009*** | 3.090*** |
|  | (0.199) | (0.245) | (0.778) | (0.427) | (0.649) |

续 表

| 变量 | (1) ln家庭总消费 | (2) ln食品烟酒消费 | (3) ln衣着消费 | (4) ln居住消费 | (5) ln生活用品及服务消费 |
|---|---|---|---|---|---|
| 逆米尔斯比率 | 0.824*** | 0.211 | −1.413*** | −0.020 | 1.316*** |
|  | (0.126) | (0.161) | (0.508) | (0.254) | (0.275) |
| 年份固定效应 | Yes | Yes | Yes | Yes | Yes |
| 省份固定效应 | Yes | Yes | Yes | Yes | Yes |
| $N$ | 28 550 | 28 550 | 28 550 | 28 550 | 28 550 |
| $R^2$ | 0.3 718 | 0.2 746 | 0.3 529 | 0.2 448 | 0.2 619 |

备注：* $p<0.05$，** $p<0.01$，*** $p<0.001$ 分别表示在5%、1%和0.1%水平上显著，括号内为聚类稳健标准误。

采用Heckman两阶段模型进行估计显示：住房价值对家庭的生存型消费、发展型消费和享受型消费均呈现显著正向影响，说明主回归中的研究结果具有稳定性。值得关注的是食品烟酒消费、居住消费以及交通通信消费的逆米尔斯比率系数估计值不显著，这意味着这三类消费的样本选择与整体无显著差异，能较好地反映整体情况。而其余几类估值均在1%的水平上显著，意味着存在样本选择偏误问题。

表5.18　利用Heckman两阶段法模型验证住房价值对家庭各类消费的实证结果（2）

| 变量 | (6) ln交通通信消费 | (7) ln教育文化娱乐消费 | (8) ln医疗保健消费 | (9) ln其他消费 |
|---|---|---|---|---|
| ln住房价值 | 0.127*** | 0.231*** | 0.026** | 0.051*** |
|  | (0.006) | (0.015) | (0.012) | (0.013) |
| ln金融资产 | 0.103*** | 0.219*** | 0.060*** | 0.101*** |
|  | (0.005) | (0.013) | (0.011) | (0.011) |

续 表

| 变量 | (6) ln 交通通信消费 | (7) ln 教育文化娱乐消费 | (8) ln 医疗保健消费 | (9) ln 其他消费 |
|---|---|---|---|---|
| ln 家庭总收入 | 0.085*** | 0.131*** | 0.091*** | 0.105*** |
|  | (0.006) | (0.014) | (0.011) | (0.012) |
| ln 非住房负债 | 0.033*** | 0.038*** | 0.038*** | 0.027*** |
|  | (0.002) | (0.006) | (0.005) | (0.005) |
| 家庭总人数 | 0.127*** | 0.820*** | 0.480*** | 0.088*** |
|  | (0.009) | (0.023) | (0.018) | (0.018) |
| 健康成员人数 | 0.047*** | 0.118*** | −0.351*** | 0.013 |
|  | (0.007) | (0.018) | (0.015) | (0.015) |
| 养老保障人数 | 0.056*** | −0.213*** | 0.107*** | 0.020 |
|  | (0.009) | (0.024) | (0.020) | (0.020) |
| 公务员人数 | 0.078** | 0.044 | −0.045 | 0.046 |
|  | (0.031) | (0.082) | (0.066) | (0.066) |
| 失业成员占比 | −0.251*** | 0.333*** | 0.512*** | −0.222*** |
|  | (0.034) | (0.089) | (0.072) | (0.074) |
| 少年占比 | −1.487 | 1.719 | 2.212 | −1.463 |
|  | (1.420) | (3.740) | (3.033) | (3.028) |
| 老年占比 | −0.592*** | −0.094 | 0.484*** | 0.118 |
|  | (0.039) | (0.100) | (0.082) | (0.083) |
| 户主性别 | 0.038* | −0.345*** | −0.071 | 0.049 |
|  | (0.021) | (0.055) | (0.045) | (0.045) |
| 户主年龄 | −0.017*** | −0.035*** | 0.017*** | −0.010*** |
|  | (0.001) | (0.003) | (0.003) | (0.003) |

续 表

| 变量 | (6) ln 交通通信消费 | (7) ln 教育文化娱乐消费 | (8) ln 医疗保健消费 | (9) ln 其他消费 |
|---|---|---|---|---|
| 户主年龄平方 | 0.001*** | 0.002*** | −0.001*** | 0.000*** |
|  | (0.000) | (0.000) | (0.000) | (0.000) |
| 户主婚姻状况 | 0.239*** | 0.079 | 0.453*** | −0.115 |
|  | (0.035) | (0.087) | (0.072) | (0.075) |
| 户主受教育年限 | 0.035*** | 0.138*** | 0.024*** | 0.023*** |
|  | (0.003) | (0.008) | (0.006) | (0.006) |
| 户主是否为城镇户口 | 0.008 | 0.379*** | 0.146*** | −0.059 |
|  | (0.025) | (0.065) | (0.053) | (0.053) |
| 户主风险偏好 | 0.420*** | 0.375*** | −0.003 | 0.688*** |
|  | (0.054) | (0.140) | (0.114) | (0.115) |
| 户主是否有住房公积金 | −0.026 | 0.716*** | 0.231*** | 0.113 |
|  | (0.040) | (0.104) | (0.085) | (0.084) |
| 常数项 | 3.864*** | −5.787*** | 0.434 | −1.073 |
|  | (0.444) | (1.007) | (0.868) | (0.952) |
| 逆米尔斯比率 | 0.326 | 3.090*** | 2.028*** | 2.817*** |
|  | (0.292) | (0.649) | (0.564) | (0.515) |
| 年份固定效应 | Yes | Yes | Yes | Yes |
| 省份固定效应 | Yes | Yes | Yes | Yes |
| $N$ | 28 550 | 28 550 | 28 550 | 28 550 |
| $R^2$ | 0.4 323 | 0.3 229 | 0.3 411 | 0.2 459 |

备注：* $p < 0.05$，** $p < 0.01$，*** $p < 0.001$ 分别表示在5%、1%和0.1%水平上显著，括号内为聚类稳健标准误。

### 5.5.2 替换住房价值的代理变量

在主研究过程中,住房价值等于住房资产总值减去住房负债总额。根据陆智强与李红玉(2021)的推理模型,除了家庭净资产会产生价值效应以外,家庭中与资产相关的借债也能产生价值效应,即"未兑现的价值效应"。这种效应的产生来源于消费心理学,消费心理学认为个体在消费时会考虑获取消费资金的"成本",包含体力成本和脑力成本。持有住房资产的家庭在消费决策过程中会认为相较于每天辛勤工作带来的常规收入,住房价值增长属于偶然收入,获得这种偶然收入的成本较低,因此在消费过程中,更倾向于使用这种"低成本"财富。住房借贷正是获得这种偶然收入的"源泉"。住房价值不仅仅包括住房净资产,还包括住房负债,将这两类合并作为新住房价值的衡量指标。仍然采用控制个体固定效应和年份固定效应的双向固定效应模型进行检验,结果如表5.19、表5.20所示。

表5.19 新住房价值对家庭各类消费的实证结果(1)

| 变量 | (1)<br>ln 家庭总消费 | (2)<br>ln 食品烟酒消费 | (3)<br>ln 衣着消费 | (4)<br>ln 居住消费 | (5)<br>ln 生活用品及服务消费 |
|---|---|---|---|---|---|
| ln 住房价值 | 0.006*** | 0.010*** | 0.027*** | 0.003 | 0.017*** |
|  | (0.001) | (0.002) | (0.006) | (0.003) | (0.004) |
| ln 金融资产 | 0.029*** | 0.022*** | 0.098*** | 0.022*** | 0.055*** |
|  | (0.003) | (0.004) | (0.011) | (0.005) | (0.007) |
| ln 家庭总收入 | 0.019*** | 0.024*** | 0.063*** | 0.022*** | 0.021** |
|  | (0.002) | (0.005) | (0.011) | (0.005) | (0.007) |
| ln 非住房负债 | 0.013*** | 0.001 | −0.011* | 0.007* | 0.001 |
|  | (0.001) | (0.002) | (0.005) | (0.003) | (0.003) |
| 家庭总人数 | 0.110*** | 0.072*** | 0.197*** | 0.051*** | 0.086*** |
|  | (0.007) | (0.011) | (0.028) | (0.013) | (0.016) |

续　表

| 变量 | （1） ln 家庭总消费 | （2） ln 食品烟酒消费 | （3） ln 衣着消费 | （4） ln 居住消费 | （5） ln 生活用品及服务消费 |
|---|---|---|---|---|---|
| 健康成员人数 | 0.002 | 0.010 | 0.032* | 0.012 | 0.020* |
|  | (0.004) | (0.006) | (0.016) | (0.008) | (0.009) |
| 养老保障人数 | 0.016** | 0.010 | 0.058** | 0.034** | 0.035** |
|  | (0.005) | (0.009) | (0.022) | (0.012) | (0.013) |
| 公务员人数 | 0.039* | 0.023 | −0.035 | 0.041 | 0.106** |
|  | (0.016) | (0.025) | (0.059) | (0.036) | (0.037) |
| 失业成员占比 | −0.017 | 0.007 | −0.002 | 0.123** | 0.014 |
|  | (0.019) | (0.027) | (0.085) | (0.041) | (0.051) |
| 少年占比 | −0.128 | −0.165 | 6.067*** | −0.506 | −0.130 |
|  | (0.465) | (0.616) | (1.528) | (0.446) | (1.671) |
| 老年占比 | −0.203*** | −0.001 | −0.305* | −0.198** | −0.142 |
|  | (0.032) | (0.057) | (0.142) | (0.063) | (0.080) |
| 户主性别 | 0.036** | 0.029 | 0.043 | 0.004 | 0.014 |
|  | (0.013) | (0.017) | (0.052) | (0.026) | (0.032) |
| 户主年龄 | −0.000 | −0.002 | −0.011** | −0.005* | −0.010*** |
|  | (0.001) | (0.002) | (0.004) | (0.002) | (0.002) |
| 户主年龄平方 | 0.000 | 0.000 | 0.001** | 0.000** | 0.000*** |
|  | (0.000) | (0.000) | (0.000) | (0.000) | (0.000) |
| 户主婚姻状况 | 0.075** | 0.101** | 0.050 | −0.027 | −0.022 |
|  | (0.023) | (0.032) | (0.092) | (0.049) | (0.056) |
| 户主受教育年限 | 0.006** | 0.006 | 0.027** | 0.006 | 0.017** |
|  | (0.002) | (0.004) | (0.010) | (0.005) | (0.006) |

续 表

| 变量 | （1）<br>ln 家庭总消费 | （2）<br>ln 食品烟酒消费 | （3）<br>ln 衣着消费 | （4）<br>ln 居住消费 | （5）<br>ln 生活用品及服务消费 |
|---|---|---|---|---|---|
| 户主是否为城镇户口 | 0.045* | 0.002 | 0.118 | 0.094* | 0.118* |
|  | (0.019) | (0.027) | (0.080) | (0.041) | (0.048) |
| 户主风险偏好 | 0.118*** | 0.024 | 0.122 | 0.016 | −0.081 |
|  | (0.025) | (0.046) | (0.109) | (0.059) | (0.064) |
| 户主是否有住房公积金 | −0.011 | −0.016 | 0.004 | 0.014 | −0.123 |
|  | (0.024) | (0.042) | (0.102) | (0.052) | (0.065) |
| 常数项 | 9.340*** | 8.317*** | 5.694*** | 7.194*** | 5.481*** |
|  | (0.073) | (0.121) | (0.294) | (0.155) | (0.185) |
| 个体固定效应 | Yes | Yes | Yes | Yes | Yes |
| 年份固定效应 | Yes | Yes | Yes | Yes | Yes |
| $N$ | 28 857 | 28 857 | 28 857 | 28 857 | 28 857 |
| $R^2$ | 0.3 443 | 0.2 563 | 0.3 381 | 0.2 267 | 0.2 189 |

备注：* $p<0.05$，** $p<0.01$，*** $p<0.001$ 分别表示在5%、1%和0.1%水平上显著，括号内为聚类稳健标准误。

新变量对家庭各类消费的影响与原变量基本保持一致。住房价值对家庭的居住消费以及医疗保健消费影响不显著，主要促进了家庭食品烟酒消费、衣着消费、生活用品及服务消费、交通通信消费、教育文化娱乐消费以及其他消费，即促进了家庭的生存型消费和部分享受型消费，对于发展型消费影响不明显。

表 5.20 新住房价值对家庭各类消费的实证结果（2）

| 变量 | (6) ln 交通通信消费 | (7) ln 教育文化娱乐消费 | (8) ln 医疗保健消费 | (9) ln 其他消费 |
|---|---|---|---|---|
| ln 住房价值 | 0.018*** | 0.021*** | 0.008 | 0.016* |
|  | (0.003) | (0.006) | (0.006) | (0.007) |
| ln 金融资产 | 0.066*** | 0.054*** | 0.049*** | 0.057*** |
|  | (0.006) | (0.012) | (0.011) | (0.011) |
| ln 家庭总收入 | 0.030*** | 0.029** | 0.033** | 0.053*** |
|  | (0.005) | (0.011) | (0.011) | (0.012) |
| ln 非住房负债 | 0.014*** | 0.023*** | 0.023*** | 0.006 |
|  | (0.003) | (0.007) | (0.006) | (0.007) |
| 家庭总人数 | 0.139*** | 0.551*** | 0.234*** | 0.102*** |
|  | (0.014) | (0.034) | (0.028) | (0.030) |
| 健康成员人数 | 0.025** | 0.122*** | −0.159*** | 0.017 |
|  | (0.008) | (0.020) | (0.017) | (0.019) |
| 养老保障人数 | 0.078*** | −0.056* | 0.097*** | 0.051* |
|  | (0.011) | (0.026) | (0.023) | (0.025) |
| 公务员人数 | −0.015 | 0.011 | 0.127 | −0.041 |
|  | (0.032) | (0.087) | (0.082) | (0.110) |
| 失业成员占比 | −0.178*** | 0.210* | 0.031 | −0.379*** |
|  | (0.048) | (0.095) | (0.081) | (0.090) |
| 少年占比 | −1.685* | 2.989*** | 0.347 | 4.609*** |
|  | (0.813) | (0.539) | (1.743) | (1.303) |
| 老年占比 | −0.596*** | −0.610*** | 0.011 | −0.162 |
|  | (0.075) | (0.156) | (0.133) | (0.146) |

续 表

| 变量 | （6）<br>ln 交通通信消费 | （7）<br>ln 教育文化娱乐消费 | （8）<br>ln 医疗保健消费 | （9）<br>ln 其他消费 |
|---|---|---|---|---|
| 户主性别 | 0.041 | −0.008 | 0.090 | 0.068 |
|  | （0.027） | （0.066） | （0.059） | （0.066） |
| 户主年龄 | −0.008*** | −0.012** | 0.004 | 0.001 |
|  | （0.002） | （0.004） | （0.004） | （0.004） |
| 户主年龄平方 | 0.000*** | 0.001** | −0.000 | −0.000 |
|  | （0.000） | （0.000） | （0.000） | （0.000） |
| 户主婚姻状况 | 0.141** | −0.049 | 0.291** | −0.219 |
|  | （0.053） | （0.109） | （0.100） | （0.114） |
| 户主受教育年限 | 0.006 | 0.012 | 0.004 | −0.014 |
|  | （0.006） | （0.012） | （0.011） | （0.011） |
| 户主是否为城镇户口 | 0.053 | 0.152 | −0.050 | 0.202 |
|  | （0.042） | （0.101） | （0.090） | （0.107） |
| 户主风险偏好 | 0.323*** | −0.125 | −0.014 | 0.595*** |
|  | （0.055） | （0.123） | （0.123） | （0.146） |
| 户主是否有住房公积金 | 0.018 | 0.196 | −0.068 | 0.358* |
|  | （0.047） | （0.129） | （0.121） | （0.157） |
| 常数项 | 5.965*** | 2.809*** | 4.358*** | 0.303 |
|  | （0.162） | （0.350） | （0.319） | （0.350） |
| 个体固定效应 | Yes | Yes | Yes | Yes |
| 年份固定效应 | Yes | Yes | Yes | Yes |
| $N$ | 28 857 | 28 857 | 28 857 | 28 857 |
| $R^2$ | 0.4672 | 0.3321 | 0.2392 | 0.3426 |

备注：* $p<0.05$，** $p<0.01$，*** $p<0.001$ 分别表示在 5%、1% 和 0.1% 水平上显著，括号内为聚类稳健标准误。

## 5.6 传导机制检验

### 5.6.1 缓解信贷约束渠道

住房价值对家庭消费的影响主要通过"直接价值效应"和"抵押担保效应"来实现。直接价值效应是基于生命周期假说和持久收入假说而言，对于购房家庭而言，在房价上升周期内，房产将构成家庭财富的主要部分，并进一步影响家庭的消费决策和消费行为。学者 Ludwig 和 Sloek（2002）根据是否得以实现将住房价值分为"未兑现的住房价值"和"已兑现的住房价值"。未兑现的住房价值是指家庭主观认为自身更加富有，从而增加消费支出；而已兑现的住房价值主要指通过出售和出租房产所获得的财富增值和租金收入。"抵押担保效应"则是指将住房资产用于银行信贷抵押，包括按照房产总值的比例获得消费贷款，从而改变家庭的信贷约束，增强家庭的借贷能力，不过目前我国没有针对住房资产净值（住房总价减去住房贷款）的贷款抵押制度。如果家庭采取了住房二次信贷，所获得财富可以归类为"已兑现的财富"；如果家庭没有将住房二次抵押并获得消费资金，所获得财富被认为是"未兑现的财富"。

有效识别这两种效应是检验传导机制的关键所在。根据 Zhu 和 Choi（2019）以及王岳龙等（2023）的研究设计，为了尽可能剥离直接价值效应中兑现的财富收入对家庭消费的影响，将直接价值效应和抵押担保效应中未兑现的财富作为主要观测对象，考察直接价值效应中未兑现的财富和抵押担保效应中未实现的财富对不同家庭信贷约束的放松程度，从而反向识别住房价值发挥效用的机制。其中直接价值效应中未兑现的财富主要包括对未来房价预期尤其是房价上升预期带来的心理"优越感"下的消费扩张部分（类似于财富幻觉），抵押担保效应中的这一部分是指理论上存在可以抵押获得的贷款额度对家庭信贷约束的缓解所引起的消费扩张部分。具体验证思路如下：将家庭分为受信贷约束和不受信贷约束两种类别，住房价值对这两种类型家庭的消费均有影响。

（1）如果仅仅对不受信贷约束的家庭有影响，而对受信贷约束的家庭无影响，则认为仅仅存在直接价值效应。

（2）如果仅仅对受信贷约束的家庭有影响，而不影响不受信贷约束的家庭，则认为仅存在抵押担保效应。

（3）如果对两种类型家庭的消费均有影响，且影响不一致，这种差异可能就是由是否受信贷约束这一家庭特征变量造成的。

如果对受信贷约束的家庭影响系数更显著，则可以认为同时存在直接价值效应和抵押担保效应；假如两者作用效果一样大，则认为存在广义的价值效应。前三种情形是检验不同类型家庭住房价值对家庭消费传导机制的关键所在，如表5.21所示。识别这两种效应的具体传导机制，清晰了解住房对家庭消费的影响途径，可为推动居民消费的政策制定奠定理论基础。

表5.21　住房价值对家庭消费的传导机制验证思路

| 家庭类别 | 效用显著程度 | | | |
|---|---|---|---|---|
| | （1） | （2） | （3） | （4） |
| 不受信贷约束家庭 | 有促进效应 | 无促进效应 | 有促进效应 | 有促进效应 |
| 受信贷约束家庭 | 无促进效应 | 有促进效应 | 有促进效应且系数更大 | 有促进效应 |
| 效用类别 | 直接价值效应 | 抵押担保效应 | 同时存在 | 广义价值效应 |

在5.3.3小节中已经验证了是否受信贷约束对家庭消费的影响，结果显示信贷约束抑制了住房价值效应在家庭总消费、食品烟酒消费、衣着消费以及居住消费上的发挥。在本小节，进一步根据家庭整体非住房负债占总收入的比重来计算家庭负债收入比，再根据其中位数水平将家庭分为低信贷约束组和高信贷约束组，进行分组回归分析，结果如表5.22所示。

表 5.22 住房价值的传导机制分析：缓解信贷约束

| 变量 | 低信贷约束组 | 高信贷约束组 |
| --- | --- | --- |
| ln 家庭总消费 | 0.008*** | 0.001 |
|  | （0.002） | （0.002） |
| ln 食品烟酒消费 | 0.014 | 0.013** |
|  | （0.002） | （0.005） |
| ln 衣着消费 | 0.022* | 0.017 |
|  | （0.007） | （0.011） |
| ln 居住消费 | 0.005 | −0.004 |
|  | （0.005） | （0.006） |
| ln 生活用品及服务消费 | 0.019** | 0.015** |
|  | （0.004） | （0.006） |
| ln 交通通信消费 | 0.026*** | 0.011* |
|  | （0.006） | （0.005） |
| ln 教育文化娱乐消费 | 0.017 | 0.017 |
|  | （0.011） | （0.011） |
| ln 医疗保健消费 | −0.002 | 0.016 |
|  | （0.101） | （0.011） |
| ln 其他消费 | 0.0017 | 0.037** |
|  | （0.011） | （0.013） |
| $N$ | 18 632 | 9 918 |
| $R^2$ | 0.244 2 | 0.261 4 |

备注：* $p<0.05$，** $p<0.01$，*** $p<0.001$ 分别表示在 5%、1% 和 0.1% 水平上显著，括号内为聚类稳健标准误。

表 5.22 中的数据显示，对于低信贷约束的家庭来说，住房价值的增加会相对显著促进家庭消费，并且与各个分项消费呈现正相关关系，其中包括衣

着消费、生活用品及服务消费、交通通信消费等生存型消费和发展型消费。而对于高信贷约束的家庭，其住房价值效应对总消费影响不显著，对分项消费中的食品烟酒消费、生活用品及服务消费以及其他消费具有一定的正向影响。由此可见，从家庭总消费水平来看，住房价值不会提升高信贷约束家庭的消费，除了促进部分分项消费类别以外。这说明房价增长过程中对消费的促进作用主要是基于缓解了部分家庭的信贷约束得以实现的，即表5.21中的第一种情况。抵押担保效应不显著的原因在于，在住房贷款占家庭贷款比重较高的背景下，金融机构包括各类银行等，并不会对住房资产采取较高的市场估值，因为在发放住房贷款时已经将住房资产抵押给银行等金融机构。而要将住房资产二次抵押给金融机构，市场对其估值时会进行类似"打折"处理的做法，其中明确规定可二次抵押房屋的贷款额度小于现在房价的七成等，因此对我国住房价值的抵押担保效应不明显。还有一个原因是中国的消费贷款市场规模相对较小，市场法规有待完善，较难发挥信贷担保效应对家庭信贷约束的放松作用。

### 5.6.2 市场情绪感染渠道

由于2015年CHFS数据集中没有关于未来预期房价的相关访问信息，仅在零星问题选项中涉及对房价的初步预期，例如2015年问卷中编码为C1000ai的问题"您家当前没有立即购买住房的原因是"，选项3是"认为以后房价上涨空间不大，不急于购房"，而其他选项与购房首付、税费等有关。2015年的数据没有全面反映家庭对于未来房价预期的完整信息。因此，在检验家庭预期对财富消费的影响时仅使用了2017年和2019年的相关数据。检验结果如表5.23所示。

表5.23 住房价值的传导机制分析：市场情绪感染

| 变量 | 预期房价上升 | 预期房价下降 |
| --- | --- | --- |
| ln 家庭总消费 | 0.007*** | −0.019 |
|  | （0.002） | （0.022） |

续 表

| 变量 | 预期房价上升 | 预期房价下降 |
|---|---|---|
| ln 食品烟酒消费 | 0.005*** | 0.014 |
|  | (0.002) | (0.008) |
| ln 衣着消费 | 0.034*** | 0.024 |
|  | (0.007) | (0.046) |
| ln 居住消费 | 0.007* | −0.052 |
|  | (0.004) | (0.039) |
| ln 生活用品及服务消费 | 0.015*** | 0.081 |
|  | (0.004) | (0.049) |
| ln 交通通信消费 | 0.023*** | −0.004 |
|  | (0.004) | (0.046) |
| ln 教育文化娱乐消费 | 0.028*** | 0.152 |
|  | (0.008) | (0.088) |
| ln 医疗保健消费 | −0.001 | −0.007 |
|  | (0.007) | (0.051) |
| ln 其他消费 | 0.005 | −0.294 |
|  | (0.008) | (0.157) |
| $N$ | 31 113 | 2 839 |
| $R^2$ | 0.231 9 | 0.054 9 |

备注：* $p<0.05$，** $p<0.01$，*** $p<0.001$ 分别表示在5%、1%和0.1%水平上显著，括号内为聚类稳健标准误。

根据预期房价上升或预期房价下降的分组回归数据，在预期房价上升的家庭消费过程中，住房价值对家庭总消费、食品烟酒消费、衣着消费、居住消费、生活用品及服务消费、交通通信消费以及教育文化娱乐消费都有显著正向刺激作用。即房价上升会增强市场的乐观情绪，逐步提高居民的边际消费倾向。Kivetz（1999）根据消费心理理论，将日常工作获取的固定薪酬纳入常规收入账户,而将偶然的、非常规性劳动所得的收入纳入偶然收入账户,消费者在消费决策过程中将综合考虑这两类收入成本;显然预期房价上升带来的财富成本较低。而预期房价下跌,对于各类消费影响不显著,对家庭总消费、居住消费、交通通信消费、医疗保健和其他消费还具有负向影响,说明市场情绪除了影响房产价格以外,还可能直接抑制家庭各类消费。后期如若数据集进一步完善,还将结合房价预期、家庭房产数量以及购房动机等,综合研究住房价值效应对家庭消费的影响。

### 5.6.3 还贷压力扩散渠道

如前所述,在东部地区住房价值效应主要集中于生存型消费等类别,而在房价稳定的中部地区住房价值效应主要集中于发展型甚至是享受型等有利于消费结构升级的消费类别。造成这种差异的可能原因是东部地区房价上涨迅速,对于一般家庭而言,房产的投资效应显著。与此同时,预计未来购房的成本将显著上升,这时候家庭可能会不断加大储蓄的力度,降低边际消费倾向,以缓解未来可能出现的流动性约束。家庭甚至可能采取提前还贷等策略,主要是为了满足未来房产投资需求,也有可能是为了节约现有住房资产贷款利息成本,抑或是为了满足未来消费而压缩现期需求。这实际上是家庭为了享有住房价值而支付的成本,反映的是住房贷款对家庭消费的挤出。根据 2017 年和 2019 年的问卷采集细项,询问了家庭是否因购买、装修、维修、改建和扩建住房有尚未还清的银行贷款。当家庭存在尚未还清的住房贷款时,还贷的压力极有可能抑制住房价值效应的发挥。因此,通过对是否还清贷款和住房价值进行中心化处理后,构建交互项代入回归方程,结果如表 5.24、表 5.25 所示。

表 5.24 住房价值的传导机制分析：还贷压力扩散（1）

| 变量 | (1)<br>ln 家庭<br>总消费 | (2)<br>ln 食品<br>烟酒消费 | (3)<br>ln 衣着<br>消费 | (4)<br>ln 居住<br>消费 | (5)<br>ln 生活<br>用品及<br>服务消费 |
|---|---|---|---|---|---|
| ln 住房价值 | 0.007*** | 0.010** | 0.018* | 0.010** | 0.021*** |
|  | (0.002) | (0.003) | (0.008) | (0.004) | (0.005) |
| 是否还清贷款 | −0.018* | 0.002 | 0.301*** | −0.111*** | −0.045 |
|  | (0.014) | (0.024) | (0.061) | (0.031) | (0.036) |
| 交互项 | 0.003 | 0.004 | −0.006 | 0.015** | 0.008 |
|  | (0.002) | (0.005) | (0.011) | (0.005) | (0.007) |
| 常数项 | 9.345*** | 8.310*** | 5.521*** | 7.256*** | 5.524*** |
|  | (0.075) | (0.125) | (0.302) | (0.159) | (0.189) |
| 个体固定效应 | Yes | Yes | Yes | Yes | Yes |
| 年份固定效应 | Yes | Yes | Yes | Yes | Yes |
| $N$ | 28 550 | 28 550 | 28 550 | 28 550 | 28 550 |
| $R^2$ | 0.2 338 | 0.2 293 | 0.3 346 | 0.1 328 | 0.3 815 |

备注：* $p<0.05$，** $p<0.01$，*** $p<0.001$ 分别表示在 5%、1% 和 0.1% 水平上显著，括号内为聚类稳健标准误。

从表 5.24 和表 5.25 综合来看，是否还清贷款从整体上在 5% 的显著性水平上降低了家庭总消费的 1.8 个百分点，即家庭存在还贷压力。家庭总消费的交互项系数不显著，意味着还清贷款对家庭住房价值效应的发挥无显著影响。从各类消费细项来看，还清贷款对家庭衣着消费具有显著正向影响，使衣着消费提升了 30% 以上，同时在 0.1% 的水平上降低了家庭 11.1% 的居住消费，对其他类别消费影响不显著。与此同时，居住消费的交互项系数在 1% 的水平上显著，可以理解为住房价值效应对居住消费的影响随着是否还清贷款的调节作用的增强而变强，即是否还清贷款将强化住房价值对居住消费的挤出程度。从表 5.25 中看，值得关注的是交通通信消费的交互项系数显著为负，意味着在"是否还清房贷"这一调节变量的作用下，住房价值对交通通信消费的影响被削弱了。换句话说，当家庭已经还清房贷时，住房价值的变化对他们在交通通信方面消费的影响相对较小；而如果家庭尚未还清房贷，住房价值的变化可能对他们的交通通信消费产生更显著的影响。与没有还清住房贷款的家庭相比，还清贷款主要强化了对教育文化娱乐的支出，意味着还清贷款之后家庭主要将可支配收入用于教育文化娱乐等方面的支出。

表5.25 住房价值的传导机制分析：还贷压力扩散（2）

| 变量 | (6) ln 交通通信消费 | (7) ln 教育文化娱乐消费 | (8) ln 医疗保健消费 | (9) ln 其他消费 |
| --- | --- | --- | --- | --- |
| ln 住房价值 | 0.012*** | 0.023** | 0.008 | 0.019* |
|  | (0.004) | (0.008) | (0.008) | (0.008) |
| 是否还清贷款 | 0.023 | 0.021* | −0.010 | −0.091 |
|  | (0.029) | (0.066) | (0.060) | (0.069) |
| 交互项 | −0.011** | 0.003* | −0.003 | 0.009 |
|  | (0.005) | (0.011) | (0.011) | (0.012) |
| 常数项 | 5.986*** | 2.767*** | 4.280*** | 0.349 |
|  | (0.166) | (0.360) | (0.327) | (0.358) |
| 个体固定效应 | Yes | Yes | Yes | Yes |
| 年份固定效应 | Yes | Yes | Yes | Yes |
| $N$ | 28 550 | 28 550 | 28 550 | 28 550 |
| $R^2$ | 0.3 461 | 0.2 344 | 0.0 178 | 0.3 219 |

备注：* $p<0.05$，** $p<0.01$，*** $p<0.001$ 分别表示在5%、1%和0.1%水平上显著，括号内为聚类稳健标准误。

## 5.7　异质性分析

各个家庭处于不同地区，户主具有不同特征，例如性别、户籍类型以及风险偏好等，以及家庭拥有不同的房产数量等，这些使住房价值对不同家庭消费产生了显著不同的影响。因此，本节主要围绕区域层面、家庭层面和户主层面的信息进行比较分析。尽管分组样本的系数可能显著，但不能说明这些系数之间具有显著差异，由此采用似无相关模型（SUR）检验方法来测度各个分组是否存在统计意义上的差异。

为了深入了解两组数据变量之间是否存在显著差异，采用似无相关 $P$ 值进一步检验。由于在 Stata18 中 SUR 检验中的 suest 命令不支持面板数据通用的 xtreg 命令，无法直接将 suest 用于面板数据模型系数估计检验，因此在进行部分分组变量系数估计时，先通过中心化等方式去除个体效应，再按照截面数据的方法对处理后的数据进行混合 OLS 分组估计，最后执行 suest 命令估计组间系数差异（连玉君 等），并确定估计值是否存在显著差异。

### 5.7.1　不同经济区域异质性分析

首先从地域层面进行异质性分析。2015 年 CHFS 数据中有直接地区变量；2017 年 CHFS 数据中无地区变量，有省（自治区、直辖市）变量；2019 年 CHFS 数据中有省（自治区、直辖市）变量，用数值编码表示，并将地区分成了东北、东部、中部和西部 4 个地区。为了统一分析口径，首先对照 2015 年的省（自治区、直辖市）分层数据，将 2017 年的数据编码为东、中、西部 3 个地区，随后同样将 2019 年的数据按照 2015 年的标准进行分组，即将辽宁省划分到东部，将吉林省和黑龙江省划分到中部地区。因此，东部地区样本有 15 459 个，中部地区样本有 10 023 个，西部地区样本有 11 285 个，共计 36 767 个家庭样本。在回归过程中，实际参与的样本数量可能会少于样本总量。分析结果如表 5.26 所示。

表 5.26  在东、中、西部不同地区住房价值对家庭消费的异质性影响

| 变量 | 东部地区 | 中部地区 | 西部地区 |
| --- | --- | --- | --- |
| ln 家庭总消费 | 0.003 | 0.002* | 0.007*** |
|  | （0.002） | （0.002） | （0.003） |
| ln 食品烟酒消费 | 0.007 | 0.014** | 0.001** |
|  | （0.002） | （0.005） | （0.004） |
| ln 衣着消费 | 0.046*** | 0.003 | 0.035*** |
|  | （0.009） | （0.012） | （0.011） |
| ln 居住消费 | 0.0019 | 0.003 | 0.005 |
|  | （0.005） | （0.005） | （0.006） |
| ln 生活用品及服务消费 | 0.022*** | 0.008 | 0.024*** |
|  | （0.006） | （0.006） | （0.007） |
| ln 交通通信消费 | 0.025*** | 0.012* | 0.011* |
|  | （0.005） | （0.005） | （0.005） |
| ln 教育文化娱乐消费 | 0.015 | 0.028** | 0.014 |
|  | （0.009） | （0.012） | （0.013） |
| ln 医疗保健消费 | −0.007 | 0.018 | 0.016 |
|  | （0.010） | （0.010） | （0.011） |
| ln 其他消费 | 0.008 | 0.016 | 0.014 |
|  | （0.011） | （0.012） | （0.013） |
| $N$ | 11 326 | 7 362 | 8 430 |
| $R^2$ | 0.266 5 | 0.274 7 | 0.311 9 |

备注：* $p < 0.05$，** $p < 0.01$，*** $p < 0.001$ 分别表示在5%、1% 和 0.1% 水平上显著，括号内为聚类稳健标准误。

从数据结果可以看出，对于家庭总消费而言，西部地区在 0.1% 水平上显著，中部地区在 5% 水平上显著，而东部地区不显著。从各个类别消费上

看，东部地区的住房价值效应主要体现在衣着消费和生活用品及服务消费上；中部地区的住房价值效应主要体现在食品烟酒消费和教育文化娱乐消费上；西部地区的住房价值效应更多地体现在食品烟酒消费、衣着消费和生活用品及服务消费上。根据这一数据，可以初步了解我国各个经济地区的家庭消费变化趋势：在拥有住房的家庭当中，东部地区的住房价值效应主要促进了衣着消费和生活用品及服务消费，这些消费都属于家庭生存型消费，而住房价值效应较难辐射到发展型消费和享受型消费。中部地区由于大部分省（自治区、直辖市）的房价相对稳定，购房动机以满足家庭自住为主，房产投资动机较弱，反而使家庭消费能够在住房价值效应的刺激下辐射到教育文化娱乐等享受型消费领域。西部地区的情况和东部地区类似，住房价值效应基本辐射到生存型消费当中。由此可见，中部地区的住房价值效应更有利于家庭消费结构升级。根据国家对四大经济区域的划分，进一步区分东部、中部、西部、东北不同地区住房价值效应对家庭消费的异质性影响，将2015年和2017年的省（自治区、直辖市）数据进行整理分类，再与2019年数据构成面板数据进行比较分析，结果如表5.27所示。

表5.27 在东部、中部、西部、东北不同地区住房价值对家庭消费的异质性影响

| 变量 | 东部地区 | 中部地区 | 西部地区 | 东北地区 |
| --- | --- | --- | --- | --- |
| ln 家庭总消费 | 0.0016 | 0.011* | 0.008** | −0.001 |
|  | (0.004) | (0.004) | (0.003) | (0.006) |
| ln 食品烟酒消费 | 0.018* | 0.016 | 0.013* | 0.004 |
|  | (0.009) | (0.001) | (0.007) | (0.011) |
| ln 衣着消费 | 0.030 | −0.019 | 0.042*** | 0.004 |
|  | (0.018) | (0.022) | (0.016) | (0.028) |
| ln 居住消费 | 0.009 | 0.011 | −0.004 | −0.002 |
|  | (0.011) | (0.010) | (0.008) | (0.011) |
| ln 生活用品及服务消费 | 0.038*** | 0.009 | 0.027*** | −0.002 |
|  | (0.016) | (0.012) | (0.010) | (0.015) |

续　表

| 变量 | 东部地区 | 中部地区 | 西部地区 | 东北地区 |
|---|---|---|---|---|
| ln 交通通信消费 | 0.004 | 0.008 | 0.006 | 0.008 |
|  | (0.008) | (0.009) | (0.007) | (0.011) |
| ln 教育文化娱乐消费 | −0.023 | 0.005** | 0.007 | 0.024 |
|  | (0.019) | (0.022) | (0.019) | (0.029) |
| ln 医疗保健消费 | 0.006 | 0.047 | 0.017 | −0.062* |
|  | (0.021) | (0.019) | (0.018) | (0.029) |
| ln 其他消费 | 0.045* | 0.050** | 0.021 | 0.055** |
|  | (0.021) | (0.020) | (0.017) | (0.028) |
| $N$ | 5 612 | 3 309 | 4 988 | 1 849 |
| $R^2$ | 0.161 2 | 0.239 3 | 0.260 9 | 0.074 |

备注：* $p<0.05$、** $p<0.01$、*** $p<0.001$ 分别表示在5%、1% 和 0.1% 水平上显著，括号内为聚类稳健标准误。

将各个省（自治区、直辖市）按照东部、中部、西部和东北划分为四个地区，将原属于东部的辽宁省、原属于中部的黑龙江省和吉林省一起统归为东北地区。由此，东部地区包含北京市、天津市、河北省、上海市、江苏省、浙江省、福建省、山东省、广东省、海南省等省市。中部地区包含山西省、河南省、湖北省、湖南省、安徽省、江西省等省份。西部地区维持不变，包括内蒙古自治区、重庆市、四川省、广西壮族自治区、贵州省、云南省、陕西省、甘肃省、青海省、宁夏回族自治区等省（自治区、直辖市）。新疆维吾尔自治区、西藏自治区、香港特别行政区、澳门特别行政区、台湾地区等数据目前暂时缺失。

值得关注的是，将各个省（自治区、直辖市）分为四个主要经济区域之后，东北地区整体的住房价值效应不显著，而东部地区的住房价值效应依旧对生活用品及服务消费等类别存在显著正向影响，中部地区的住房价值效应对教育文化娱乐消费存在显著影响，西部地区的住房价值效应则对衣着消费和生活用品及服务消费存在显著影响。

整体而言,从经济区域划分来看,东部地区作为经济相对发达的区域,住房价值效应却仍然集中于生存型消费类别中,而较难扩展到具有较长产业链和价值链的发展型消费以及享受型消费类别。一个可能的原因是东部地区房价增速较快,不少家庭对于持有房产愿望强烈,也预期未来房价可以给家庭带来巨大的财富收益,因此通过大量预防性储蓄满足未来购房的需求,在一定程度上符合生命周期理论,但存在的潜在后果是这些地区的长期消费动力不足。而在房价相对稳定的中部地区,住房资产真正发挥了扩充消费预算约束线的功能,使得家庭消费的持续性和稳定性更强,并且能够延伸到发展型消费和享受型消费类别。对于西部地区而言,其房价水平与区域经济发展速度吻合,住房价值效应也主要体现在生存型消费类别。东北地区整体价值效应不显著,各类别消费特征不明显。由此可以粗略地得到分析结果:在房价上升较快、住房资产占比较高的地区,其住房价值效应集中于生存型消费等较易满足的短期消费;而在房价上升较慢、住房资产占家庭资产比重适中的地区,其住房价值效应反而更集中于发展型消费和享受型消费等长期消费,实际上房价稳定更有利于发挥住房价值效应对家庭消费结构的优化作用。

### 5.7.2 不同户主类型异质性分析

从更微观的层面分析户主性别以及风险偏好差异所带来的异质性影响。值得关注的是男性户主和女性户主在各个消费类别上的差异。首先总消费的似无相关 $P$ 值在 1% 水平上显著,代表男性户主和女性户主在家庭消费总量上具有显著差异,在食品烟酒消费上同样具有显著差异,住房价值对男性户主的食品烟酒消费在 1% 水平上显著,而对女性户主影响不明显。一个可能的原因是男性户主消费烟酒的可能性更大,而女性户主在教育文化娱乐方面的消费更受到住房价值效应的影响,从而与男性户主家庭形成显著差异。

另外,值得关注的是居住消费的显著差异:尽管住房价值效应同时直接影响男性户主和女性户主的居住消费,但对女性户主家庭的居住消费在 5%

水平上具有负向抑制效应，而对男性户主家庭的居住消费在5%水平上具有正向影响。居住消费支出主要涵盖了居民为了维持居住条件所需要支付的所有费用，包括但不限于房租、水电燃料费用、管理费用以及自有住房的折旧价值。对女性户主家庭的居住消费产生负向抑制效应的原因主要有两个：一个是女性户主在了解到家庭住房资产价值增长时，可能通过将住房资产进行出租来抵扣物业管理费、住房贷款等；另一个是女性在养育子女后，对于未来家庭净资产和持续收入持有谨慎性预期，通过节约来满足未来生活需要和下一套房产投资需求，因此在居住消费上比男性更加节约。事实上，住房价值效应对女性户主家庭的居住消费的影响还可以根据女性年龄阶段、是否婚育以及子女个数等进行综合分析，值得长期关注。具有类似情形的消费类别还有其他消费，呈现出显著的性别差异。分析结果如表5.28所示。

表5.28 住房价值对不同性别户主及不同风险偏好户主家庭消费的异质性影响

| 变量 | 男性户主 | 女性户主 | 偏好风险 | 规避风险 |
| --- | --- | --- | --- | --- |
| ln 家庭总消费 | 0.004* | 0.006 | 0.008*** | 0.033* |
|  | （0.002） | （0.070） | （0.002） | （0.001） |
| 似无相关 P 值 | 0.008 6** | | 0.699 8 | |
| ln 食品烟酒消费 | 0.007** | 0.006 | 0.034*** | 0.008*** |
|  | （0.003） | （0.005） | （0.016） | （0.002） |
| 似无相关 P 值 | 0.033 9* | | 0.493 1 | |
| ln 衣着消费 | 0.031*** | 0.022*** | 0.184*** | 0.024*** |
|  | （0.008） | （0.013） | （0.074） | （0.005） |
| 似无相关 P 值 | 0.471 1 | | 0.803 4 | |
| ln 居住消费 | 0.007* | −0.013* | 0.001 | −0.001 |
|  | （0.004） | （0.006） | （0.003） | （0.035） |
| 似无相关 P 值 | 0.000*** | | 0.427 7 | |
| ln 生活用品及服务消费 | 0.016*** | 0.011 | 0.063 | 0.016*** |
|  | （0.005） | （0.007） | （0.047） | （0.004） |

续 表

| 变量 | 男性户主 | 女性户主 | 偏好风险 | 规避风险 |
|---|---|---|---|---|
| 似无相关 $P$ 值 | 0.449 2 | | 0.633 2 | |
| ln 交通通信消费 | 0.018*** | 0.011 | 0.026 | 0.018*** |
| | （0.004） | （0.007） | （0.019） | （0.003） |
| 似无相关 $P$ 值 | 0.311 6 | | 0.904 4 | |
| ln 教育文化娱乐消费 | 0.016 | 0.029* | 0.084 | 0.021*** |
| | （0.009） | （0.001） | （0.049） | （0.006） |
| 似无相关 $P$ 值 | 0.050 0* | | 0.275 7 | |
| ln 医疗保健消费 | 0.020* | −0.001 | 0.154* | 0.004 |
| | （0.008） | （0.013） | （0.076） | （0.006） |
| 似无相关 $P$ 值 | 0.426 2 | | 0.323 5 | |
| ln 其他消费 | 0.021*** | −0.007 | −0.004 | 0.016 |
| | （0.009） | （0.007） | （0.107） | （0.007） |
| 似无相关 $P$ 值 | 0.008 6** | | 0.830 2 | |
| $N$ | 19 283 | 9 267 | 987 | 27 563 |
| $R^2$ | 0.295 9 | 0.253 2 | 0.198 2 | 0.314 9 |

备注：* $p<0.05$，** $p<0.01$，*** $p<0.001$ 分别表示在5%、1%和0.1%水平上显著，括号内为聚类稳健标准误。

### 5.7.3 不同户籍类型异质性分析

表5.29为去除个体效应后截面数据显示的各变量估计系数与显著性水平以及似无相关 $P$ 值。尽管城镇地区的家庭更倾向于购买住房资产，而从系数水平上看，城镇地区家庭总消费的系数略低于农村地区家庭，同样户主是城镇户口的家庭总消费系数也略低于户主为农村户口的家庭，并且似无相关 $P$ 值在0.1%水平上显著。这在一定程度上说明，在我国城镇地区家庭拥有住房的代价可能是降低家庭部分消费增长额度。而从各个消费类别的差异

上看，食品烟酒消费、衣着消费和医疗保健消费在不同地区和不同户籍的家庭中差异不明显。居住消费对农村地区以及户主户籍为农村的家庭影响更显著，原因可能是处于农村地区的家庭的居住消费本身占比相对稳定，且基数相对较小，这些家庭购房后，其关于住房的物业费用、煤气水电费用将显著增加，从而形成这一类消费的正向扩张态势。似无相关 $P$ 值也显示出不同地区和不同户籍的居住消费系数具有显著差异。

表5.29 住房价值对不同类型地区与不同户籍户主家庭消费的异质性影响

| 变量 | 城镇地区 | 农村地区 | 城镇户口 | 农村户口 |
| --- | --- | --- | --- | --- |
| ln 家庭总消费 | 0.015*** | 0.028 7*** | 0.022*** | 0.019*** |
|  | （0.001） | （0.003） | （0.002） | （0.001） |
| 似无相关 $P$ 值 | 0.000 3*** | | 0.071 | |
| ln 食品烟酒消费 | 0.017*** | 0.025*** | 0.017*** | 0.023*** |
|  | （0.002） | （0.002） | （0.001） | （0.002） |
| 似无相关 $P$ 值 | 0.074 2 | | 0.139 | |
| ln 衣着消费 | 0.018*** | 0.010 | 0.018*** | 0.011 |
|  | （0.005） | （0.006） | （0.007） | （0.005） |
| 似无相关 $P$ 值 | 0.739 | | 0.414 | |
| ln 居住消费 | 0.001 | 0.033*** | 0.007* | 0.017*** |
|  | （0.002） | （0.001） | （0.002） | （0.002） |
| 似无相关 $P$ 值 | 0.000*** | | 0.007** | |
| ln 生活用品及服务消费 | 0.039*** | 0.044*** | 0.022*** | 0.043*** |
|  | （0.003） | （0.001） | （0.002） | （0.003） |
| 似无相关 $P$ 值 | 0.708 | | 0.377 | |
| ln 交通通信消费 | 0.032*** | 0.040*** | 0.029*** | 0.038*** |
|  | （0.002） | （0.004） | （0.003） | （0.002） |
| 似无相关 $P$ 值 | 0.082 | | 0.055 | |

续表

| 变量 | 城镇地区 | 农村地区 | 城镇户口 | 农村户口 |
| --- | --- | --- | --- | --- |
| ln 教育文化娱乐消费 | 0.044*** | 0.050*** | 0.050*** | 0.051*** |
|  | (0.006) | (0.001) | (0.001) | (0.006) |
| 似无相关 P 值 | 0.436 | | 0.479 | |
| ln 医疗保健消费 | 0.017*** | 0.015*** | 0.017* | 0.018*** |
|  | (0.005) | (0.048) | (0.007) | (0.005) |
| 似无相关 P 值 | 0.637 | | 0.712 | |
| ln 其他消费 | 0.014*** | 0.030*** | 0.008 | 0.022*** |
|  | (0.006) | (0.007) | (0.002) | (0.005) |
| 似无相关 P 值 | 0.697 | | 0.630 | |
| N | 15 861 | 13 186 | 7 143 | 21 407 |
| $R^2$ | 0.251 1 | 0.318 8 | 0.198 2 | 0.314 9 |

备注：* $p<0.05$，** $p<0.01$，*** $p<0.001$ 分别表示在5%、1%和0.1%水平上显著，括号内为聚类稳健标准误。

生活用品及服务消费同样值得关注。从生活用品及服务消费的系数大小上看，农村地区家庭和具有农村户口的业主家庭明显高于城镇地区家庭和具有城镇户口的业主家庭。生活用品及服务消费主要包括日用品支出、美容支出和家政服务支出等。当家庭购买住房并逐步迁移到城镇地区生活的过程中，即城镇化过程中，各种自产自销的商品和服务由城市有偿劳动替代，生活用品及服务消费从而形成增长趋势。交通通信消费呈现出与生活消费类似的特征。教育文化娱乐消费无论户主是何种类型户口，差异不明显，而农村地区家庭系数值略大于城镇地区家庭。其他消费主要包括代购、境外消费支出、网购支出和奢侈品支出等，农村地区和具有农村户口户主家庭的消费估计系数均高于城镇地区和城镇户口户主家庭。

整体而言，无论家庭处于城镇地区抑或农村地区，户主是城镇户口或者农村户口，其消费类别系数估计值存在显著差异的部分都集中于居住消费，居住消费包括房屋租金、住房相关费用以及住房维修支出。造成显著差异的原因可能是，大部分农村地区家庭拥有自建房屋，并不需要长期支付房屋租金或其他相关费用，除了不定期修缮自身房屋的费用以外。而在城镇地区家庭一旦购房，各项费用都是常规性的日常支出，与农村地区家庭消费形成显著差异。

### 5.7.4 不同数量房产异质性分析

住房价值在不同区域、不同户籍、不同性别户主家庭中都呈现出显著的异质性，接下来将从与住房价值效应最紧密相关的房产数量出发，探究其对家庭消费的具体影响。根据统计结果（如表5.30所示），一套房家庭的住房价值效应相对显著，主要通过促进衣着消费、生活用品及服务消费、交通通信消费、教育文化娱乐消费、医疗保健消费和其他类别消费来推动家庭总消费。家庭的这一套房的主要用途应该是自住，而不是投资，家庭收入被住房占用的比重并不高，因此当房价上升，形成家庭住房价值时，各类消费将增长。

与此同时，有两套房的家庭仅在食品烟酒消费的估计系数上显著。这一数据的意义在于，拥有两套房家庭的收入被用来偿还住房贷款的比例较高，以至于家庭并没有享受房价上升所带来的价值效应，反而需要将大量收入用于偿还住房贷款。另外一种可能是，结合多套房家庭的相关数据，拥有两套房甚至以上的房产家庭原本的经济收入实力相对较强，用于其他各类消费的经济支出十分稳定，从而不至于在房价上升或下跌过程中调整各类消费。因此，住房价值效应仅对交通通信消费和教育文化娱乐消费具有显著正向影响，而对其他类别的消费影响不明显。

表5.30 住房价值对拥有不同房产数量家庭消费的异质性影响

| 变量 | 一套房家庭 | 两套房家庭 | 多套房家庭 |
| --- | --- | --- | --- |
| ln家庭总消费 | 0.005** | 0.002 | 0.058* |
|  | （0.002） | （0.006） | （0.024） |

续　表

| 变量 | 一套房家庭 | 两套房家庭 | 多套房家庭 |
|---|---|---|---|
| ln 食品烟酒消费 | 0.006 | 0.028* | 0.009 |
|  | （0.003） | （0.014） | （0.027） |
| ln 衣着消费 | 0.026** | −0.025 | −0.007 |
|  | （0.013） | （0.030） | （0.074） |
| ln 居住消费 | −0.013* | 0.001 | −0.001 |
|  | （0.006） | （0.003） | （0.035） |
| ln 生活用品及服务消费 | 0.017*** | 0.014 | 0.010 |
|  | （0.005） | （0.016） | （0.039） |
| ln 交通通信消费 | 0.014*** | 0.021 | 0.129*** |
|  | （0.004） | （0.014） | （0.038） |
| ln 教育文化娱乐消费 | 0.028** | 0.030 | 0.136* |
|  | （0.009） | （0.029） | （0.073） |
| ln 医疗保健消费 | 0.015* | 0.021 | 0.190 |
|  | （0.008） | （0.030） | （0.1433） |
| ln 其他消费 | 0.025** | 0.037 | 0.084 |
|  | （0.009） | （0.039） | （0.155） |
| $N$ | 21 598 | 4 395 | 605 |
| $R^2$ | 0.227 7 | 0.162 8 | 0.337 0 |

备注：* $p<0.05$，** $p<0.01$，*** $p<0.001$ 分别表示在5%、1%和0.1%水平上显著，括号内为聚类稳健标准误。

## 5.8　本章小结

通过基本验证，我国大部分地区存在住房价值效应，但效应程度以及发挥效用的传导机制各不相同。住房价值对家庭消费的影响，从宏观地域层面上看，中、西部地区比东部地区以及东北地区更明显，并且中、西部地区的住房价值效应主要体现在发展型消费和享受型消费上，东部地区的住房价值效应主要体现在生存型消费类别上，东北地区的住房价值效应不显著。结合各区域的房价波动水平来看，东部地区房价相较于其他地区更高，这首先就增加了普通家庭购房的首付门槛和月供贷款占家庭收入的比重，其次房价上升较快更容易激发家庭对未来预期的不确定和对房产进行投资的欲望，使家庭进一步进行储蓄以应对未来开支需求。而中部地区和西部地区的房价市场相对平稳，家庭对未来的不确定性下降，更愿意在相对高阶的教育文化娱乐等消费类别上进行投入，从家庭层面上看更有利于家庭的人力资源投资，从区域层面上看更有利于整体居民家庭消费结构升级。

从地域属性层面上看，住房价值效应主要影响的是城镇地区和农村地区的居住消费（属于发展型消费）。从家庭户主特征来看，在住房价值效应下，男性户主的生存型消费和发展型消费都显著高于女性户主，而女性户主仅在享受型消费上高于男性户主。这一点与常规理念中的女性是消费的主体略有不同，似乎住房价值的上涨更能激发女性的不确定性预期，使她们认为未来购房的成本将持续增长，为了未来生活更有保障应收缩当前消费用于满足未来家庭需求，这种预防性的家庭储蓄决策值得关注。对女性消费进行深入分析和探讨，还需要考虑是否结婚、养育子女个数以及子女年龄阶段等多个因素。户主的风险偏好对各类消费影响不显著。从拥有房产数量来看，拥有一套住房对家庭所有消费类别存在显著正向影响，而拥有两套房或者多套房家庭的住房价值效应并不显著。原因可能是两套房家庭面临较强的信贷约束，从而抑制消费，而多套房家庭的消费水平并不受住房价值效应影响。

从住房价值对家庭消费的传导机制来看，首先是放松家庭信贷约束，即在房价上升的过程中，未来用于抵押贷款或者消费贷款标的物的资产显著增加，使家庭在面临未来不确定性时具有"缓冲存货"，从而愿意在现期进行消费。其次是市场情绪感染渠道，即当周边市场大环境中房价保持上涨趋势，各消费主体对住房资产持乐观预期时，家庭主观预计的住房资产价值将逐步超过实际成交价格，从而形成财富幻觉效应。数据显示，房价上升预期有利于发挥住房价值效应，房价下降预期对家庭消费无推动作用，还存在一定的抑制效应。另外，当家庭拥有两套或多套住房时，还贷压力逐步显现，这种压力的扩散通过是否还清贷款的交互项获得了部分验证。异质性分析显示，单套房家庭拥有相对显著的住房价值效应，而两套房家庭的住房价值效应不显著。这意味着大部分拥有两套房的以劳动报酬收入为主的家庭，承担的住房贷款将挤占家庭的消费占比。而多套房家庭由于其本身收入来源较多和资产多样化程度较高，住房价值效应仅对部分消费类别有促进作用。

根据主研究，中、西部地区的住房价值效应相较于东部地区更显著，因此将以广东省住房价值变化分析为例，探究其对家庭消费的影响程度和对各个消费类别的影响差异，并进一步分析造成差异的具体原因，提出相应的政策建议。

# 6 广东省住房价值变化对家庭消费的典型影响

## 6.1 理论模型及数据说明

以往大量研究关注住房价值变化对家庭消费的影响渠道和作用机理,而较少通过省份数据来查验住房价值变化时家庭消费的典型特征。聚焦到省份层面,可以有效消除地域经济实力和其他相关因素对家庭消费的影响,为后续设计住房价值兑现制度提供现实基础。在分析住房价值对家庭消费的影响时,构建双向固定效应模型。

$$\text{total\_consumption}_{it} = \alpha_0 + \alpha_1 \text{h\_wealth}_{it} + \alpha_2 X_{it} + \eta_i + \rho_t + \varepsilon_{it} \quad (6.1)$$

式中:$\text{total\_consumption}_{it}$ 代表家庭 $i$ 在第 $t$ 期的家庭部门整体消费水平和八大类别消费水平;$\text{h\_wealth}_{it}$ 代表家庭 $i$ 在第 $t$ 期的住房价值;$X_{it}$ 为系列控制变量;$\eta_i$ 代表个体固定效应;$\rho_t$ 代表年份固定效应;$\varepsilon_{it}$ 为随机误差项。

2015 年 CHFS 数据中广东省的样本有 3 120 个,2017 年 CHFS 数据中广东省的样本有 2 947 个,2019 年 CHFS 数据中广东省的样本有 1 907 个,按照 HHID 进行匹配后,得到 1 599 个家庭样本。相关变量及指标内涵如表 6.1 所示。

6 广东省住房价值变化对家庭消费的典型影响

表 6.1 相关变量以及指标内涵

| 变量 | 变量名 | 指标内涵 |
|---|---|---|
| 核心解释变量 | 住房价值 | ln（住房资产总值－住房负债总额） |
| 被解释变量 | 家庭总消费 | ln（家庭各类消费汇总） |
| | 食品烟酒消费 | ln（家庭年度食品及烟酒消费总额） |
| | 衣着消费 | ln（家庭年度衣着消费总额） |
| | 居住消费 | ln（与家庭居住相关的消费总额，如水、电、物业、暖气费用等） |
| | 生活用品及服务消费 | ln（家庭年度各类生活用品和服务消费，如日用品、个人护理、防尘、美容支出以及家政服务等费用） |
| | 交通通信消费 | ln（家庭年度交通费用、通信相关消费以及购买交通工具费用支出） |
| | 教育文化娱乐消费 | ln（家庭年度教育支出、娱乐项目支出以及旅游支出等） |
| | 医疗保健消费 | ln（家庭年度医疗支出和保健健身支出） |
| | 其他消费 | ln（家庭年度其他用品和服务消费，如代购、境外消费支出、网购以及奢侈品消费等支出） |
| 控制变量 | 家庭总收入 | ln（家庭各项收入之和，包括工资性收入、财产性收入、经营性收入以及转移性收入等） |
| | 非住房负债 | ln（除住房负债以外的其他所有负债） |
| | 家庭总人数 | 受访家庭人数 |
| | 家庭健康成员人数 | 受访时认为家庭成员身体健康人数 |
| | 养老保障人数 | 具有养老保障人数 |
| | 失业人员占比 | 失业成员占家庭总人数的比重 |
| | 少年占比 | 低于16岁人口占家庭总人口的比重 |
| | 老年占比 | 高于65岁人口占家庭总人口的比重 |
| | 户主性别 | 男性赋值为1，女性赋值为0 |
| | 户主年龄 | 受访家庭户主当年年龄（岁） |

续　表

| 变量 | 变量名 | 指标内涵 |
|---|---|---|
| 控制变量 | 户主婚姻状况 | 虚拟变量，户主已婚、再婚时，变量赋值为1；户主未婚、同居、分居、离婚和丧偶时，变量赋值为0 |
| | 户主受教育年限 | 按照0代表未受教育、6代表小学、9代表初中毕业等测算户主受教育年限 |
| | 户主是否为城镇户口 | 城镇户口赋值为1，其他赋值为0 |
| | 户主风险偏好 | 虚拟变量，分为高、略高、平均、略低、低5个等级，选择高和略高则将变量赋值为1，其余为0 |
| | 户主是否有住房公积金 | 有公积金赋值为1，其余为0 |

为了消除不同量纲的影响，对所有消费类、收入类以及资产类变量进行了对数化处理。从住房价值来看，2017年较2015年均值增速明显，2019年的水平与2017年基本保持一致，其余各类消费均值相对稳定。其中生存型消费增速稳定，发展型消费增速较快，享受型消费增速明显。除此以外，家庭总收入均值在2017年增速较快，随后保持稳定增速。非住房负债在2017年下降显著，随后在2019年小幅度上升。从家庭特征来看，家庭总人数均值保持在4人左右，家庭中约一半人数具有养老保障，老年占比保持稳定增长。户主具有公积金的家庭在逐年增加。2015年、2017年和2019年相关变量描述性统计如表6.2所示。

表6.2　2015年、2017年和2019年相关变量描述性统计

| 变量名 | 2015年 | | 2017年 | | 2019年 | |
|---|---|---|---|---|---|---|
| | 均值 | 标准差 | 均值 | 标准差 | 均值 | 标准差 |
| 住房价值 | 5.592 5 | 6.614 3 | 11.044 3 | 4.789 8 | 10.855 9 | 5.240 3 |
| 家庭总消费 | 10.943 8 | 0.864 9 | 11.024 6 | 0.894 5 | 11.349 3 | 0.905 8 |
| 食品烟酒消费 | 9.621 4 | 2.135 4 | 10.098 7 | 0.748 6 | 10.299 5 | 0.743 9 |

续 表

| 变量名 | 2015 年 | | 2017 年 | | 2019 年 | |
|---|---|---|---|---|---|---|
| | 均值 | 标准差 | 均值 | 标准差 | 均值 | 标准差 |
| 衣着消费 | 7.378 1 | 4.466 4 | 6.699 3 | 2.335 5 | 6.785 6 | 2.387 7 |
| 居住消费 | 7.758 8 | 2.365 9 | 8.544 6 | 1.562 8 | 8.785 3 | 1.283 9 |
| 生活用品及服务消费 | 6.473 6 | 2.953 8 | 7.912 6 | 1.861 4 | 8.664 2 | 1.348 6 |
| 交通通信消费 | 7.976 7 | 2.204 1 | 8.280 9 | 1.594 4 | 8.859 1 | 1.912 6 |
| 教育文化娱乐消费 | 7.006 2 | 3.322 3 | 5.690 7 | 4.387 1 | 7.117 8 | 3.505 2 |
| 医疗保健消费 | 5.287 2 | 3.752 6 | 6.389 4 | 3.424 4 | 7.268 2 | 2.926 2 |
| 其他消费 | 2.247 3 | 3.772 6 | 2.653 4 | 2.325 2 | 2.920 9 | 3.829 2 |
| 家庭总收入 | 3.925 2 | 5.038 5 | 10.976 5 | 1.761 9 | 11.067 1 | 1.619 9 |
| 非住房负债 | 10.781 1 | 1.970 5 | 2.109 1 | 4.207 5 | 2.280 4 | 4.378 2 |
| 家庭总人数 | 3.847 4 | 1.947 5 | 3.494 4 | 1.757 9 | 3.519 1 | 1.754 6 |
| 家庭健康成员人数 | 2.549 4 | 1.528 4 | 2.933 8 | 1.928 9 | 2.932 3 | 1.894 4 |
| 养老保障人数 | 1.693 6 | 1.361 9 | 1.686 8 | 1.326 5 | 1.711 1 | 1.278 9 |
| 失业人员占比 | 0.008 6 | 0.071 1 | 0.123 1 | 0.264 2 | 0.188 2 | 0.342 7 |
| 少年占比 | 0.000 1 | 0.004 9 | 0.000 1 | 0.000 8 | 0.000 1 | 0.000 7 |
| 老年占比 | 0.138 8 | 0.288 5 | 0.172 2 | 0.330 9 | 0.176 8 | 0.335 8 |
| 户主性别 | 0.724 4 | 0.446 9 | 0.527 9 | 0.499 3 | 0.755 6 | 0.429 8 |
| 户主年龄 | 54.571 7 | 62.866 3 | 50.871 4 | 39.807 3 | 51.944 9 | 14.662 1 |
| 户主婚姻状况 | 0.843 2 | 0.363 6 | 0.794 7 | 0.403 9 | 0.839 5 | 0.367 1 |
| 户主受教育年限 | 10.310 9 | 4.217 6 | 10.294 9 | 4.418 6 | 10.654 9 | 4.065 9 |
| 户主是否为城镇户口 | 0.346 5 | 0.475 9 | 0.300 9 | 0.458 7 | 0.235 4 | 0.424 4 |
| 户主风险偏好 | 0.125 6 | 0.331 5 | 0.065 1 | 0.246 8 | 0.093 8 | 0.291 7 |

续 表

| 变量名 | 2015 年 | | 2017 年 | | 2019 年 | |
| --- | --- | --- | --- | --- | --- | --- |
| | 均值 | 标准差 | 均值 | 标准差 | 均值 | 标准差 |
| 户主是否有住房公积金 | 0.187 8 | 0.390 6 | 0.182 2 | 0.386 1 | 0.212 4 | 0.409 1 |

数据来源：2015 年、2017 年与 2019 年中国家庭金融调查数据。

## 6.2 实证分析

一般利用住房资产总值减去住房负债总额来衡量家庭住房价值，本节也按照这一指标来衡量家庭住房价值。根据表6.3，在广东省各个家庭样本当中，住房价值有利于推动家庭中生存型消费增长，但会在一定程度上抑制家庭的享受型消费，对发展型消费影响不显著。一个可能的原因是，从整体而言，广东省的家庭对吃穿住行的重视程度远远高于其他类别消费，尤其对于食品类消费（例如饮食健康）格外关注。而各类享受型消费，主要包括教育文化娱乐消费以及其他跨境购物消费等，并不会受到住房价值的影响。

表 6.3　住房价值对家庭各类消费的影响分析

| 变量 | (1) ln 生存型消费 | (2) ln 发展型消费 | (3) ln 享受型消费 |
| --- | --- | --- | --- |
| ln 住房价值 | 0.009* | 0.003 | −0.007** |
| | (0.005) | (0.006) | (0.003) |
| 常数项 | 21.250*** | 20.184*** | 18.745*** |
| | (0.152) | (0.178) | (0.119) |
| N | 1 188 | 1 188 | 1 188 |

备注：* $p<0.05$，** $p<0.01$，*** $p<0.001$ 分别表示在5%、1%和0.1%水平上显著，括号内为聚类稳健标准误。

表6.4采用住房资产总值来衡量家庭住房价值。数据显示，住房价值在5%显著性水平上促进了广东省的生存型消费，对发展型消费具有正向影响，

但不显著，对享受型消费具有负向影响，同样不显著。

表6.4 新住房价值对家庭各类消费的影响分析

| 变量 | (1)<br>ln 生存型消费 | (2)<br>ln 发展型消费 | (3)<br>ln 享受型消费 |
|---|---|---|---|
| ln 住房价值 | 0.012* | 0.001 | −0.006 |
|  | (0.005) | (0.005) | (0.003) |
| 常数项 | 21.265*** | 20.196*** | 18.739*** |
|  | (0.150) | (0.176) | (0.118) |
| N | 1 208 | 1 208 | 1 208 |

备注：* $p<0.05$，** $p<0.01$，*** $p<0.001$ 分别表示在5%、1%和0.1%水平上显著，括号内为聚类稳健标准误。

接下来对各类消费进行双向固定效应检验，实证结果如表6.5和表6.6所示。住房价值主要促进了家庭生活用品及服务消费。生活用品及服务消费具体包括家庭及个人的各类生活品及家庭服务、家具及室内装饰品、家用器具、家用纺织品、家庭日用杂品、个人用品和家庭服务等产生的消费。从广东家庭部门的生活习惯来看，由于广东地处亚热带地区，每年5月到11月处于高温状态，绝大部分家庭成员都形成了每日清洁的习惯，各种生活用品尤其是各类洗衣用品消费量较大。当拥有自有住房后，这一类别消费会显著提升，因为原来为了支付住房首套房的预防性储蓄动机下降，家庭更愿意对在家庭消费中占比较高的生活用品和服务进行升级。

表6.5 住房价值对家庭各类消费的具体影响（1）

| 变量 | (1)<br>ln 家庭总消费 | (2)<br>ln 食品烟酒消费 | (3)<br>ln 衣着消费 | (4)<br>ln 居住消费 | (5)<br>ln 生活用品及服务消费 |
|---|---|---|---|---|---|
| ln 住房价值 | 0.013* | 0.014* | 0.024 | 0.009 | 0.054** |
|  | (0.007) | (0.011) | (0.027) | (0.016) | (0.020) |

续　表

| 变量 | (1) ln 家庭总消费 | (2) ln 食品烟酒消费 | (3) ln 衣着消费 | (4) ln 居住消费 | (5) ln 生活用品及服务消费 |
| --- | --- | --- | --- | --- | --- |
| ln 家庭总收入 | 0.035*** | 0.049** | 0.001 | 0.040 | 0.078** |
|  | (0.010) | (0.016) | (0.043) | (0.024) | (0.024) |
| ln 非住房负债 | 0.012 | −0.004 | −0.016 | 0.000 | −0.007 |
|  | (0.006) | (0.009) | (0.024) | (0.013) | (0.017) |
| 家庭总人数 | 0.010 | −0.031 | 0.083 | −0.057 | −0.019 |
|  | (0.024) | (0.043) | (0.143) | (0.063) | (0.076) |
| 家庭健康成员人数 | 0.024 | 0.057 | 0.047 | 0.001 | 0.063 |
|  | (0.019) | (0.033) | (0.094) | (0.048) | (0.048) |
| 养老保障人数 | 0.073*** | 0.052 | 0.034 | 0.186*** | 0.045 |
|  | (0.021) | (0.051) | (0.099) | (0.052) | (0.069) |
| 失业人员占比 | 0.239* | 0.083 | 0.659 | 0.544* | 1.119*** |
|  | (0.093) | (0.113) | (0.382) | (0.222) | (0.287) |
| 少年占比 | 0.000 | 0.000 | 0.000 | 0.000 | 0.000 |
|  | (.) | (.) | (.) | (.) | (.) |
| 老年占比 | −0.285 | 0.369 | −1.728* | −0.689 | 0.177 |
|  | (0.148) | (0.290) | (0.811) | (0.397) | (0.495) |
| 户主性别 | 0.199** | 0.043 | 0.184 | 0.285* | 0.063 |
|  | (0.061) | (0.099) | (0.229) | (0.136) | (0.178) |
| 户主年龄 | −0.004 | −0.009 | −0.023 | −0.008 | −0.012 |
|  | (0.006) | (0.005) | (0.016) | (0.009) | (0.010) |
| 户主婚姻状况 | 0.048 | 0.280 | −0.416 | −0.140 | −0.137 |
|  | (0.111) | (0.240) | (0.522) | (0.227) | (0.299) |

续 表

| 变量 | （1）<br>ln 家庭总消费 | （2）<br>ln 食品烟酒消费 | （3）<br>ln 衣着消费 | （4）<br>ln 居住消费 | （5）<br>ln 生活用品及服务消费 |
|---|---|---|---|---|---|
| 户主受教育年限 | −0.010 | 0.020 | −0.031 | −0.054 | 0.067 |
|  | (0.015) | (0.023) | (0.054) | (0.034) | (0.039) |
| 户主是否为城镇户口 | −0.106 | 0.069 | 0.516 | −0.275 | 0.137 |
|  | (0.099) | (0.107) | (0.382) | (0.287) | (0.270) |
| 户主风险偏好 | 0.422*** | 0.486** | 0.611 | 0.442 | 0.603 |
|  | (0.123) | (0.150) | (0.498) | (0.284) | (0.326) |
| 户主是否有住房公积金 | 0.142 | −0.107 | 0.248 | −0.073 | 0.167 |
|  | (0.115) | (0.134) | (0.463) | (0.197) | (0.218) |
| 常数项 | 9.972*** | 9.195*** | 6.439*** | 8.859*** | 6.283*** |
|  | (0.465) | (0.574) | (1.342) | (0.831) | (0.867) |
| N | 1 188 | 1 188 | 1 188 | 1 188 | 1 188 |

备注：* $p < 0.05$，** $p < 0.01$，*** $p < 0.001$ 表示在5%、1%和0.1%水平上显著，括号内为聚类稳健标准误。

值得关注的是住房价值对教育文化娱乐消费的抑制作用。这可能源于广东传统文化中的务实理念，不少家庭即便在购房后对于各类娱乐消费也并不热衷；还可能由于区域房价波动较大，不少家庭期待通过购置下一套房子来满足家庭价值增值需求，从而减少需求弹性较大的消费类别。同样，住房价值对其他消费也具有轻微的抑制作用，在5%水平上显著。

表 6.6 住房价值对家庭各类消费的具体影响（2）

| 变量 | （6）<br>ln 交通通信消费 | （7）<br>ln 教育文化娱乐消费 | （8）<br>ln 医疗保健消费 | （9）<br>ln 其他消费 |
| --- | --- | --- | --- | --- |
| ln 住房价值 | 0.018 | −0.037* | 0.035 | −0.003* |
|  | (0.014) | (0.030) | (0.035) | (0.035) |
| ln 家庭总收入 | 0.081*** | 0.051 | 0.120** | 0.005 |
|  | (0.023) | (0.042) | (0.042) | (0.050) |
| ln 非住房负债 | 0.013 | 0.046 | 0.043 | 0.020 |
|  | (0.013) | (0.031) | (0.029) | (0.035) |
| 家庭总人数 | 0.037 | 0.100 | 0.050 | 0.122 |
|  | (0.093) | (0.149) | (0.147) | (0.140) |
| 家庭健康成员人数 | 0.117 | 0.084 | −0.010 | −0.115 |
|  | (0.061) | (0.109) | (0.086) | (0.096) |
| 养老保障人数 | 0.126** | 0.152 | 0.269** | 0.074 |
|  | (0.042) | (0.112) | (0.097) | (0.128) |
| 失业人员占比 | 0.145 | 2.792*** | 0.225 | 1.167* |
|  | (0.247) | (0.508) | (0.445) | (0.468) |
| 少年占比 | 0.000 | 0.000 | 0.000 | 0.000 |
|  | (.) | (.) | (.) | (.) |
| 老年占比 | −0.346 | −1.363 | 0.618 | 0.805 |
|  | (0.436) | (0.959) | (0.781) | (0.848) |
| 户主性别 | 0.073 | 0.391 | 0.242 | 1.041** |
|  | (0.135) | (0.337) | (0.329) | (0.382) |
| 户主年龄 | −0.006 | 0.003 | 0.019 | 0.002 |
|  | (0.009) | (0.019) | (0.020) | (0.018) |
| 户主婚姻状况 | −0.074 | 0.406 | −0.194 | −0.315 |

续 表

| 变量 | (6)<br>ln 交通通信消费 | (7)<br>ln 教育文化娱乐消费 | (8)<br>ln 医疗保健消费 | (9)<br>ln 其他消费 |
|---|---|---|---|---|
| 户主婚姻状况 | (0.227) | (0.508) | (0.480) | (0.534) |
| 户主受教育年限 | 0.023 | 0.120 | −0.050 | −0.011 |
|  | (0.031) | (0.077) | (0.067) | (0.064) |
| 户主是否为城镇户口 | −0.098 | −1.058* | 0.018 | −0.157 |
|  | (0.220) | (0.537) | (0.513) | (0.594) |
| 户主风险偏好 | 0.668* | 0.887 | 1.014 | 1.429* |
|  | (0.296) | (0.502) | (0.573) | (0.679) |
| 户主是否有住房公积金 | 0.064 | 0.682 | 0.665 | 1.890* |
|  | (0.259) | (0.512) | (0.517) | (0.763) |
| 常数项 | 6.026*** | 1.499 | 3.855* | −0.741 |
|  | (0.731) | (1.701) | (1.770) | (1.718) |
| N | 1 188 | 1 188 | 1 188 | 1 188 |

备注：* $p<0.05$，** $p<0.01$，*** $p<0.001$ 表示在5%、1%和0.1%水平上显著，括号内为聚类稳健标准误。

从其他影响因素来看，家庭总收入、养老保障人数以及户主风险偏好都对消费呈现不同的促进作用。比如风险偏好型户主可促进家庭的生存型消费和享受型消费，养老保障人数主要促进家庭的发展型消费。可以理解为，具有养老保障的人数越多，家庭部门抵御未来养老风险的缓冲性保障存货就越充足，那么家庭就更愿意在当前阶段提升家庭部分消费水平。

## 6.3 稳健性检验

为了验证结果是否稳健，将自变量滞后两期，考察滞后的住房价值对家庭消费的长期影响。结果如表 6.7 和表 6.8 所示。

表 6.7　住房价值滞后两期对家庭各类消费的具体影响（1）

| 变量 | (1) ln 家庭总消费 | (2) ln 食品烟酒消费 | (3) ln 衣着消费 | (4) ln 居住消费 | (5) ln 生活用品及服务消费 |
| --- | --- | --- | --- | --- | --- |
| ln 住房价值 | 0.016** | 0.007 | −0.006 | 0.013* | 0.052*** |
|  | (0.005) | (0.004) | (0.013) | (0.006) | (0.009) |
| ln 家庭总收入 | 0.077** | 0.064** | 0.021 | −0.001 | 0.006 |
|  | (0.024) | (0.025) | (0.086) | (0.040) | (0.058) |
| ln 非住房负债 | 0.016* | −0.001 | 0.013 | 0.007 | 0.011 |
|  | (0.007) | (0.007) | (0.020) | (0.011) | (0.013) |
| 家庭总人数 | 0.051 | 0.049 | 0.146 | −0.022 | 0.082 |
|  | (0.039) | (0.037) | (0.128) | (0.068) | (0.078) |
| 家庭健康成员人数 | 0.024 | −0.004 | 0.063 | 0.054 | 0.020 |
|  | (0.028) | (0.021) | (0.077) | (0.048) | (0.042) |
| 养老保障人数 | 0.057* | 0.043 | 0.069 | 0.084* | 0.044 |
|  | (0.026) | (0.023) | (0.063) | (0.042) | (0.047) |
| 失业人员占比 | 0.159 | 0.052 | 0.825* | 0.575** | 0.856** |
|  | (0.101) | (0.097) | (0.366) | (0.220) | (0.306) |
| 少年占比 | 0.000 | 0.000 | 0.000 | 0.000 | 0.000 |
|  | (.) | (.) | (.) | (.) | (.) |
| 老年占比 | −0.031 | 0.146 | −1.996** | −0.511 | 0.625 |
|  | (0.159) | (0.184) | (0.755) | (0.289) | (0.440) |
| 户主性别 | 0.224*** | 0.211*** | 0.210 | 0.222 | 0.026 |
|  | (0.065) | (0.062) | (0.196) | (0.134) | (0.153) |

续 表

| 变量 | （1）<br>ln 家庭总消费 | （2）<br>ln 食品烟酒消费 | （3）<br>ln 衣着消费 | （4）<br>ln 居住消费 | （5）<br>ln 生活用品及服务消费 |
|---|---|---|---|---|---|
| 户主年龄 | −0.009 | −0.007 | −0.006 | 0.007 | −0.008 |
|  | (0.008) | (0.004) | (0.014) | (0.007) | (0.007) |
| 户主婚姻状况 | 0.059 | 0.145 | −0.060 | 0.113 | −0.089 |
|  | (0.119) | (0.113) | (0.452) | (0.149) | (0.231) |
| 户主受教育年限 | −0.015 | −0.020 | −0.021 | 0.003 | 0.059* |
|  | (0.019) | (0.012) | (0.050) | (0.027) | (0.029) |
| 户主是否为城镇户口 | −0.127 | 0.033 | −0.171 | −0.115 | −0.108 |
|  | (0.117) | (0.102) | (0.340) | (0.172) | (0.209) |
| 户主风险偏好 | 0.305 | 0.286 | 0.338 | −0.300 | 0.311 |
|  | (0.168) | (0.174) | (0.393) | (0.244) | (0.225) |
| 户主是否有住房公积金 | 0.235 | 0.074 | 0.546 | 0.283 | 0.348 |
|  | (0.140) | (0.121) | (0.357) | (0.173) | (0.242) |
| 常数项 | 9.996*** | 9.371*** | 6.086*** | 7.290*** | 6.648*** |
|  | (0.573) | (0.393) | (1.216) | (0.727) | (0.787) |
| N | 1 032 | 1 032 | 1 032 | 1 032 | 1 032 |

备注：* $p<0.05$，** $p<0.01$，*** $p<0.001$ 表示在5%、1%和0.1%水平上显著，括号内为聚类稳健标准误。

从表6.7中可以了解到，家庭只有在持有住房资产一段时间后，才能逐渐体会到住房价值的存在，并逐步调整消费决策，涉及生存型消费、发展型消费和享受型消费。从表6.8中可以看出，老年占比将显著增强家庭医疗健康消费水平。相较于主回归住房价值对家庭消费的影响程度，系数稍微增大，显著性水平也略有提升，说明原统计结果是比较稳健的。

表 6.8　住房价值滞后两期对家庭各类消费的具体影响（2）

| 变量 | (1) ln 交通通信消费 | (2) ln 教育文化娱乐消费 | (3) ln 医疗保健消费 | (4) ln 其他消费 |
| --- | --- | --- | --- | --- |
| ln 住房价值 | 0.017* | 0.127*** | 0.046* | 0.141*** |
|  | (0.008) | (0.023) | (0.020) | (0.022) |
| ln 家庭总收入 | 0.086 | 0.123 | 0.133 | 0.058 |
|  | (0.053) | (0.100) | (0.092) | (0.112) |
| ln 非住房负债 | 0.028* | 0.022 | 0.098** | 0.045 |
|  | (0.014) | (0.036) | (0.035) | (0.038) |
| 家庭总人数 | 0.215** | 0.346 | 0.327* | 0.322 |
|  | (0.072) | (0.249) | (0.164) | (0.199) |
| 家庭健康成员人数 | 0.034 | 0.052 | −0.093 | −0.081 |
|  | (0.041) | (0.145) | (0.078) | (0.103) |
| 养老保障人数 | 0.102* | 0.103 | 0.145 | −0.123 |
|  | (0.043) | (0.140) | (0.114) | (0.129) |
| 失业人员占比 | 0.109 | 2.305*** | −0.511 | 0.714 |
|  | (0.269) | (0.540) | (0.480) | (0.475) |
| 少年占比 | 0.000 | 0.000 | 0.000 | 0.000 |
|  | (.) | (.) | (.) | (.) |
| 老年占比 | −0.572 | −1.193 | 1.681* | 0.029 |
|  | (0.409) | (1.084) | (0.794) | (0.945) |
| 户主性别 | 0.184 | 0.225 | 0.131 | 0.829 |
|  | (0.128) | (0.409) | (0.372) | (0.425) |
| 户主年龄 | −0.011 | 0.008 | 0.018 | −0.011 |
|  | (0.008) | (0.021) | (0.021) | (0.019) |

续 表

| 变量 | (1) ln 交通通信消费 | (2) ln 教育文化娱乐消费 | (3) ln 医疗保健消费 | (4) ln 其他消费 |
|---|---|---|---|---|
| 户主婚姻状况 | 0.194 | 0.287 | −0.505 | −0.421 |
| | (0.285) | (0.646) | (0.562) | (0.558) |
| 户主受教育年限 | 0.034 | 0.205* | −0.039 | −0.099 |
| | (0.031) | (0.084) | (0.074) | (0.067) |
| 户主是否为城镇户口 | −0.105 | −1.097 | 0.087 | −0.721 |
| | (0.260) | (0.581) | (0.505) | (0.678) |
| 户主风险偏好 | 0.734* | 0.409 | 0.888 | 1.277 |
| | (0.301) | (0.802) | (0.632) | (0.920) |
| 户主是否有住房公积金 | 0.005 | 0.073 | 0.461 | 1.456 |
| | (0.246) | (0.603) | (0.469) | (0.926) |
| 常数项 | 6.149*** | −0.973 | 3.190 | 0.011 |
| | (0.739) | (1.892) | (1.760) | (1.824) |
| N | 1 032 | 1 032 | 1 032 | 1 032 |

备注：* $p<0.05$，** $p<0.01$，*** $p<0.001$ 分别表示在5%、1%和0.1%水平上显著，括号内为聚类稳健标准误。

## 6.4　传导机制检验

对"是否受信贷约束"这一变量进行中心化处理后，形成与住房价值的交互项并进行检验，了解到"是否受信贷约束"对家庭住房价值效应的影响不明显，即无法确定家庭在拥有住房资产后通过缓解信贷约束而形成对部分消费的促进作用。对房价预期的调节效应进行检验，实证结果显示，对房价持有乐观预期并不能促进家庭消费增长，反而广东地区的高房价增速预期在一定程度上增强了家庭投资房产的需求，从而抑制了家庭消费水平的提升。

基于信用卡使用的相关指标验证了广东省家庭住房价值主要通过提升信用卡额度和信用卡使用频次来促进家庭部分消费的增长。从消费心理来看，家庭部门在得知住房价值增长的同时，会产生内心的满足感，但由于并没有直接变现，会产生进一步投资的需求，这种心理所形成的财富幻觉会在不经意间改变家庭的边际消费倾向，从而形成对消费的促进作用，尤其会对日常消费频率较高的消费类别形成促进作用。尽管其在短期内对大额的教育文化娱乐消费的投资需求有挤占作用，但从长期看仍有促进作用。值得关注的是，住房价值效应受到广东省所特有的区域文化氛围的影响，例如广东省对食品质量的高要求以及对衣着消费的低要求。住房价值效应还体现在对食品类消费的促进作用上。

## 6.5 异质性分析

将样本分为不同类别，当家庭户主具有不同特征时，住房价值效应可能存在的异质性。从表 6.9 中可以看出，当户主持有农村户口时，住房价值效应相对显著。在广东省持有城镇户口的家庭户主，大都是新进入广东省的就业人员，而持有农村户口的家庭，一般是广东省本地人口。在广东省进行农村股份制改革以后，农村户籍户主更有可能获得来自本村的股份分红，通过持有住房资产较易获得住房价值效应，并提升家庭消费水平。户主已婚状态下的住房价值效应相较于未婚更显著。一方面，已婚家庭对各种消费支出会更大，所涉及的消费类别也更多；另一方面，已婚家庭对各种价格和价值变化更敏感，从而呈现出更显著的需求弹性。在广东省户主风险偏好越强的家庭，呈现出对多种消费的抑制效应，而越是风险规避型的户主，反而对消费具有促进作用。可能的原因在于，广东省地处房价增速较快的地区，越是风险偏好型的户主，对未来房价走势持乐观预期，从而更愿意投资房产，而不是享受当期消费。而风险规避型的户主，除了满足预防性储蓄需求以外，还可能将生活的重心放在当下，从而满足各类有益于家庭发展的生活消费。

6 广东省住房价值变化对家庭消费的典型影响

表6.9 不同家庭特征住房价值异质性分析

| 变量 | 城镇户口 | 农村户口 | 户主已婚 | 户主未婚 | 风险偏好 | 风险规避 |
|---|---|---|---|---|---|---|
| ln家庭总消费 | 0.007 | 0.016** | 0.014* | 0.032 | −0.012*** | 0.014* |
|  | (0.031) | (0.071) | (0.007) | (0.029) | (0.718) | (0.069) |
| ln食品烟酒消费 | 0.017 | 0.007 | 0.021* | 0.051* | −0.045*** | 0.007 |
|  | (0.012) | (0.147) | (0.011) | (0.029) | (0.362) | (0.013) |
| ln衣着消费 | −0.068 | 0.036 | 0.026 | 0.049 | 0.478*** | 0.019 |
|  | (0.065) | (0.033) | (0.032) | (0.081) | (0.177) | (0.028) |
| ln居住消费 | 0.042 | 0.048** | 0.011 | −0.019 | −0.323*** | 0.001 |
|  | (0.029) | (0.019) | (0.017) | (0.042) | (0.103) | (0.017) |
| ln生活用品及服务消费 | 0.021 | 0.137** | 0.056*** | −0.067* | −0.201** | 0.036* |
|  | (0.053) | (0.078) | (0.022) | (0.047) | (0.098) | (0.017) |
| ln交通通信消费 | −0.035 | 0.023 | 0.012 | 0.021 | 0.171*** | 0.009 |
|  | (0.048) | (0.017) | (0.017) | (0.047) | (0.159) | (0.015) |
| ln教育文化娱乐消费 | 0.039 | −0.011 | −0.025 | −0.037 | −0.161*** | −0.017 |
|  | (0.075) | (0.032) | (0.031) | (0.023) | (0.859) | (0.031) |
| ln医疗保健消费 | 0.052 | 0.021 | 0.051 | −0.027 | −0.311*** | 0.011 |
|  | (0.172) | (0.037) | (0.041) | (0.167) | (0.131) | (0.036) |
| ln其他消费 | 0.129 | 0.046 | 0.021 | 0.091 | 1.133*** | 0.023 |
|  | (0.106) | (0.039) | (0.041) | (0.081) | (0.066) | (0.037) |
| $N$ | 313 | 1 286 | 1 375 | 224 | 469 | 1 130 |
| $R^2$ | 0.192 0 | 0.227 7 | 0.162 8 | 0.337 0 | 0.189 1 | 0.213 4 |

备注：* $p<0.05$，** $p<0.01$，*** $p<0.001$ 分别表示在5%、1%和0.1%水平上显著，括号内为聚类稳健标准误。

根据持有不同房产数量的家庭异质性特征（如表6.10所示），在广东省大部分地区，持有一套房和两套房的家庭，其住房价值对家庭消费的促进作用不明显。而只有持有三套房的家庭才具有住房价值效应,并且这一住房价值效应对家庭消费不完全有促进作用。其中,对生存型消费具有明显的促进作用,对享受型消费具有抑制效应,对发展型消费影响不明显:抑制了居住消费,而促进了医疗保健消费。之所以促进了医疗保健消费,一个可能的原因仍然是广东省的天气比较炎热,即便在日常生活中家庭也非常注重各种保健消费,例如常规祛湿下火、儿童推拿、老年针灸等。

表 6.10 持有不同房产数量家庭异质性分析

| 变量 | 一套房家庭 | 两套房家庭 | 三套房家庭 | 多套房家庭 |
| --- | --- | --- | --- | --- |
| ln 家庭总消费 | 0.014 | 0.034 | 0.051*** | −1.001 |
|  | (0.011) | (0.048) | (0.006) | (0.024) |
| ln 食品烟酒消费 | −0.002 | 0.075 | 1.443*** | 17.231 |
|  | (0.012) | (0.051) | (0.012) | (—) |
| ln 衣着消费 | 0.062 | −0.086 | 0.151*** | 4.702*** |
|  | (0.042) | (0.133) | (0.032) | (0.024) |
| ln 居住消费 | 0.021 | 0.069 | −1.261*** | −0.001 |
|  | (0.018) | (0.113) | (0.003) | (—) |
| ln 生活消费 | 0.078** | 0.137* | −1.196*** | 19.741*** |
|  | (0.028) | (0.078) | (0.014) | (—) |
| ln 交通通信消费 | 0.035 | 0.143* | −1.121*** | — |
|  | (0.021) | (0.062) | (0.001) | (—) |
| ln 教育文化娱乐消费 | 0.039 | 0.029 | 0.269*** | 8.441*** |
|  | (0.051) | (0.117) | (0.031) | (0.023) |
| ln 医疗保健消费 | 0.065 | 0.161 | 1.751*** | — |
|  | (0.046) | (0.144) | (0.030) | (—) |
| ln 其他消费 | 0.008 | 0.311* | −30.838*** | 29.783*** |
|  | (0.048) | (0.148) | (0.019) | (0.105) |

续表

| 变量 | 一套房家庭 | 两套房家庭 | 三套房家庭 | 多套房家庭 |
|---|---|---|---|---|
| $N$ | 978 | 333 | 248 | 26 |
| $R^2$ | 0.1920 | 0.2277 | 0.1628 | 0.3370 |

备注：$^*p<0.05$，$^{**}p<0.01$，$^{***}p<0.001$ 分别表示在5%、1%和0.1%水平上显著，括号内为聚类稳健标准误。

## 6.6 本章小结

主回归模型实证结果表明，广东省住房价值增长主要促进了家庭的生存型消费，对发展型消费影响不显著，对享受型消费呈现抑制作用。滞后两期的模型表明，在广东省住房价值将滞后家庭的发展型消费和享受型消费，有利于家庭的消费水平提升和消费结构优化。因此，要实现住房价值对家庭消费的促进和提升作用，首先从金融层面通过增强住房价值兑现的制度创新，提供满足家庭部门跨期消费的流动性支持；其次从社会层面增强对家庭养老、教育、医疗的力度支持，在一定程度上减少家庭的预防性储蓄需求，进而更好地发挥住房价值对家庭消费的促进作用；最后应强化住房市场预期管理，减弱对住房资产的过度投资需求，使家庭愿意在当期进行消费。

广东省作为经济强省，其住房价格连续多年保持上升（近三年出现大幅度下滑），但是与住房资产相关的净值贷款制度和各种有利于住房价值兑现的创新制度还不成熟。大部分家庭将住房资产视作抵御未来风险的重要存货，并且广东省房价的持续上涨激发了不少家庭对于房产的投资需求，多种影响因素使广东省住房价值效应不是特别显著，因此，广东省住房市场管理者应加速与房地产净值抵押相关的金融制度设计，满足家庭灵活兑现住房价值的弹性需求。

从省域层面来看，广东省应该加强住房稳定增长预期指引，通过创新住房市场金融制度风险管理模式，推动保障性住房建设，一方面防范房地产企业的系统性金融风险，另一方面使家庭部门在房价增幅稳定预期下，逐步实现持有住房和改善住房条件的基本需求。正是由于家庭都将面临教育、医疗和养老等各种不确定性需求,不少家庭便将房产视作实现未来需求的"缓冲存货",尤其在经济发展较快的广东地区,家庭较难从房价增值过程中获益,而一直处于"财富幻觉"阶段。因此,要真正从根源上推动家庭消费水平提升和消费结构优化,政府部门和各个社会部门应该逐步延伸社会保障覆盖面,满足较大部分家庭的基本生存和发展需求,使家庭愿意在房价增长过程中兑现房产价值,构建起良性有序的国内消费生产分配大循环。

# 7 研究结论与政策建议

## 7.1 研究结论

本研究得出以下几个结论。

首先,对于未购房的家庭而言,购房动机在短期内主要通过抑制家庭的衣着消费来影响家庭的总消费水平,即主要通过减少信用卡负债总额来约束自身在衣着上的消费支出。在长期内,购房动机主要抑制家庭的总消费、食品烟酒消费、教育文化娱乐消费和其他消费(含跨境电商和奢侈品消费等)等生存型消费和享受型消费,即主要通过减少使用信用卡分期和信用卡负债总额等途径减少家庭衣着消费。

其次,对于购房家庭而言,从宏观地域层面来看,住房价值对中、西部地区家庭消费的影响比东部地区以及东北地区更明显,并且中、西部地区的住房价值效应主要体现在发展型消费类别和享受型消费类别上,而东部地区的住房价值效应主要体现在生存型消费类别,东北地区的住房价值效应不显著。从地域属性层面来看,住房价值效应主要影响的是城镇地区和农村地区的居住消费(属于发展型消费)。从家庭户主特征来看,在住房价值效应下,男性户主在生存型消费和发展型消费上显著高于女性户主,而女性户主仅在享受型消费层面高于男性户主。

最后,从广东省的住房价值典型事实来看,广东省住房价值增长主要促进了家庭的生存型消费，对发展型消费影响不显著，对享受型消费具有抑制作用。与此同时，住房价值效应与户主年龄、户主性别、少年占比、老年占比、是否具有住房公积金以及家庭住房负债占比有不同程度的关联。

## 7.2 政策建议

首先，房地产行业要逐步完善住房市场供给侧结构性改革，支持合理住房消费需求，推动区域住房市场供需结构性平衡。例如，在东部发达地区完善住房供给模式，除增加廉租房、公租房建设等刚需型住房的配套供给以外，尽可能通过"租售并举，租售同权"等方式，保障租赁房屋的家庭能够获得相应的教育、医疗和社区养老资源支持。这可以从根本上降低不少家庭部门为了享受对应的资源而一定要购房的动机，从而有利于地区消费的有序增长。中、西部和东北地区可以逐步优化住房供给类型，加大刚需型、改善型住房建设进度，增加符合生命周期不同阶段需求的宜居型、智能型住房供给，满足这些地区家庭的住房升级消费需求。这些措施可使我国形成错落有致、租购市场联动的住房供给体系。由于我国住房市场经历过20年以上的震荡上升周期，不少家庭都将房产视为重要的资产保障。在这一前提下，政府部门要进一步通过完善房地产市场建设机制，同步推动稳地价、稳房价、稳预期的措施落地，优化住房投资的利益分配机制，并从多方面深入落实"房住不炒"政策，使住房逐步回归居住属性，引导消费者形成合理的房价预期。同时，完善房地产市场调控政策，优化房地产调控手段，不仅仅包括调整首付、调整贷款利率等手段，还可以根据城市房地产存量及类别采取针对性措施，积极消化市场库存，避免房价下跌过快所带来的系统性金融风险，通过积极有效的政策及措施促进房地产市场平稳有序发展。

其次，应加强住房资产净值抵押金融制度创新，积极增强住房财富兑现的机制设计，提高住房资产交易变现的灵活性和有效性。我国尚未建立起围绕住房净资产的抵押担保创新机制，家庭部门要兑现住房财富除了出租和出售以外，没有其他市场化和弹性化的金融制度支持。因此，进行有利于住房财富兑现的金融制度创新变得极其重要，包括加速房地产市场配套金融化制度建设，完善与住房资产净值抵押相关的信贷制度设计，使家庭能够相对灵活地通过抵押住房资产获得非住房消费所需要的信用额度支持，充分发挥住房财富的信贷效应，进一步从中长期缓解家庭信贷约束，增强居民消费的"金融缓冲存货"，挖掘家庭消费潜力，推动我国以国内大循环为主体的新发展格局的初步形成。

最后，从微观层面来看，住房财富效应并未从整体上推动家庭消费结构优化和家庭消费水平提升。这从侧面反映出，我国目前尚不具备完善的消费发展支撑系统，导致家庭即便在获得相应的财富增值时，仍然不愿意消费更多，而是以预防性储蓄为主。一方面因为家庭部门必然面临的教育、医疗和养老等消费需求，它们依然是家庭支出的主要组成部分，也是导致家庭预防性储蓄的关键所在。另一方面因为受中国传统节俭思想的影响，不少家庭会尽可能节约各类日常开支，以满足储蓄目标。因此，应从住房财富、家庭收入、社会保障等多个维度积极推动消费理念和消费模式转变，引导家庭逐步从生存型消费向发展型消费和享受型消费转变，并逐步巩固长链条的高能级消费类型对经济发展的压舱石作用。

# 参考文献

**中文文献:**

艾春荣,汪伟,2008.习惯偏好下的中国居民消费的过度敏感性——基于1995～2005年省际动态面板数据的分析[J].数量经济技术经济研究,25(11):98-114.

安磊,李博阳,沈悦,2022.房价波动、融资约束与工业企业创新——基于房价基本面与泡沫成分的分解视角[J].管理评论,34(8):92-107.

白鹤祥,刘社芳,罗小伟,等,2020.基于房地产市场的我国系统性金融风险测度与预警研究[J].金融研究(8):54-73.

蔡兆瑞,丁骋骋,蔡晓慧,2022.子女性别结构如何影响家庭负债[J].财贸经济,43(4):113-128.

陈峰,姚潇颖,李鲲鹏,2013.中国中高收入家庭的住房财富效应及其结构性差异[J].世界经济,36(9):139-160.

陈健,陈杰,高波,2012.信贷约束、房价与居民消费率——基于面板门槛模型的研究[J].金融研究(4):45-57.

陈健,黄少安,2013.遗产动机与财富效应的权衡:以房养老可行吗?[J].经济研究,48(9):56-70.

陈杰,吴义东,2019.租购同权过程中住房权与公共服务获取权的可能冲突——为"住"租房还是为"权"租房[J].学术月刊,51(2):44-56.

陈彦斌，邱哲圣，2011.高房价如何影响居民储蓄率和财产不平等 [J].经济研究，46（10）：25-38.

陈斌开，杨汝岱，2013.土地供给、住房价格与中国城镇居民储蓄 [J].经济研究，48（1）：110-122.

陈永伟，史宇鹏，权五燮，2015.住房财富、金融市场参与和家庭资产组合选择——来自中国城市的证据 [J].金融研究（4）：1-18.

陈金至，温兴春，宋鹭，2021.收入差距、信贷约束与房价变动 [J].金融研究（11）：79-96.

程令国，张晔，2011.早年的饥荒经历影响了人们的储蓄行为吗？——对我国居民高储蓄率的一个新解释 [J].经济研究，46（8）：119-132.

杜莉，沈建光，潘春阳，2013.房价上升对城镇居民平均消费倾向的影响——基于上海市入户调查数据的实证研究 [J].金融研究（3）：44-57.

杜莉，罗俊良，2017.房价上升如何影响我国城镇居民消费倾向——基于两阶段家庭最优消费模型的研究 [J].财贸经济，38（3）：67-82.

杜海韬，邓翔，2005.流动性约束和不确定性状态下的预防性储蓄研究——中国城乡居民的消费特征分析 [J].经济学（季刊），5（1）：297-316.

段先盛，2009.收入分配对总消费影响的结构分析——兼对中国城镇家庭的实证检验 [J].数量经济技术经济研究，26（2）：151-161.

邓健，张玉新，2011.房价波动对居民消费的影响机制 [J].管理世界（4）：171-172.

董照樱子，2019.基于家庭异质性与市场环境视角的中国住房财富效应研究 [D].杭州：浙江大学.

董敏杰，梁泳梅，张其仔，2015.中国工业产能利用率：行业比较、地区差距及影响因素 [J].经济研究，50（1）：84-98.

范子英，刘甲炎，2015.为买房而储蓄——兼论房产税改革的收入分配效应 [J].管理世界（5）：18-27，187.

冯明，2023.国民经济核算视角下中国居民消费率的因素分解研究——对"消费能力说"和"消费意愿说"的定量考察 [J].数量经济技术经济研究，40（5）：

180-201.

顾澄龙,周应恒,严斌剑,2016.住房公积金制度、房价与住房福利[J].经济学(季刊),15(1):109-124.

甘犁,赵乃宝,孙永智,2018.收入不平等、流动性约束与中国家庭储蓄率[J].经济研究,53(12):34-50.

甘犁,尹志超,贾男,等,2013.中国家庭资产状况及住房需求分析[J].金融研究(4):1-14.

高玲玲,周华东,周亚虹,2018."直接财富效应"抑或"抵押担保效应"——对中国自有住房家庭"财富效应"传导途径的实证检验[J].经济科学(6):81-92.

高波,王文莉,李祥,2013.预期、收入差距与中国城市房价租金"剪刀差"之谜[J].经济研究,48(6):100-112,126.

何兴强,史卫,2014.健康风险与城镇居民家庭消费[J].经济研究,49(5):34-48.

胡鞍钢,王洪川,2016.中国教育现代化:全面释放巨大红利[J].清华大学教育研究,37(4):1-8.

胡日东,钱明辉,郑永冰,2014.中国城乡收入差距对城乡居民消费结构的影响——基于LA/AIDS拓展模型的实证分析[J].财经研究,40(5):75-87.

胡元瑞,田成志,吕萍,2021."家里有房,工作不慌":父辈住房财富与青年子女劳动参与[J].财经研究,47(8):79-93.

郝云飞,宋明月,臧旭恒,2017.人口年龄结构对家庭财富积累的影响——基于缓冲存货理论的实证分析[J].社会科学研究(4):37-45.

侯蕾,杨欣桐,李奇,2021.中国城镇家庭的遗产动机:基于微观家庭金融数据的估计[J].世界经济,44(5):79-104.

杭斌,王永亮,2001.流动性约束与居民消费[J].数量经济技术经济研究,18(8):22-25.

杭斌,申春兰,2004.经济转型中消费与收入的长期均衡关系和短期动态关系——中国城镇居民消费行为的实证分析 [J]. 管理世界（5）：25-32.

杭斌，郭香俊，2009. 基于习惯形成的预防性储蓄——中国城镇居民消费行为的实证分析 [J]. 统计研究，26（3）：38-43.

杭斌，修磊，2016. 收入不平等、信贷约束与家庭消费 [J]. 统计研究，33（8）：73-79.

杭斌，2014. 住房需求与城镇居民消费 [J]. 统计研究，31（9）：31-36.

黄静，屠梅曾，2009. 房地产财富与消费：来自于家庭微观调查数据的证据 [J]. 管理世界（7）：35-45.

黄静，崔光灿，2020. 住房财富视角下的代际资源传递效应研究——来自CFPS 的经验证据 [J]. 中国软科学（6）：65-76.

黄彦彦，郭克莎，2021. 家庭负债与恩格尔系数分化——来自中国家庭追踪调查（CFPS）的证据 [J]. 经济学动态（11）：43-57.

黄燕芬，张超，田盛丹，2019. 人口年龄结构和住房价格对城镇居民家庭消费的影响机理 [J]. 人口研究，43（4）：17-35.

黄娅娜，宗庆庆，2014. 中国城镇居民的消费习惯形成效应 [J]. 经济研究，49（增刊1）：17-28.

黄玖立，冯志艳，2017. 用地成本对企业出口行为的影响及其作用机制 [J]. 中国工业经济（9）：100-118.

江艇，2022. 因果推断经验研究中的中介效应与调节效应 [J]. 中国工业经济（5）：100-120.

贾生华，李航，2013. 房地产调控政策真的有效吗？——调控政策对预期与房价关系的调节效应研究 [J]. 华东经济管理，27（11）：82-87.

康书隆，余海跃，刘越飞，2017. 住房公积金、购房信贷与家庭消费——基于中国家庭追踪调查数据的实证研究 [J]. 金融研究（8）：67-82.

况伟大，2010. 预期、投机与中国城市房价波动 [J]. 经济研究，45（9）：67-78.

李涛，史宇鹏，陈斌开，2011. 住房与幸福：幸福经济学视角下的中国城镇居民住房问题 [J]. 经济研究，46（9）：69-82，160.

李涛，陈斌开，2014. 家庭固定资产、财富效应与居民消费：来自中国城镇家庭的经验证据 [J]. 经济研究，49（3）：62-75.

李剑，臧旭恒，2015. 住房价格波动与中国城镇居民消费行为——基于2004—2011年省际动态面板数据的分析 [J]. 南开经济研究（1）：89-101.

李江一，2018. "房奴效应"导致居民消费低迷了吗？[J]. 经济学（季刊），17（1）：405-430.

李江一，李涵，2016. 城乡收入差距与居民消费结构：基于相对收入理论的视角 [J]. 数量经济技术经济研究，33（8）：97-112.

李嘉，朱文浩，董亚宁，等，2021. 双融资循环机制下的债务驱动型住房投资扩张——基于省级面板数据的实证分析 [J]. 财经科学（3）：1-13.

李雪松，黄彦彦，2015. 房价上涨、多套房决策与中国城镇居民储蓄率 [J]. 经济研究，50（9）：100-113.

李婧，许晨辰，2020. 家庭规划对储蓄的影响："生命周期"效应还是"预防性储蓄"效应？[J]. 经济学动态（8）：20-36.

李春琦，张杰平，2009. 中国人口结构变动对农村居民消费的影响研究 [J]. 中国人口科学（4）：14-22，111.

李伟军，周奕嘉，武优勐，2023. 隐藏的收入：住房公积金制度与居民消费升级 [J]. 消费经济，39（2）：33-44.

陆智强，李红玉，2021. 居民家庭负债对消费的影响：财富效应抑或财富幻觉——基于城乡居民家庭的对比分析 [J]. 中国软科学（5）：70-78.

雷钦礼，2009. 财富积累、习惯、偏好改变、不确定性与家庭消费决策 [J]. 经济学（季刊），8（3）：1029-1046.

刘尧成，2015. 中国储蓄率动态与影响机制研究 [J]. 经济评论（3）：31-43.

刘也，张安全，雷震，2016. 住房资产的财富效应：基于CHFS的经验证据 [J]. 财经科学（11）：71-78.

刘也，补琴，张安全，2017. 房价预期对城镇家庭消费支出的影响 [J]. 消费经济，33（1）：50-55.

刘玉飞，汪伟，常晓坤，2020.人情支出、同群攀比与居民家庭消费结构升级——来自 CFPS 数据的证据 [J].学术研究（6）：102-108.

刘靖，陈斌开，2021.房价上涨扩大了中国消费不平等吗？[J].经济学（季刊），21（4）：1253-1274.

刘颜，周建军，2019.城市房价上涨促进还是抑制了城镇居民消费？[J].消费经济，35（1）：49-56.

刘河北，王君斌，费茂清，2024.家庭债务、宏观经济波动与房价预期冲击 [J].中国管理科学，32（10）：56-65.

罗楚亮，2004.经济转轨、不确定性与城镇居民消费行为 [J].经济研究，39（4）：100-106.

罗淳，2017.关于人口年龄组的重新划分及其蕴意 [J].人口研究，41（5）：16-25.

廖毓，宋全云，尹志超，2022.住房财富对城镇居民养老计划影响的实证研究 [J].中国经济问题（5）：153-168.

连燕玲，叶文平，刘依琳，2019.行业竞争期望与组织战略背离——基于中国制造业上市公司的经验分析 [J].管理世界，35（8）：155-172，191-192.

连玉君，彭方平，苏治，2010.融资约束与流动性管理行为 [J].金融研究（10）：158-171.

孟宪春，2023.房价对家庭债务和财富分布的影响：理论机制与应对策略 [J].经济研究，58（4）：171-189.

孟宪春，张屹山，2021.家庭债务、房地产价格渠道与中国经济波动 [J].经济研究，56（5）：75-90.

潘敏，刘知琪，2018.居民家庭"加杠杆"能促进消费吗？——来自中国家庭微观调查的经验证据 [J].金融研究（4）：71-87.

孙凤，易丹辉，2000.中国城镇居民收入差距对消费结构的影响分析 [J].统计研究，27（5）：9-15.

孙伟增，郑思齐，2016.居民对房价的预期如何影响房价变动 [J].统计研究，33（5）：51-59.

孙豪，王泽昊，姚健，2022. 房价对消费结构升级的影响：机制与实证 [J]. 上海财经大学学报，24（2）：61-77.

宋明月，臧旭恒，2016. 我国居民预防性储蓄重要性的测度——来自微观数据的证据 [J]. 经济学家（1）：89-97.

宋明月，臧旭恒，2020. 异质性消费者、家庭债务与消费支出 [J]. 经济学动态（6）：74-90.

宋明月，刘政，臧旭恒，2023. 异质性消费者、住房资产与城镇家庭消费支出 [J]. 南开经济研究（5）：93-110.

史学智，何亚男，2023. 住房财富效应、信贷约束与城镇家庭股市参与——基于 CHFS 数据的实证研究 [J]. 中国经济问题（4）：102-117.

申朴，刘康兵，2003. 中国城镇居民消费行为过度敏感性的经验分析：兼论不确定性、流动性约束与利率 [J]. 世界经济（1）：61-66.

申洋，陈钊，2023. 勒紧裤带还是放手花钱：住房限购政策与中国城镇居民消费 [J]. 世界经济，46（9）：157-180.

盛夏，王擎，王慧，2021. 房价升高促使中国家庭更多地"加杠杆"吗——基于购房动机异质性视角的研究 [J]. 财贸经济，42（1）：62-76.

石永珍，王子成，2017. 住房资产、财富效应与城镇居民消费——基于家户追踪调查数据的实证分析 [J]. 经济社会体制比较（6）：74-86.

石明明，江舟，周小焱，2019. 消费升级还是消费降级 [J]. 中国工业经济（7）：42-60.

陶新宇，靳涛，杨伊婧，2017. "东亚模式"的启迪与中国经济增长"结构之谜"的揭示 [J]. 经济研究，52（11）：43-58.

吴卫星，徐芊，白晓辉，2013. 中国居民家庭负债决策的群体差异比较研究 [J]. 财经研究，39（3）：19-29，86.

吴卫星，邵旭方，陶利斌，2016. 家庭财富不平等会自我放大吗？——基于家庭财务杠杆的分析 [J]. 管理世界（9）：44-54.

汪伟，郭新强，2011. 收入不平等与中国高储蓄率：基于目标性消费视角的理论与实证研究 [J]. 管理世界（9）：7-25，52.

王频, 侯成琪, 2017. 预期冲击、房价波动与经济波动 [J]. 经济研究, 52 (4): 48-63.

王雪琪, 赵彦云, 范超, 2016. 我国城镇居民消费结构变动影响因素及趋势研究 [J]. 统计研究, 33 (2): 61-67.

王小华, 温涛, 2015. 城乡居民消费行为及结构演化的差异研究 [J]. 数量经济技术经济研究, 32 (10): 90-107.

王翌秋, 管宁宁, 2019. 住房信贷会削弱"财富效应"吗?——基于 CFPS 数据对房产财富效应的再检验 [J]. 中南财经政法大学学报 (3): 94-104, 159-160.

王岳龙, 蔡玉龙, 唐宇晨, 2023. 房价升值预期、财富幻觉与家庭消费——基于《国六条》的证据 [J]. 数量经济技术经济研究, 40 (9): 116-137.

王慧玲, 孔荣, 2019. 正规借贷促进农村居民家庭消费了吗?——基于 PSM 方法的实证分析 [J]. 中国农村经济 (8): 72-90.

王先柱, 杨义武, 2015. 差异化预期、政策调控与房价波动——基于中国 35 个大中城市的实证研究 [J]. 财经研究, 41 (12): 51-61, 71.

王君斌, 刘河北, 2020. 家庭债务、信贷约束与实体经济 [J]. 财贸经济, 41 (11): 97-111.

王金营, 张国庭, 2024. 2000～2020 年中国人口结构重构及人力资本存量核算 [J]. 人口研究, 48 (1): 3-21.

万晓莉, 严予若, 方芳, 2017. 房价变化、房屋资产与中国居民消费——基于总体和调研数据的证据 [J]. 经济学 (季刊), 16 (2): 525-544.

万广华, 张茵, 牛建高, 2001. 流动性约束、不确定性与中国居民消费 [J]. 经济研究, 36 (11): 35-44, 94.

徐建国, 张勋, 2016. 农业生产率进步、劳动力转移与工农业联动发展 [J]. 管理世界 (7): 76-87, 97.

徐升艳, 叶敏而, 2021. 住房财富如何影响不同家庭的教育支出 [J]. 中国经济问题 (4): 158-171.

徐佳, 李冠华, 齐天翔, 2022. 中国家庭偿债能力:衡量与影响因素 [J]. 金融研究（11）：98-116.

徐妍，安磊，2019.中国房价上涨抑制了家庭消费吗？——房价影响消费的多渠道机制分析[J].中央财经大学学报（12）：90-105.

许桂华，2013.家庭债务的变动与居民消费的过度敏感性：来自中国的证据[J].财贸研究，24（2）：102-109，145.

谢强，唐珏，吕思诺，等，2024.失业保险、流动性约束及家庭消费[J].经济学（季刊），24（2）：481-498.

薛晓玲，臧旭恒，2020.房价变动影响我国居民消费的中介效应分析——基于家庭财富配置的视角[J].山东大学学报（哲学社会科学版）（6）：102-112.

薛晓玲，2022.人口年龄结构变动对居民资产配置及财富效应的影响[D].济南：山东师范大学.

闫娜娜，2021.我国房价与消费关系的异质性研究——基于居民收入不平衡和地区间房价差异的视角[D].太原：山西财经大学.

叶海云，2000.试论流动性约束、短视行为与我国消费需求疲软的关系[J].经济研究，35（11）：39-44.

叶绮娜，2012.美国家庭债务及其宏观经济效应研究[D].杭州：浙江大学.

易行健，王俊海，易君健，2008.预防性储蓄动机强度的时序变化与地区差异——基于中国农村居民的实证研究[J].经济研究，43（2）：119-131.

易行健，李家山，张凌霜，2021.财富不平等问题研究新进展[J].经济学动态（12）：124-140.

易行健，苏欣，周聪，等，2022.房价预期与城镇居民家庭股市参与——理论探讨与微观经验证据[J].金融研究（4）：151-169.

易行健，张凌霜，徐舒，等，2023.商业健康保险、预防性储蓄动机与居民消费支出——理论与经验证据[J].金融研究（4）：130-148.

易行健，李家山，万广华，等，2023.财富差距的居民消费抑制效应：机制探讨与经验证据[J].数量经济技术经济研究，40（6）：27-47.

余家林，杨梦俊，付明卫，2022.中国劳动参与率为何下降？——基于财

富效应的视角 [J]. 财经研究，48（6）：94-108.

俞秀梅，雷晓燕，王敏，2023. 预期寿命对中国家户储蓄和健康投资行为的影响 [J]. 经济科学（6）：164-182.

颜色，朱国钟，2013."房奴效应"还是"财富效应"？——房价上涨对国民消费影响的一个理论分析 [J]. 管理世界（3）：34-47.

颜建晔，张超，祝伟，2019. 房价上涨是否显著增加有房家庭的消费？——基于中国家庭行为的理论与实证分析 [J]. 改革（11）：63-74.

尹志超，仇化，潘学峰，2021. 住房财富对中国城镇家庭消费的影响 [J]. 金融研究（2）：114-132.

尹志超，甘犁，2010. 中国住房改革对家庭耐用品消费的影响 [J]. 经济学（季刊），9（1）：53-72.

岳希明，英成金，2022. 我国家庭住房财富不平等变化（1995—2018年）[J]. 南开经济研究（12）：97-116.

杨赞，张欢，赵丽清，2014. 中国住房的双重属性：消费和投资的视角 [J]. 经济研究，49（增刊1）：55-65.

杨碧云，陈秋，易行健，等，2018. 我国居民家庭是否越富裕储蓄率越高——基于中国家庭调查数据的实证检验 [J]. 金融经济（下半月）（1）：147-148.

杨碧云，屈原，2017. 房价变动对我国城镇居民消费影响的异质性研究 [J]. 消费经济，33（6）：18-26.

杨汝岱，陈斌开，2009. 高等教育改革，预防性储蓄与居民消费行为 [J]. 经济研究，44（8）：113-124.

杨汝岱，陈斌开，朱诗娥，2011. 基于社会网络视角的农户民间借贷需求行为研究 [J]. 经济研究，46（11）：116-129.

杨汝岱，朱诗娥，2007. 公平与效率不可兼得吗？——基于居民边际消费倾向的研究 [J]. 经济研究，42（12）：46-58.

曾胜，杨旸，2022. 住房财富增多会让中国城镇家庭更加慷慨么？——基于CFPS2018数据的实证分析 [J]. 经济社会体制比较（4）：66-77.

邹红，黄慧丽，2010. 居民家庭资产与消费的变动关系：基于1999—2009

年城镇季度数据的实证检验 [J]. 中央财经大学学报（10）：81-86.

臧文斌，刘国恩，徐菲，等，2012. 中国城镇居民基本医疗保险对家庭消费的影响 [J]. 经济研究，47（7）：75-85.

臧旭恒，裴春霞，2004. 预防性储蓄、流动性约束与中国居民消费计量分析 [J]. 经济学动态（12）：28-31.

朱国林，范建勇，严燕，2002. 中国的消费不振与收入分配：理论和数据 [J]. 经济研究，37（5）：72-80，95.

朱家祥，张文睿，2021. 调节效应的陷阱 [J]. 经济学（季刊），21（5）：1867-1876.

祝树金，汤超，2020. 企业上市对出口产品质量升级的影响——基于中国制造业企业的实证研究 [J]. 中国工业经济（2）：117-135，1-8.

周建军，任娟娟，鞠方，2022. 住房分层对城镇居民生育意愿的影响 [J]. 山东大学学报（哲学社会科学版）（6）：108-120.

赵家凤，朱韦康，2017. 住房负担抑制了城市居民消费吗？——来自中国的微观证据 [J]. 云南财经大学学报，33（3）：3-20.

赵西亮，梁文泉，李实，2014. 房价上涨能够解释中国城镇居民高储蓄率吗？——基于CHIP微观数据的实证分析 [J]. 经济学（季刊），13（1）：81-102.

周广肃，王雅琦，2019. 住房价格、房屋购买与中国家庭杠杆率 [J]. 金融研究（6）：1-19.

周利，易行健，2020. 房价上涨、家庭债务与城镇居民消费：贷款价值比的视角 [J]. 中国管理科学，28（11）：80-89.

周弘，2012. 住房按揭贷款如何影响家庭消费结构 [J]. 统计研究，29（7）：44-48.

周兴，李芝辰，2024. 生育意愿存在同群效应吗？——来自中国社区的经验证据 [J]. 人口学刊，46（1）：67-80.

周皓，雷琳旋，2024. 中国人口省际终身迁移的时期-队列分析 [J]. 人口研究，47（6）：107-125.

周建军,孙倩倩,鞠方,2020.产业结构变迁、房价波动及其经济增长效应[J].中国软科学（7）：157-168.

张继海,臧旭恒,2008.寿命不确定与流动性约束下的居民消费和储蓄行为研究[J].经济学动态（2）：41-46,54.

张继海,姚健,刘文玲,2023.家庭内部人口年龄结构对家庭消费的影响研究——基于消费支出、消费率和消费结构的实证分析[J].南开经济研究（12）：237-255.

张雅琳,吴义东,姚玲珍,2022.住房财富"寡"而消费"不均"?——青年群体住房财富对消费相对剥夺的影响研究[J].财贸经济,43（3）：98-113.

张雅琳,姚玲珍,2020.家庭负债与消费相对剥夺——基于住房负债与非住房负债的视角[J].财经研究,46（8）：64-79.

张雅琳,2021.住房债务与非住房债务对家庭消费的影响研究[D].上海：上海财经大学.

张传勇,王丰龙,2017.住房财富与旅游消费——兼论高房价背景下提升新兴消费可行吗[J].财贸经济,38（3）：83-98.

张浩,易行健,周聪,2017.房产价值变动、城镇居民消费与财富效应异质性——来自微观家庭调查数据的分析[J].金融研究（8）：50-66.

张世伟,林嵩淇,郭凤鸣,2023.城市住房成本对异质技能劳动力的两期筛选效应[J].财贸经济,44（11）：37-53.

赵振翔,王亚柯,2019."房奴效应"存在吗?——购房行为对我国家庭消费和储蓄的影响研究[J].华中科技大学学报（社会科学版）,33（6）：37-50.

张大永,曹红,2012.家庭财富与消费：基于微观调查数据的分析[J].经济研究,47（增刊1）：53-65.

**英文文献：**

ADJAYE-GBEWONYO K,KAWACHI I,2012.Use of the Yitzhaki index as a test of relative deprivation for health outcomes: a review of recent literature[J]. Social science & medicine,75（1）：129-137.

ALVAREZ-CUADRADO F, VAN LONG N, 2011.The relative income hypothesis[J].Journal of economic dynamics and control, 35（9）：1489-1501.

ALADANGADY A, 2017.Housing wealth and consumption：evidence from geographically-linked microdata[J].American economic review, 107（11）：3415-3446.

ALESSIE R, LUSARDI A, 1997.Consumption, saving and habit formation[J].Economics letters, 55（1）：103-108.

ANDO A, MODIGLIANI F, 1963.The "life cycle" hypothesis of saving：aggregate implications and tests[J].American economic review, 53（1）：55-84.

ANGRISANI M, ATELLA V, BRUNETTI M, 2018.Public health insurance and household portfolio choices：unravelling financial "side effects" of medicare[J].Journal of banking & finance（93）：198-212.

AOKI K, PROUDMAN J, VLIEGHE G, 2004.House prices, consumption, and monetary policy：a financial accelerator approach[J].Journal of financial intermediation, 13（4）：414-435.

ARON J, MUELLBAUER J, MURPHY A, et al, 2006. Housing wealth, credit conditions and consumption[R]. London：European Real Estate Society.

ARGO J J, WHITE K, DAHL D W, 2006. Social comparison theory and deception in the interpersonal exchange of consumption information[J].Journal of consumer research, 33（1）：99-108.

ATCHIKE D W, ZHAO Z Y, BAO G, 2020.The relationship between electricity consumption, foreign direct investment and economic growth：case of Benin[J].International journal of energy economics and policy, 10（4）：507-515.

BARRELL R, COSTANTINI M, MECO I, 2015.Housing wealth, financial wealth, and consumption：new evidence for Italy and the UK[J]. International review of financial analysis（42）：316-323.

BARON R M, KENNY D A, 1986.The moderator-mediator variable distinction in social psychological research：conceptual, strategic, and statistical considerations[J].Journal of personality and social psychology, 51（6）: 1173-1182.

BENITO A, MUMTAZ H, 2006.Consumption excess sensitivity, liquidity constraints and the collateral role of housing[R]. London: Bank of Englang.

BENJAMIN J, CHINLOY P, JUD D, 2004.Why do households concentrate their wealth in housing?[J].Journal of real estate research, 26（4）: 329-344.

BUUNK A P, GIBBONS F X, 2007. Social comparison: The end of a theory and the emergence of a field[J].Organizational behavior and human decision processes, 102（1）: 3-21.

BOSTIC R, GABRIEL S, PAINTER G, 2009.Housing wealth, financial wealth, and consumption: New evidence from micro data[J].Regional science and urban economics, 39（1）: 79-89.

BROWN S, GRAY D, ROBERTS J, 2015.The relative income hypothesis: a comparison of methods[J].Economics letters（130）: 47-50.

BROWNING M, GØRTZ M, LETH-PETERSEN S, 2013.Housing wealth and consumption: a micro panel study[J].The economic journal, 123（568）: 401-428.

BUITER W H, 2010.Housing wealth isn't wealth[J].Economics: the open-access, open-assessment e-journal, 22（4）: 1-29.

CABALLERO R J, 1990.Consumption puzzles and precautionary savings[J].Journal of monetary economics, 25（1）: 113-136.

CACERES C, 2019.Analyzing the effects of financial and housing wealth on consumption using micro data[M].Washington: International Monetary Fund.

CAMERON G, MUELLBAUER J, MURPHY A, 2006. Was there a British house price bubble？ Evidence from a regional panel[R]. Oxford: Department of Economics, University of Oxford.

CAMPBELL J Y, MANKIW N G, 1990.Permanent income, current income, and consumption[J].Journal of business & economic statistics, 8（3）: 265-279.

CAMPBELL J Y, MANKIW N G, 1989.Consumption, income and interest rates: reinterpreting the time series evidence[J].NBER macroeconomics annual（4）: 185-216.

CAMPBELL J, DEATON A, 1989.Why is consumption so smooth?[J].The review of economic studies, 56（3）: 357-373.

CAMPBELL J Y, 2006.Household finance[J].The journal of finance, 61（4）: 1553-1604.

CAMPBELL J Y, COCCO J F, 2007.How do house prices affect consumption? evidence from micro data[J].Journal of monetary economics, 54（3）: 591-621.

CAPORALE G M, SOUSA R M, 2016.Consumption, wealth, stock and housing returns: evidence from emerging markets[J].Research in international business and finance（36）: 562-578.

CARROLL C D, HALL R E, ZELDES S P, 1992.The buffer-stock theory of saving: some macroeconomic evidence[J].Brookings papers on economic activity（2）: 61-156.

CARROLL C D, KIMBALL M S, 1996.On the Concavity of the Consumption Function[J].Econometrica, 64（4）: 981-992.

CARROLL C D, OTSUKA M, SLACALEK J, 2006. Housing wealth and consumption: a new approach for estimating the marginal propensity to consume out of housing wealth[J].American economic review, 96（4）: 1329-1353.

CARROLL C D, OTSUKA M, SLACALEK J, 2011.How large are housing and financial wealth effects? a new approach[J].Journal of money, credit and banking, 43（1）: 55-79.

CASE K E, QUIGLEY J M, SHILLER R J, 2005.Comparing wealth effects: the stock market versus the housing market[J]. Topics in macroeconomics, 5（1）: 1-32.

CASE K E, QUIGLEY J M, SHILLER R J, 2011.Wealth effects revisited

1978—2009[R].Cambridge：NBER.

CASE K E，QUIGLEY J M，SHILLER R J，2013.Wealth effects revisited 1975—2012[R].Cambridge：NBER.

CATTE P，GIROUARD N，PRICE R，et al，2004.Housing markets，wealth and the business cycle[R].Paris：OECD.

CHETTY R，SÁNDOR L，SZEIDL A，2017.The effect of housing on portfolio choice[J].The journal of finance，72（3）：1171—1212.

CHEN J，2006.Re-evaluating the association between housing wealth and aggregate consumption：new evidence from Sweden[J].Journal of housing economics，15（4）：321—348.

CHEN J，HARDIN III W，HU M，2020.Housing，wealth，income and consumption：China and homeownership heterogeneity[J].Real estate Economics，48（2）：373—405.

CHOI J H，ZHU L，2022. Has the effect of housing wealth on household consumption been overestimated? New evidence on magnitude and allocation[J]. Regional science and urban economics（95）：103801.

CLARK A E，OSWALD A J，1994.Unhappiness and unemployment[J]. The economic journal，104（424）：648—659.

CLOYNE J，HUBER K，ILZETZKI E，et al，2019.The effect of house prices on household borrowing：a new approach[J].American economic review，109（6）：2104—2136.

COCCO J F，2005. Portfolio choice in the presence of housing[J]. The review of financial studies，18（2）：535—567.

COIBION O，GEORGARAKOS D，GORODNICHENKO Y，et al，2024. The effect of macroeconomic uncertainty on household spending[J]. American economic review，114（3）：645—677.

COOPER D，2013.House Price fluctuations：the role of housing wealth as borrowing collateral[J].Review of economics and statistics，95（4）：1183—1197.

DEATON A, 1991.Saving and liquidity constraints[J]. Econometrica, 59(5): 1221-1248.

DEATON A, 1992.Understanding consumption[M].Oxford: Oxford University Press.

DUESENBERRY J S, 1948.The consumption function: a study of relations between income and consumer expenditures[D].Ann Arbor: University of Michigan.

DUESENBERRY J S, 1949.Income, saving, and the theory of consumer behavior[M].Cambridge: Harvard University Press.

DYNAN K E, 1993.How prudent are consumers?[J].Journal of political economy, 101(6): 1104-1113.

DYNAN K E, 2000.Habit formation in consumer preferences: evidence from panel data[J].American economic review, 90(3): 391-406.

DYNAN K, MIAN A, PENCE K M, 2012.Is a household debt overhang holding back consumption? [M].Baltimore: The Johns Hopkins University Press.

EASTERLIN R A, 1974.Does economic growth improve the human lot? some empirical evidence[M]// DAVID P A, REDER M W. Nations & households in economic growth, New York: Academic Press.

ENGELHARDT G V, 1996.House prices and home owner saving behavior[J]. Regional science and urban economics, 26(3/4): 313-336.

EGGERTSSON G B, KRUGMAN P, 2012.Debt, deleveraging, and the liquidity trap: a fisher-minsky-koo approach[J].The quarterly journal of economics, 127(3): 1469-1513.

FAVILUKIS J, LUDVIGSON S C, NIEUWERBURGH S V, 2017.The macroeconomic effects of housing wealth, housing finance, and limited risk-sharing in general equilibrium[J].Journal of Political Economy, 125(1): 140-223.

FAN Y, YAVAS A, 2020.How does mortgage debt affect household consumption? Micro evidence from China[J].Real estate economics, 48(1): 43-88.

FERNÁNDEZ-VILLAVERDE J, KRUEGER D, 2007.Consumption over the life cycle : facts from consumer expenditure survey data[J].The review of economics and statistics, 89(3): 552-565.

FEREIDOUNI H G, TAJADDINI R, 2017.Housing wealth, financial wealth and consumption expenditure : the role of consumer confidence[J].The journal of real estate finance and economics (54): 216-236.

FRIEDMAN M, 1957.The permanent income hypothesis[M]//FRIEDMAN M.A theory of the consumption function.Princeton : Princeton University Press.

FISHER I, 1933.The debt-deflation theory of great depressions[J].Econometrica : journal of the econometric society, 1(4): 337-357.

FUHRER J C, 2000. Habit formation in consumption and its implications for monetary-policy models[J].American economic review, 90(3): 367-390.

GAN J, 2010.Housing wealth and consumption growth : evidence from a large panel of households[J].Review of financial studies, 23(6): 2229-2267.

GARBINTI B, GOUPILLE-LEBRET J, PIKETTY T, 2021.Accounting for wealth inequality dynamics : methods, estimates and simulations for France[J].Journal of the European economic association, 19(1): 620-663.

GARCIA R, LUSARDI A, NG S, 1997.Excess sensitivity and asymmetries in consumption : an empirical investigation[J].Journal of money, credit and banking, 29(2): 154-176.

GEORGE L, O' DONOGHUE T, RABIN M, 2003.Projection bias in predicting future utility[J].The quarterly journal of economics, 118(4): 1209-1248.

GENTINA E, HUARNG K H, SAKASHITA M, 2018.A social comparison theory approach to mothers' and daughters' clothing co-consumption behaviors : A cross-cultural study in France and Japan[J].Journal of business research (89): 361-370.

GROSS D B, SOULELES N S, 2002.Do liquidity constraints and interest rates matter for consumer behavior? evidence from credit card data[J]. The quarterly journal of economics, 117（1）: 149-185.

GUARIGLIA A, ROSSI M, 2002.Consumption, habit formation, and precautionary saving: evidence from the british household panel survey[J].Oxford economic papers, 54（1）: 1-19.

GUREN A M, MCKAY A, NAKAMURA E, et al, 2021.Housing wealth effects: The long view[J].The review of economic studies, 88（2）: 669-707.

HABERLER G, 1929.The theory of comparative cost once more[J].The quarterly journal of economics, 43（2）: 376-381.

HALL R E, 1978.Stochastic implications of the life cycle-permanent income hypothesis: theory and evidence[J].Journal of political economy, 86（6）: 971-987.

HALL R, MISHKIN F, 1982.The permanent income hypothesis: evidence from panel data[J].Econometrica（50）: 461-482.

HECKMAN J J, 1976.The common structure of statistical models of truncation, sample selection and limited dependent variables and a simple estimator for such models[M]// BERG S V. Anals of economic and social measurement. Cambrige: NBER.

HICKS J R, 1936.Keynes' theory of employment, interest and money[J].The economic journal, 46（182）: 238-253.

HORI M, NIIZEKI T, 2019.Housing wealth effects in Japan: evidence based on household micro data[J].The B.E. journal of economic analysis & policy, 19（2）: 1-28.

HURST E, LUSARDI A, 2004.Liquidity constraints, household wealth, and entrepreneurship[J].Journal of political economy, 112（2）: 319-347.

IACOVIELLO M, 2008.Household debt and income inequality, 1963-2003[J].Journal of money, credit and banking, 40（5）: 929-965.

JAPPELLI T, 1990.Who is credit constrained in the U. S. economy? [J].The quarterly journal of economics, 105（1）: 219-234.

JOHNSON K W, LI G, 2010.The debt-payment-to-income ratio as an indicator of borrowing constraints: evidence from two household surveys[J].Journal of money, credit and banking, 42（7）: 1373-1390.

JIANG X D, ZHAO N R, PAN Z, 2022.Regional housing wealth, relative housing wealth and labor market behavior[J].Journal of housing economics（55）: 101811.

KAHNEMAN D, TVERSKY A, 1979. Prospect theory: an analysis of decision under risk[J]. Econometrica, 47（2）: 263-291.

KARLAN D, ZINMAN J, 2010.Expanding credit access: using randomized supply decisions to estimate the impacts[J].The review of financial studies, 23（1）: 433-464.

KAPELLER J, SCHÜTZ B, 2015.Conspicuous consumption, inequality and debt: the nature of consumption-driven profit-led regimes[J].Metroeconomica, 66（1）: 51-70.

KARLSSON N, DELLGRAN P, KLINGANDER B, et al, 2004.Household consumption: influences of aspiration level, social comparison, and money management[J].Journal of economic psychology, 25（6）: 753-769.

KEHOE T, LEVINE D K, 2001.Liquidity constrained markets versus debt constrained markets[J].Econometrica, 69（3）: 575-598.

KEYNES J M, 1936. The general theory of employment, interest and money[M].New York: Harcourt, Brace and Company.

KHALIFA S, SECK O, TOBING E, 2011.Financial wealth effect: evidence from threshold estimation[J].Applied economics letters, 18（13）: 1303-1305.

KIMBALL M S, 1990.Precautionary saving in the small and in the large[J]. Econometrica, 58（1）: 53-73.

KIVETZ R, 1999.Advances in research on mental accounting and reason-based choice[J].Marketing letters, 10（3）: 249-266.

KOHLER M, DVORNAK N, 2007.Housing wealth, stock market wealth and consumption: a panel analysis for Australia[J].Economic record, 83(261): 117-130.

KISHOR N K, 2007.Does consumption respond more to housing wealth than to financial market wealth? If so, why? [J].The journal of real estate finance and economics(35): 427-448.

KOPCZUK W, SAEZ E, SONG J, 2010.Earnings inequality and mobility in the United States: evidence from social security data since 1937[J].The quarterly journal of economics, 125(1): 91-128.

LEHNERT A, 2004.Housing, consumption, and credit constraints[R]. Washington D.C.: Board of Governors of the Federal Reserve System.

LELAND H E, 1968.Saving and uncertainty: the precautionary demand for saving[J].The quarterly journal of economics, 82(3): 465-473.

LI H, LI J Y, LU Y, et al, 2020.Housing wealth and labor supply: evidence from a regression discontinuity design[J].Journal of public economics(183): 104139.

LI C, ZHANG Y, 2021.How does housing wealth affect household consumption? evidence from macro-data with special implications for China[J].China economic review(69): 101655.

LIAO W C, ZHAO D X, SING T F, 2013.Risk attitude and housing wealth effect[J].The journal of real estate finance and economics(48): 467-491.

LUDWIG A, SLOEK T M, 2002.The impact of changes in stock prices and house prices on consumption in OECD countries[R].Washington D.C.: International Monetary Fund.

MA S, WU X, GAN L, 2019.Credit accessibility, institutional deficiency and entrepreneurship in China[J].China economic review(54): 160-175.

MCCARTHY J, PEACH R W, 2002.Monetary policy transmission to residential investment[J].Economic policy review, 8(1): 139-158.

MANOU K, PALAIOS P, PAPAPETROU E, 2021.Housing wealth, household debt, and financial assets: are there implications for consumption?[J]. Empirical economics, 61（3）:1253-1279.

MIAN A, SUFI A, 2011.House price, home equity-based borrowing, and the US household leverage crisis[J].American economic review, 101（5）:2132-2156.

MIAN A, RAO K, SUFI A, 2013.Household balance sheets, consumption, and the economic slump[J].The quarterly journal of economics, 128（4）:1687-1726.

MIAN A, SUFI A, 2014.House price gains and U. S. household spending from 2002 to 2006[R].Cambridge: NBER.

MILLER M, STIGLITZ J, 2010.Leverage and asset bubbles: averting armageddon with chapter 11? [J].The economic journal, 120（544）:500-518.

MODIGLIANI F, BRUMBERG R, 1980.Utility analysis and the consumption function: an interpretation of cross-section data[C]//MODIGLIANI F.The collected papers of Franco Modigliani. Cambridge: The MIT Press.

MODIGLIANI F, CAO S L, 2004.The Chinese saving puzzle and the life-cycle hypothesis[J].Journal of economic literature, 42（1）:145-170.

NAIK N Y, MOORE M J, 1996.Habit formation and intertemporal substitution in individual food consumption[J].The review of economics and statistics, 78（2）:321-328.

OGAWA K, WAN J, 2007.Household debt and consumption: a quantitative analysis based on household micro data for Japan[J].Journal of housing economics, 16（2）:127-142.

ONG R, PARKINSON S, SEARLE B A, et al, 2013.Channels from housing wealth to consumption[J].Housing studies, 28（7）:1012-1036.

PALUMBO M G, 1999.Uncertain medical expenses and precautionary saving near the end of the life cycle[J].The review of economic studies, 66（2）:395-

421.

PAN X, WU W X, 2021.Housing returns, precautionary savings and consumption: micro evidence from China[J].Journal of empirical finance（60）: 39-55.

PIGOU A C, 1943.The classical stationary state[J].The economic journal, 53（212）: 343-351.

PELTONEN T A, SOUSA R M, VANSTEENKISTE I S, 2012.Wealth effects in emerging market economies[J].International review of economics & finance（24）: 155-166.

RYDER H E, HEAL G M, 1973.Optimal Growth with Intertemporally Dependent Preferences[J].The review of economic studies, 40（1）: 1-31.

SANDMO A, 1970.The effect of uncertainty on saving decisions[J].The review of economic studies, 37（3）: 353-360.

SETTERFIELD M, KIM Y K, 2017.Household borrowing and the possibility of 'consumption-driven, profit-led growth'[J].Review of keynesian economics, 5（1）: 43-60.

SHEA J, 1995.Myopia, liquidity constraints, and aggregate consumption: a simple test[J].Journal of money, credit and banking, 27（3）: 798-805.

SINAI T, SOULELES N S, 2005.Owner-occupied housing as a hedge against rent risk[J].The quarterly journal of economics, 120（2）: 763-789.

SIBLEY D S, 1975.Permanent and transitory income effects in a model of optimal consumption with wage income uncertainty[J].Journal of Economic Theory, 11（1）: 68-82.

ŠONJE A A, ČASNI A Č, VIZEK M, 2014.The effect of housing and stock market wealth on consumption in emerging and developed countries[J].Economic systems, 38（3）: 433-450.

STIGLITZ J E, WEISS A, 1981.Credit rationing in markets with imperfect information[J].The American economic review, 71（3）: 393-410.

STIGLITZ J E, 2015.Reconstructing macroeconomic theory to manage economic policy[M]//LAURENT É, CACHEUX J.Fruitful economics: papers in honour of and by Jean-Paul Fitoussi.London: Palgrave Macmillan.

SULS J, MARTIN R, WHEELER L, 2002.Social comparison: why, with whom, and with what effect?[J].Current directions in psychological science, 11(5): 159-163.

THALER R H, SHEFRIN H M, 1988.The behavioral life-cycle hypothesis[J]. Economic inquiry, 26(4): 609-643.

VEIRMAN E D, DUNSTAN A, 2008.How do housing wealth, financial wealth and consumption interact? evidence from New Zealand[R].Auckland: Reserve Bank of New Zealand.

MORIIZUMI Y, 2003.Targeted saving by renters for housing purchase in Japan[J].Journal of urban economics, 53(3): 494-509.

YAO J, FAGERENG A, NATVIK G, 2015.Housing, debt, and the marginal propensity to consume[R]. Oslo: Norges bank.

WALDEN M L, 2013.Where did we indulge: consumer spending during the asset boom[J].Monthly lab review, 136(4): 24-40.

WAN G, WANG C, WU Y, 2021.What drove housing wealth inequality in China?[J].China & world economy, 29(1): 32-60.

ZHU B, BETZINGER M, SEBASTIAN S, 2017. Housing market stability, mortgage market structure, and monetary policy: evidence from the euro area[J]. Journal of housing economics (37): 1-21.

ZELDES S P, 1989a.Optimal consumption with stochastic income: deviations from certainty equivalence[J].The quarterly journal of economics, 104(2): 275-298.

ZELDES S P, 1989b.Consumption and liquidity constraints: an empirical investigation[J].Journal of political economy, 97(2): 305-346.

ZHOU X, CARROLL C D, 2012.Dynamics of wealth and consumption: new and improved measures for U.S. States[J].The B. E. journal of macroeconomics,12(2):1-40.

ZHU B,LI L X,DOWNS D H,et al,2019.New evidence on housing wealth and consumption channels[J].The journal of real estate finance and economics(58):51-79.